ZEIT FÜR GESCHICHTE

BAND 1 G 8

Geschichtliches Unterrichtswerk für Gymnasien

Volker Habermaier, Eberhard Heupel, Michael Holste, Herbert Kohl,
Raimund Kurscheid, Beate Schneidereit, Stephan Schröder,
Freya Stephan-Kühn, Roland Wolf, Hartmann Wunderer

Schroedel

Zeit für Geschichte
Geschichtliches Unterrichtswerk
für Gymnasien
Band 1, Ausgabe G 8

bearbeitet von

Volker Habermaier, Dr. Eberhard Heupel, Michael Holste, Herbert Kohl, Dr. Raimund Kurscheid, Dr. Beate Schneidereit, Stephan Schröder, Dr. Freya Stephan-Kühn (†), Roland Wolf, Dr. Hartmann Wunderer

in Zusammenarbeit mit der Verlagsredaktion

www.schroedel.de

Druck A[3] / 2006

Alle Drucke der Serie A sind im Unterricht parallel verwendbar.

Redaktion: Dr. Nadja Schäfer
Herstellung: Sabine Schmidt
Grafik: Dirk Pfannenschmidt, Hannover
Kartographie: Theiss Heidolph, Kottgeisering
Satz: Schmiku Repro, Schwerte
Druck: westermann druck GmbH, Braunschweig

ISBN 978-3-507-**36551**-3
ISBN 3-507-36551-0

Inhalt

Rom – die Stadt, die Bürger, das Weltreich 114

Antike Spuren 184

* Mit Sternchen gekennzeichnete Kapitel behandeln Themen,
die über das Kerncurriculum hinausgehen.

Zur Arbeit mit diesem Buch

In diesem Schuljahr beginnt für dich ein neues Fach. Es ist „Zeit für Geschichte“.
Beim Stöbern im neuen Buch fällt dein Blick zuerst auf die vielen Abbildungen, dann auf die Texte. Die folgenden Erläuterungen helfen dir, mit dem Aufbau des Buches vertraut zu werden und dich schnell und gezielt zurechtzufinden.

Sechs große Einheiten (Themen)
Das Buch ist in sechs Einheiten gegliedert. Die erste Einheit behandelt keine bestimmte Zeit der Geschichte, sondern führt dich in das neue Fach ein und weicht daher im Aufbau von den anderen Themen ab. Die folgenden fünf Einheiten behandeln geschichtliche Themen von der Entstehung der Menschen bis zu der Frage, was uns heute noch mit der Antike verbindet.

Auftakt, Orientierung, Einstieg, Werkstatt
Alle Einheiten beginnen mit einer **Doppelseite**, die als **Auftakt** das Thema und die Zeit, um die es geht, in Bildern vorstellt. Dir wird sichtbar, worum es im Folgenden gehen wird.
Bei den geschichtlichen Themeneinheiten folgt darauf jeweils die Seite **Orientierung in Zeit und Raum:** Sie enthält eine *Geschichtskarte,* die zeigt, in welchem Raum die Ereignisse und Entwicklungen stattfanden, mit denen du dich befassen wirst. Sie enthält außerdem eine *Zeittafel,* die festhält, wann und in welcher Abfolge wichtige Vorgänge stattfanden. Du kannst auf dieser Seite nachschlagen, um die Orientierung zu behalten: Wo handelten die Menschen? Wann war ein Ereignis, ein Einschnitt, wann begann oder endete eine Entwicklung?
Auf der gegenüberliegenden **Einstiegsseite** kannst du mitten ins Thema „springen“, z. B.: Was empfanden die Schatzgräber und Archäologen, als sie in Grabkammern der Pharaonen eindrangen und all ihre Schätze fanden?
Die Einheiten enthalten besondere **Werkstattseiten:** Du kannst erproben, wie man bestimmte Materialien (etwa Bilder von historischen Überresten, Texte, Karten) auswertet. Auf den **Schauplatzseiten** beschreiben wir einen Ort, an dem sich Geschichte besonders gut erleben lässt.

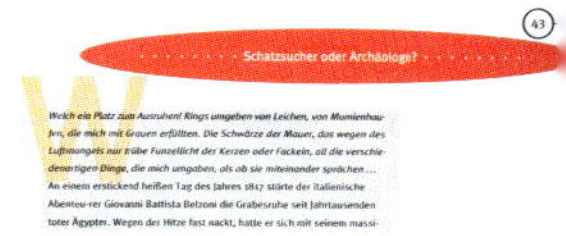

Kapitel: Darstellung – Materialteil
Die Einheiten sind in durchnummerierte Kapitel eingeteilt, z. B. „4. Pyramiden für die Ewigkeit“ (S. 57). Jedes Kapitel enthält einen **Darstellungsteil,** der durch blau gedruckte Zwischenüberschriften gegliedert ist. Im Darstellungsteil geben dir die Verfasserinnen und Verfasser des Buches durch Text und Abbildungen Informationen über Zusammenhänge. Im folgenden **Materialteil** findest du *Quellen* (Texte und Bilder) und *Materialien,* Texte von Historikern, Karten, Schaubilder, Grafiken (z. B. Rekonstruktionen), die du Schritt für Schritt auswerten lernst, um Fragen an die Geschichte zu beantworten. Der Darstellungsteil hilft dir bei der Arbeit an den Materialien. Die Quellen und Materialien sind mit **Q** (Quellen) oder **M** (z. B. Texte von Historikern) gekennzeichnet und kapitelweise durchnummeriert. Alle Abbildungen sind mit der Seitenzahl und einer laufenden Nummer gekennzeichnet (z. B. 29.1).

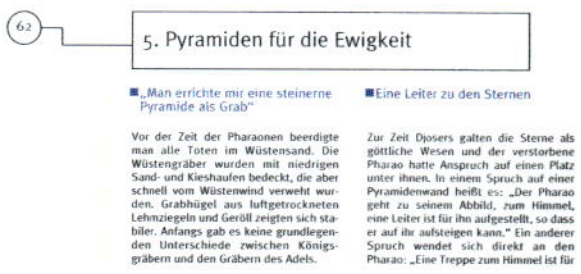

Arbeitsvorschläge
Der Materialteil enthält in einem Rahmen, farblich abgehoben, Arbeitsvorschläge. Deine Lehrerin oder dein Lehrer werden entscheiden, ob sie diese Vorschläge unverändert nutzen oder eigene Arbeitsaufträge geben. In den Arbeitsvorschlägen wird folgendermaßen verwiesen:
Q = Quelle, **M** = Material, **B** = Abbildung, **VT** = Verfassertext/Darstellungsteil.

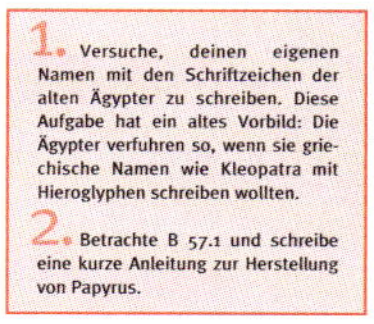

Anhang
Der Anhang (S. 190 ff.) enthält Zusammenfassungen der wichtigsten Inhalte jeder Lehrplaneinheit. Im folgenden „Lexikon“ findest du Erklärungen wichtiger **Grundbegriffe,** auf die in den Kapiteln durch das Zeichen ↗ verwiesen wird. Du findest außerdem kurze Steckbriefe der **Verfasser von Quellen,** die dir bei der Auswertung von Quellen helfen können, sowie Tipps für **geschichtliche Jugendbücher** und ein **Register,** das dir hilft, Stellen im Buch aufzusuchen, wenn du dich über eine Sache, eine Person, einen Begriff noch einmal genauer informieren willst.

Wie arbeiten Historiker? – Was ist Gesc

Archäologen bei einer Ausgrabung. Menschen haben viele Spuren hinterlassen, die Aufschluss über ihr Leben und ihr Handeln geben.

Archäologen benutzen den Staubsauger für Freilegearbeiten.

Die Arbeit von Polizeikommissaren ist mit der Arbeit von Archäologen und Historikern vergleichbar. Sie suchen nach aussagekräftigen Spuren, die Täter und Opfer hinterlassen haben.

1. Spurensuche – Abenteuer und Kleinarbeit

8.1 Der Gletschermann („Ötzi") wird in den Ötztaler Alpen aus dem Eis befreit (September 1991).

Ein Zufallsfund

Am 19. September 1991 machten zwei Wanderer in den Ötztaler Alpen in 3 210 Meter Höhe einen grausigen Fund: Sie stießen auf eine gefrorene Leiche! Sie berichteten davon einem Hüttenwirt, der die Polizei alarmierte. Der Hüttenwirt und ein Polizist versuchten zunächst erfolglos die Leiche mit einem Presslufthammer aus dem Eis zu befreien, dabei beschädigten sie den Körper.

Einige Tage später wurde der Leichnam mit Eispickeln und Skistöcken, wieder reichlich unsachgemäß, aus dem Eis befreit. Er wurde dann in einen Sarg gelegt und zur näheren Untersuchung in das gerichtsmedizinische Institut in Innsbruck gebracht.

Das eigentümliche, offenbar sehr alte Beil, das man in der Nähe der Leiche gefunden hatte, ließ man von einem Historiker analysieren.

Archäologen machen sich ans Werk

Daraufhin wurden der Leichnam und die Fundstelle genauer von Archäologen untersucht. Sie erkannten die Bedeutung des Fundes und tauten den weiteren Umkreis des Fundorts mit Dampfstrahlern und Föhn vorsichtig auf. Die mühselige Arbeit wurde durch weitere Funde belohnt. Die Forscher machten dabei sensationelle Entdeckungen. Im Umfeld der Fundstelle der Leiche wurden mehrere Gegenstände gefunden: ein Beil, ein Köcher, Heubüschel, eine Schlehdornfrucht, Lederfetzen, Fellreste, ein Grasmantel, Teile eines Birkenrindenbehälters, Schnüre, Holzsplitter, Haare, Insektenteile, ein Fingernagel und andere Dinge.

Archäologen, Ärzte, Mikrobiologen und Botaniker, Chemiker und Kulturhistoriker untersuchten in der Folgezeit die Eismumie und die anderen Gegenstände. Nach ihren Ergebnissen lebte der rasch „Ötzi" genannte Gletschermann vor etwa 5 000 Jahren.

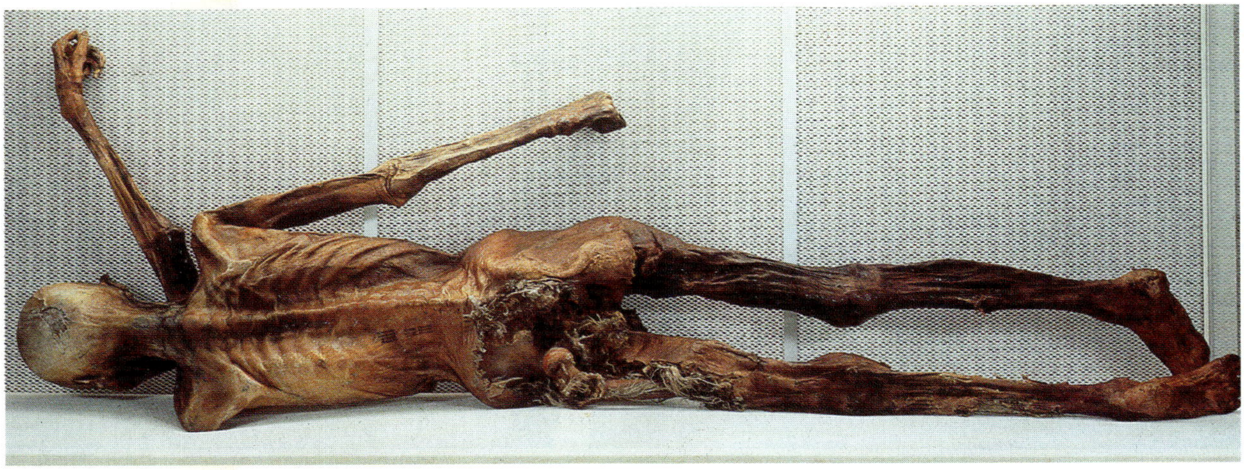

8.2 Die Mumie des Gletschermanns, der erschöpft zu Boden gefallen war und erfror. So wurde er von Medizinern aus der ganzen Welt untersucht.

9.1 Unterschiedliche Rekonstruktionen des Gletschermanns aufgrund der Funde. So könnte er mit seiner Bekleidung und Ausrüstung vor etwa 5000 Jahren ausgesehen haben.

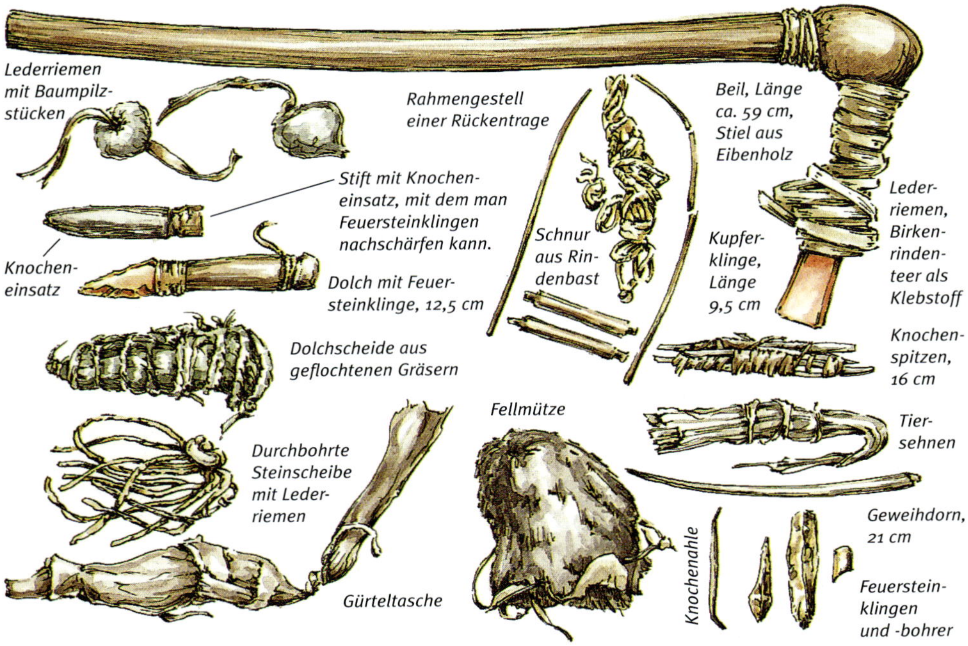

10.1 Funde um den Gletschermann.

Was entdeckten die Archäologen?

Um die Klinge seines Beils muss der Gletschermann von seinen Zeitgenossen wohl sehr beneidet worden sein. Sie bestand aus fast reinem Kupfer, das damals noch kaum verbreitet war. Sein Dolch mit einer Feuersteinklinge diente zum Schneiden, Ritzen und Stechen. Ein Bogen aus Eibenholz war noch nicht fertig gestellt, die Pfeile waren schon geschnitten, aber ebenfalls unfertig.

Ein Teil seiner Kleidung war zerrissen. Der Mann trug ähnlich wie Prärieindianer Leggins aus Ziegenleder und grasgefütterte Schuhe mit Sohle und Oberleder, ein aus Fellstreifen genähtes Gewand, ferner eine Fellmütze; als Oberbekleidung diente ihm ein Grasmantel.

Seine Dolchscheide und sein Tragenetz waren aus Pflanzenfasern geflochten. Der kalbslederne Gürtel hatte Taschen, die sein „Feuerzeug" – Feuerstein und Zunder – enthielten, eine Knochenahle, Klingenkratzer und einen Bohrer sowie eine rasiermesserscharfe Klinge, mit der man z. B. Vogelfedern für die Pfeile zurechtschneiden konnte. In seinem Gepäck fanden sich auch antibiotisch wirkende Pilze und zwei Gefäße aus Birkenrinde, in der man Glut transportieren konnte.

Befunde, Vermutungen und Fragen

Der Mann war wahrscheinlich verletzt und sehr erschöpft, seine letzte dürftige Mahlzeit, das ergab die Untersuchung seines Mageninhalts, hatte er viele Stunden vor seinem Tod eingenommen. War er auf der Flucht? Gab es einen Kampf oder wurde er von einem Schneesturm überrascht? Für alle diese Überlegungen gibt es Indizien, aber um die Geschichte dieses Mannes zu rekonstruieren, reichen sie nicht aus. Auf der anderen Seite hat aber dieser Fund unser Wissen um das Leben am Ende der ➚Steinzeit erheblich bereichert.

1. Der Gletschermann hatte viele Gegenstände bei sich. Kläre deren Bedeutung. Warum waren sie für ihn lebenswichtig?

2. Verfasse eine Geschichte, wie dieser Gletschermann gelebt haben und wie er zu Tode gekommen sein könnte. Beachte die Fundstücke und vergleiche deine Geschichte mit denen deiner Mitschüler/innen.

2. Historiker brauchen Quellen

■ Detektivarbeit: Spuren sichern und auswerten

Die Arbeit von Archäologen und Historikern ähnelt in gewisser Weise der von Detektiven: Sie suchen, sammeln und prüfen Beweisstücke, gehen Spuren nach und ziehen aus alledem ihre Schlussfolgerungen. Fundstücke, das können unscheinbare Feuersteinsplitter ebenso sein wie wertvoller Schmuck oder alte Texte. Sie werden nun zu „Dokumenten“, aus denen man etwas erkennen oder ableiten kann. Für Historiker sind diese Fundstücke Quellen: Sie gewinnen daraus ein Bild über frühere Lebensverhältnisse, über die Formen des Zusammenlebens, über das Denken und Handeln von Menschen in früheren Zeiten.

11.1 Blick in einen der Ausstellungsräume eines historischen Museums.

■ Was sind Quellen?

Alles, was uns Aufschluss über die Vergangenheit vermitteln kann, nennen wir ↗Quellen. Wir unterscheiden zwischen schriftlichen und nichtschriftlichen Quellen. Schriftliche Quellen gibt es seit etwa 5 000 Jahren, für frühere Zeiträume sind wir auf nichtschriftliche Quellen angewiesen.

schriftliche Quellen	**nichtschriftliche Quellen**
Briefe	Werkzeuge
Inschriften	Kleidungsstücke
Verträge	Bauwerke
Zeitungen	Bilder, Fotos
...	...

11.2 Eine Restauratorin repariert eine beschädigte Schnabelkanne.

Archäologen, Mitarbeiter von Museen, Archivare und Historiker sammeln und ordnen solche Quellen, werten sie aus, bewahren sie auf und stellen sie der Öffentlichkeit zur Verfügung.

Zu den wichtigsten Aufbewahrungsorten von schriftlichen Quellen gehören die Archive von Gemeinden, Städten, Bundesländern, aber auch Familien, Zeitungen oder Firmen archivieren Unterlagen und Dokumente. Größere Archive enthalten Millionen von Dokumenten, die Länge der Regale wird in Kilometern gerechnet!

11.3 Museumsbesucher vor einer Vitrine mit Fundstücken in einem historischen Museum.

12.1 Schülerinnen und Schüler in einem Archiv.

Quellenkritik

Historische Forschung ohne Quellen ist nicht möglich. Doch stell dir eine Papyrusrolle vor, die vor viertausend Jahren beschrieben wurde. Sie ist vielleicht beschädigt und die Tinte ist verblasst. Ist sie überhaupt echt oder hat ein geschickter Fälscher sie angefertigt, um sie für viel Geld zu verkaufen? Was bezweckte der Schreiber dieses Textes? Hat er, um sein Ziel zu erreichen, vielleicht die Wahrheit ein wenig verfälscht? Der Historiker muss daher nicht nur das Alter seiner Quellen bestimmen, sondern auch deren Echtheit und Aussagewert prüfen. Er vergleicht die Quellen und überlegt, ob ihre Aussagen, z. B. in Berichten oder Erinnerungen, glaubwürdig sind. Man nennt dies Quellenkritik.

Schlussfolgerungen

Der Historiker vergleicht seine Beobachtungen mit den Untersuchungen anderer Historiker. Er wird andere Forschungsergebnisse anhand seiner Quellen entweder bestätigen oder korrigieren. Dabei kommt es aber auch häufig vor, dass verschiedene Historiker aus denselben Quellen unterschiedliche Schlussfolgerungen ziehen, weil sie z. B. andere Fragen stellen. Die Ergebnisse der Forschung werden dann auf Tagungen oder in der wissenschaftlichen Literatur diskutiert.

Auch in diesem Buch gibt es Sachverhalte, die von Historikern unterschiedlich beurteilt werden. Im Geschichtsunterricht geht es nicht einfach darum, nur Jahreszahlen zu lernen, sondern darüber nachzudenken, ob bestimmte Erklärungen für historische Entwicklungen einleuchtend sind, welche Folgen Veränderungen hatten und welche Bedeutung sie für uns haben können.

Die jeweils lebenden Generationen interessieren sich für andere Themenbereiche und Probleme. Sie stellen andere Fragen an die Geschichte als ihre Eltern oder Großeltern. Wenn ihr in ein altes Geschichtsbuch schaut, seht ihr, dass früher Geschichte anders dargestellt wurde als heute.

1. Ergänze die Listen von schriftlichen und nichtschriftlichen Quellen (S. 11). Wenn du ein wenig in diesem Geschichtsbuch blätterst, findest du zahlreiche weitere schriftliche und nichtschriftliche Quellen.

2. Stelle fest, welche Aufbewahrungsorte für historische Quellen es in deinem Ort gibt. Was wird dort gesammelt? Wie kann man sie benutzen?

Was war eigentlich …?

Was war eigentlich an dem Tag los, an dem ich geboren wurde? Gab es damals vielleicht ein Erdbeben oder eine Überschwemmung oder ein bedeutendes politisches Ereignis, ein wichtiges Fußballspiel oder eine folgenreiche Entdeckung? Das lässt sich herausfinden. Jeder in deiner Klasse kann einen kleinen Forschungsbericht schreiben, vielleicht drei Seiten lang, der diese Frage klärt. Wenn du solch ein Projekt angehst, wirst du zugleich etwas von der Vorgehensweise eines Historikers kennen lernen.

Recherche

Wie könnte man dabei vorgehen? Eure Eltern werden sich sicherlich gut an den Geburtstag erinnern und sie werden gerne von diesem Tag erzählen. Von ihnen erhaltet ihr erste Hilfestellungen. Auch eure Verwandten werden einiges erzählen können. An vieles werden sie sich vielleicht gar nicht mehr erinnern. Dann helfen andere Quellen weiter. Schaut doch einmal in die Tageszeitung, die an eurem Geburtstag bzw. am Tag vor- und nachher erschien. Wenn eure Eltern diese Ausgabe nicht aufgehoben haben, findet ihr sie im Archiv der Tageszeitung. In größeren Bibliotheken könnt ihr überregionale Tageszeitungen als Mikrofilm einsehen.

Gliederung

Die Ergebnisse eurer Recherchen könnt ihr in eurem Bericht etwa anhand folgender Fragen gliedern:

- Welche politischen Ereignisse aus Deutschland und aller Welt bewegten die Menschen (z. B. Friedensschlüsse, Abschaffung der Todesstrafe, Atombombentests)? Beachtet die Schlagzeilen.
- Gab es sportliche Großereignisse?
- Welche Filme kamen damals groß heraus?
- Welche Musikrichtungen waren populär?
- Kamen neue Produkte auf den Markt, die in der Folgezeit das Leben veränderten?
- Wie sah in dieser Zeit die Mode aus?
- Gab es sonstige wichtige oder Aufsehen erregende Ereignisse?
- Wie war damals das Wetter? (Gab es z. B. lange Trockenheiten oder Wolkenbrüche, welche Folgen hatten diese?)

Eure Recherchen könnt ihr mit Kopien aus der damaligen Tagespresse ergänzen und illustrieren. Bei dem Projekt werdet ihr herausfinden, was an dem Tag, an dem ihr geboren wurdet, und in der damaligen Zeit wichtig war, und einen Einblick gewinnen, wie damals das Alltagsleben der Menschen aussah. Dabei lernt ihr zugleich, wie Historiker arbeiten: Wie man an eine Quelle herankommt, sie auswertet und einen kleinen Forschungsbericht schreibt.

Recherche (frz.) = Nachforschung

Um genau 7.53 Uhr ging die Sonne auf. Ein vielversprechender Tag kündigte sich an: Örtliche Frühnebelfelder lagen über Deutschland, die sich jedoch relativ schnell auflösten, es wurde sonnig und trocken bei Höchsttemperaturen zwischen 1 und 4 Grad. Für die Nacht zum Samstag wurde leichter Frost angekündigt bei Temperaturen zwischen minus 3 bis minus 8 Grad und schwachem Wind aus Südost. In der Hitliste Wiesbadens steht die Gruppe „Foreigner" auf Platz 1 mit dem Song „Waiting For A Girl Like You" - ein tolles Begrüßungsständchen für ein so süßes, unwiderstehliches Mädchen wie mich, oder gilt das Lied etwa gar nicht mir?

„Ganz normal verrückt" - das ist der Titel eines F… Tag im Wiesbadener Atelier erstaufgeführt wird. … die Hauptrollen in diesem biographischen Film … ben des Skandal-Schriftstellers Charles … verleihs lautete: Weiber, Alkohol … Ein starkes Reisegepäck!

5. Februar 198…

Weiterhin finden si… … dem Spielplan der Wiesbade…

- "Der Profi" mit Jean-Paul Belmondo: Wenn ihr glau… kaufen, habt ihr euch ganz schön geschnitten! (ab 16…
- "Endlose Liebe" mit Brooke Shields und Martin Hewi… schuldig und leidenschaftlich. Zwei junge Menschen … Jahren)
- "Malevil" mit Michel Serrault, Jacques Dutronc und … letzte Abenteuer der Menschheit ...?
- Love-Film präsentiert: "Herzchen ... im heißen Sex-Puzzle". Nur für Erwachsene. Durchgehend Einlaß.
- Thomas Gottschalk und Mike Krüger in "Piratensender Powerplay"": So erfrischend illegal! (ab 6 Jahren).

- "Der Zauberbogen" - Ein faszinierender Ausflug in das Reich der Phantasie. Die Abenteuer eines jungen Helden, der weder Tod noch Teufel, Grauen oder mystische Bedrohung fürchtet! (ab 12 Jahren)
- Wegen der großen Nachfrage nochmals als Auslese am Montag: "Ansichten eines Clowns" von Heinrich Böll. (ab 12 Jahren)
- Am Sonntag im … Märchenvorstellung: "Der Struwwelpeter", …
- … tisfaction" mit Anthony Quinn: Man muß … „Arsch" riskiert wie wir. (ab 16 Jahren)

… nocenters: Anfang März 1982 soll ein … ene Wiesbadens bereichern. Es wird …

… ngen bis zu einem Meter Höhe hat … chnitten. Die Straße, die über das … urde von der Polizei gesperrt. In … steckengebliebene Autos flottma-

… eise chaotischen Verhältnissen … assachusetts brach nach Eisregen in einigen … ersorgung zusammen. Von Georgia bis Pennsylvania machte … wasser den Bewohnern zu schaffen, Texas verzeichnete Schneeverwehungen bis zu 1,80 Meter Höhe, und in Oklahoma und Arkansas wurden teilweise Temperaturen bis zu 34 Grad Celsius unter Null gemessen.

Bei dem Absturz eines französischen Militärflugzeugs über Ostafrika fanden 36 Soldaten den Tod. Sie waren Insassen einer Maschine der französischen Übersee-

13.1 Aus dem Projektbericht einer Schülerin.

4. Die Zeitleiste, eine Orientierungshilfe

1. Vor 12 Mrd. Jahren: Urknall
2. Vor 12 – 7 Mrd. Jahren: Sternensysteme, Milchstraße, Sonne
3. Vor 4,5 Mrd. Jahren: Planetensystem und die Erde
4. Vor 4 Mrd. Jahren: Entstehung des Festlandes und der Meere
5. Vor 3,5 Mrd. Jahren: einzellige Algen, Bakterien im Wasser
6. Vor 2 Mrd. Jahren: einfache Lebewesen, Amöben
7. Vor 900 Mio. Jahren: tierische Lebewesen, die Sauerstoff atmen
8. Vor 500 Mio. Jahren: Tiere mit Wirbelsäule, Panzerfische
9. Vor 400 Mio. Jahren: erste Landtiere, kleine Amphibien
10. Vor 300 Mio. Jahren: Kriechtiere und Insekten
11. Vor 150 Mio. Jahren: Vögel
12. Vor 100 Mio. Jahren: Säugetiere
13. Vor 40 Mio. Jahren: Affen und Menschenaffen
14. Vor 3,7 Mio. Jahren: Australopithecus (→S. 23): aufrechter Gang, Jagd
15. Vor 1,5 Mio. Jahren: Homo erectus (→S. 23): Werkzeuge, Gebrauch des Feuers
16. Vor 100 000 Jahren: Neandertaler (→S. 23): Bau von Häusern aus Zweigen und Fellen
17. Vor 40 000 Jahren: Moderner Mensch, Höhlenmalerei, Musikinstrumente

Naturwissenschaftler und Archäologen gliedern die Entstehung der Welt in verschiedene Entwicklungsphasen:

■ Zeitleiste – Zeitstrahl

Versuche einmal, diese 12 Milliarden Jahre auf einen Zeitstrahl zu übertragen. Welches Problem entsteht, wenn du für jeweils 1 Mrd. Jahre 1 cm ansetzt? Du gewinnst nun schnell einen Eindruck, welchen Zeitraum die Menschengeschichte in der Geschichte der Welt einnimmt. Die Vor- und Frühgeschichtler befassen sich mit Phase 14 – 17, die Historiker nur mit einem kleinen Teil der letzten Phase. Versuche jetzt, einen Zeitstrahl für die Entwicklungsphasen Nr. 14 – 17 (also für die Zeit, in denen sich die Menschen herausbildeten) zu zeichnen. Einfacher wird es, wenn du im Klassenraum eine Strecke von 5 Metern absteckst, je einen Meter für eine Million Jahre. Wie lang wird auf diesem Zeitstrahl die Strecke der letzten 2 000 Jahre, wie lang deine eigene Lebensgeschichte?

5. Orientierung in der Geschichte

Die Zeitrechnung

Um Ereignisse und Zeitabschnitte genau bestimmen und einordnen zu können, erfanden die Menschen die Zeitrechnung und den Kalender. Verschiedene Völker, z. B. die Juden oder die Chinesen, haben ganz unterschiedliche Zählweisen entwickelt und auch die Jahreslängen verschieden bestimmt. Die jüdische Zeitrechnung beginnt mit einem angenommenen Jahr für die Erschaffung der Welt, Neujahr wird im Herbst gefeiert. Das Jahr 2000 n. Chr. nach christlicher Zeitrechnung entspricht dem Jahr 5760/5761 nach jüdischer Rechnung. Die Römer zählten die Jahre nach der Gründung Roms (nach unserer Zeitrechnung ab 753 vor Christi Geburt). Die christliche Zeitrechnung, die wir verwenden und in die wir andere Kalender umrechnen, zählt, von der Geburt Christi ausgehend, vor und zurück (v. Chr./n. Chr.).

Epocheneinteilungen

Historiker haben versucht, die Geschichte der Menschen in verschiedene Epochen, in verschiedene Zeitabschnitte, einzuteilen. Sie unterscheiden dabei in der Regel ganz grob sechs historische Epochen:

- Die ↗**Vor- und Frühgeschichte** dauerte etwa bis 3000 v. Chr.
- Das ↗**Altertum (Antike)** dauerte von 3000 bis etwa um 500 n. Chr. (damals zerfiel das Römische Weltreich).
- Das **Mittelalter** dauerte ungefähr von 500 n. Chr. bis etwa um 1500. Am Ende des Mittelalters begannen die Menschen sich selbst und ihre Umgebung zu erforschen.
- Die **Neuzeit** begann um 1500. Damals entdeckten die Europäer Amerika, es kam in dieser Zeit auch zur Abspaltung der Protestanten von der katholischen Kirche. Die Neuzeit dauerte bis zur Französischen Revolution im Jahr 1789.
- Die **Neueste Zeit** dauerte von der Französischen Revolution bis zur Gegenwart.
- Als **Zeitgeschichte** gilt häufig der Zeitraum, den die heute lebenden Menschen persönlich erlebt haben.

1. Zeichne ein Bücherregal mit sechs Fächern für die Epochen. Ordne die Bilder unten oder Personen und Ereignisse, von denen du schon gehört hast, in einzelne Fächer ein. Ein Lexikon kann dir helfen.

15.1 Hieroglyphen. Schrift der Ägypter vor 2500 Jahren.

15.2 Strafe im 11. Jahrhundert: Ein Mann im Pranger.

15.3 Kinder im Jahr 1953.

6. Auch der Alltag hat eine Geschichte
Projekt 2: Kochen in früherer Zeit

16.1 Ein Flohmarkt.

16.3 Eine Küche um 1910.

Trödel als Quelle?

Was kann man nicht alles auf dem Flohmarkt finden: alte Radios, Betten, Plattenspieler, Zeitschriften, Geschirr, Blechspielzeug ... Meist haben die früheren Eigentümer oder ihre Erben diese Dinge achtlos weggeworfen oder abholen lassen. Auf dem Flohmarkt aber wecken sie unser Interesse. Sie sehen anders aus als unsere Gebrauchsgegenstände, sie erinnern an vergangene Zeiten, sie haben eine Geschichte: Immerhin waren sie vor 10, 20 oder 40 Jahren begehrte Konsumartikel, auf die ihre Besitzer vielleicht sehr stolz waren.

Weggeworfenes als Fundgrube für Historiker

Betrachten wir abgelegte Gegenstände näher, z. B. ein altes Bügeleisen oder einen Küchenherd. Möglicherweise können wir mithilfe dieser Gegenstände etwas über die Haushaltsführung in früheren Zeiten herausfinden.

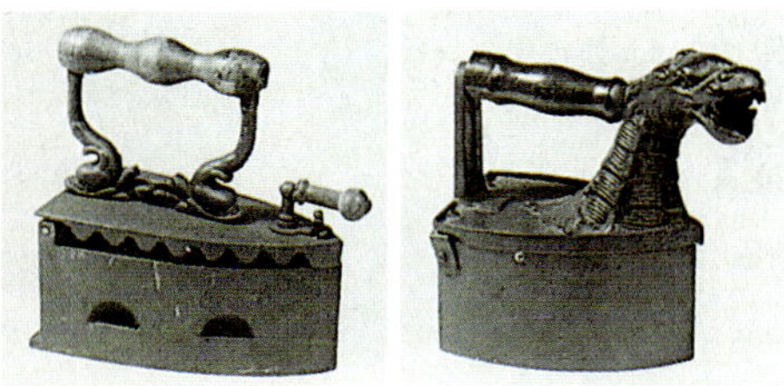

16.2 Dampfbügeleisen.

Kochen in früherer Zeit

Zunächst müssen wir erkunden, wie früher eine Küche ausgestattet war und wie die Kücheneinrichtungen funktionierten. Dazu brauchen wir Fotos oder „Zeitzeugen“, also Menschen, die uns etwas darüber erzählen können. Das könnten vor allem deine Großeltern sein. Sie werden dir gerne erzählen, wie es einst war.

Das Essen musste vielleicht genauer geplant und vorbereitet werden und der Herd war vorher anzufeuern. Du kannst auch klären, wie lange das Einkaufen dauerte, welche Läden aufgesucht werden mussten, wie sich Kaufentscheidungen vollzogen, welche Lebensmittel zu welcher Jahreszeit verfügbar waren oder nicht.

Vielleicht möchtest du auch wissen, wie alte Haushaltsgeräte funktionierten, ob sich ihr Einsatz angesichts der komplizierten Montage und Reinigung überhaupt lohnte ...

Wurden zu dieser Arbeit auch die Männer und Kinder „eingespannt“? Wie wurden Mädchen und Jungen zur Hausarbeit herangezogen? Dabei wird dir vielleicht deutlich werden, dass der Beruf der Hausfrau völlig anders war als heute. Du kannst auch etwas über die Rollenverteilung in der Familie früher und heute sagen.

17.1 In einer deutschen Küche, 1954.

17.2 Moderne Kücheneinrichtung im Jahre 2000.

■ Unterschiedliche Erinnerungen

Ein Tipp: Befrage hierzu nicht nur deine Großmutter, sondern auch den Großvater, denn er wird dir vielleicht ganz anderes berichten! Du weißt ja bereits, dass man Erlebtes ganz unterschiedlich erzählen kann, jeder „Zeuge" erinnert sich an etwas anderes, jeder hat bestimmte Vorgänge auf seine eigene Weise wahrgenommen.

Ein weiterer Tipp: Wiederhole das Gespräch mit deinen Interviewpartnern einige Tage später noch einmal oder setze es fort, denn in der Zwischenzeit werden bei deinen Zeitzeugen so manche Erinnerungen wach und sie können noch viel mehr berichten als beim ersten Mal.

Was du von deinen Gesprächspartnern erfahren hast, kannst du durch einen Blick in ein Lexikon ergänzen, das etwa aus der Zeit stammt, von der deine Zeitzeugen berichten. Solche älteren Nachschlagewerke sind mittlerweile ebenfalls Quellen. Aufschlussreich sind auch Tageszeitungen oder Illustrierte aus jenen Jahren, in denen für bestimmte Produkte geworben wurde. Auch ein Besuch des Heimatmuseums lohnt sich. Es ist also gar nicht so schwer, an Quellen heranzukommen, durch die du dir verschiedene Eindrücke und vielseitige Informationen verschaffen kannst.

■ Andere Möglichkeiten

Wenn euch das Thema „Kochen" nicht so interessiert, dann wählt für das Projekt ein anderes Thema:

- „Verkehr",
- „Kleider",
- „Frisuren",
- „Musik" oder
- „Heizung".

17.3 Eine Schülerin und ein Schüler befragen eine Nachbarin nach deren Erinnerungen an ihre Schulzeit vor 60 Jahren. Um das Erzählte nicht zu vergessen, benutzen sie einen Kassettenrecorder.

Menschen in vor- und frühgeschichtlich

Spielende Kinder entdeckten 1940 die Höhle von Lascaux in Frankreich mit ihren etwa 30 000 Jahre alten Malereien. Die Stiere wurden in verschiedenen Farben mehrfach übermalt. Bemerkenswert ist das Tier links außen. Möglicherweise handelt es sich um ein Fabeltier.

Gepunktetes Pferd mit Handabdruck, Pech-Merle, Frankreich.

hgeschichtlicher Zeit

er Zeit

Hirsch aus der Höhle von Lascaux, Frankreich.

Bison in einer Höhle der Pyrenäen (etwa 13 000 Jahre vor heute).

Orientierung in Zeit und Raum

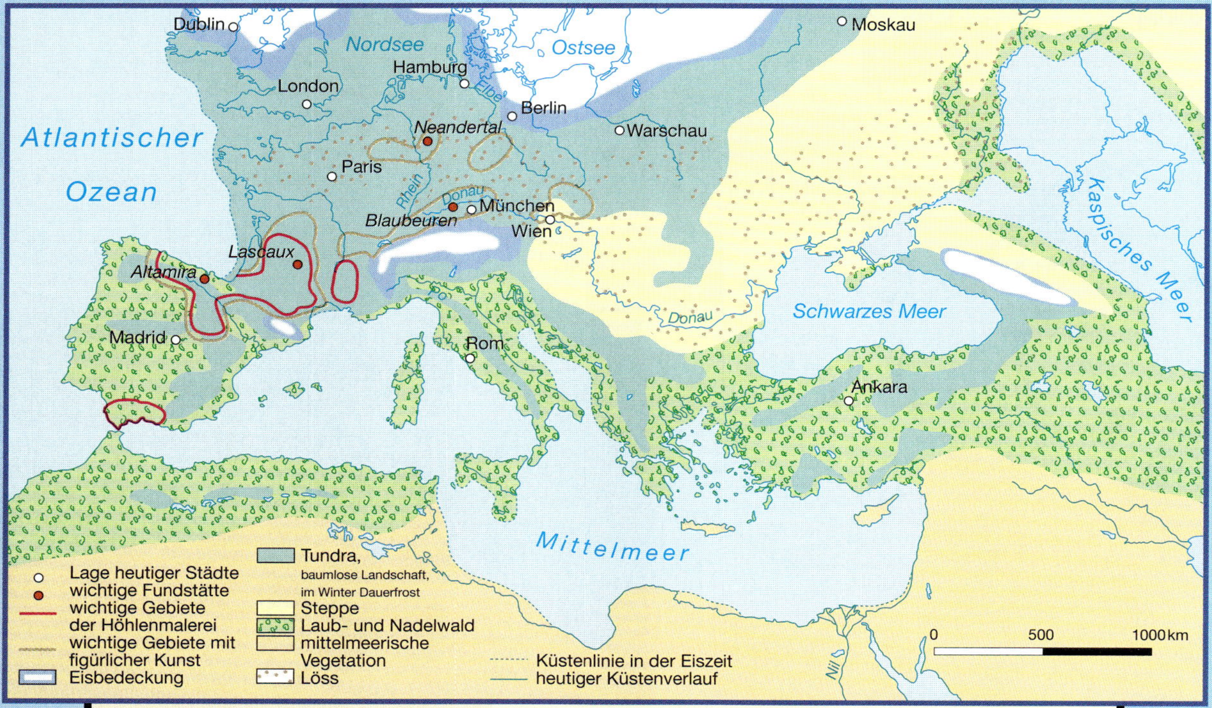

20.1 Eisbedeckung und Klimazonen in Europa während der letzten Eiszeit (vor ca. 30 000 Jahren).

Vor 2,5 Millionen Jahren	Erste Vormenschen leben in der Savanne Ostafrikas.
Vor 2,5 Mio. bis vor 10 000 Jahren	Altsteinzeit: Die Menschen leben als Sammler/innen und Jäger. Die letzte Phase von vor 40 000 bis vor ca. 12 000 Jahren nennt man die jüngere Altsteinzeit.
Vor 1,5 Millionen Jahren	Der aufrechte Mensch, der Homo erectus, breitet sich von Afrika nach Asien und Europa aus.
Vor 100 000 Jahren	In Afrika entsteht der moderne Mensch, der Homo sapiens sapiens.
Vor 40 000 Jahren	Der moderne Mensch, der Homo sapiens sapiens, wandert in Europa ein.
Vor 30 000 Jahren	Die Menschen beginnen aus Knochen, Holz und Stein Figuren zu schnitzen, wie wir sie in Höhlen bei Blaubeuren auf der schwäbischen Alb gefunden haben. Zur gleichen Zeit entstehen die ersten Höhlenmalereien in Frankreich und Spanien.
Vor 10 000 Jahren	Im Nahen Osten beginnen die Menschen Getreide anzubauen und Wildtiere zu zähmen. Sie lassen sich sesshaft nieder und bauen Hütten zum Schutz für sich und ihre Tiere: Die Jungsteinzeit beginnt.
Vor 6 000 Jahren	Die sesshafte Lebensweise verbreitet sich in Mitteleuropa.
Von 600 v. Chr. bis 50 n. Chr.	Die Kelten, die gelernt haben Eisen herzustellen, siedeln in weiten Teilen Mitteleuropas.

Eine Höhle vor dreißigtausend Jahren

Die drei Jäger, die mit Fellen und Leder behängt waren, retteten sich in letzter Minute vor dem großen Unwetter in die kleine Höhle, die wir heute das Geißenklösterle (bei Blaubeuren) nennen.
Sie mussten die Rentiere, die sie verfolgt hatten, ziehen lassen. Bei der nächsten Gelegenheit würden sie sich auf eine andere Herde konzentrieren. Hoffentlich war den Frauen vor dem Ausbruch des Gewitters noch Zeit genug geblieben, um Beeren und Wurzeln zu sammeln! Die Höhle kannten sie von früheren Besuchen und sie nutzten sie immer wieder als Unterschlupf, wenn sie unterwegs waren. Normalerweise wohnten sie in Zelten, Höhlenbewohner gab es nicht.
Aber jetzt war es sehr praktisch, im Trockenen zu sitzen und am Höhleneingang an den Jagdwaffen zu arbeiten.

21.1 Der Eingang zum Geißenklösterle, einer Höhle bei Blaubeuren. Foto.

Die Umgebung war, anders als heute, damals nicht bewaldet. Nur einzelne Büsche und Birken wuchsen im Tal. Man konnte auf große Entfernung herannahende Herden sehen und die Jagd planen.
Wenn die Höhlen in der Steinzeit auch nicht als Daueraufenthalt benutzt wurden, sind sie für uns dennoch von unschätzbarem Wert. Anders als im Tal wurden die archäologischen Überreste hier nicht durch Flussüberschwemmungen und jahrtausendelange Tätigkeit von Bauern zerstört. Viele Gegenstände und Werkzeuge haben sich im Höhlenboden erhalten, die uns vom Leben der Eiszeitjäger erzählen.

21.2 Archäologen bei der Arbeit, Foto.

1. *Ordne auf dem Stammbaum des Menschen (→ S. 23) die hier geschilderte Szene ein. Die Überschrift hilft dir dabei!*
2. *Du willst etwas über das Leben der steinzeitlichen Jäger erfahren. Welche Fragen würdest ihnen stellen?*
3. *Kennst du frühgeschichtliche Ausgrabungsplätze in deiner Umgebung?*

1. Woher kommen wir?

Ein Fund wirft Fragen auf

Im Jahre 1856 fanden Arbeiter in einem Kalksteinbruch in der Nähe von Düsseldorf Knochen, die offensichtlich von einem Menschen stammten. Bei genauerer Betrachtung zeigten sich allerdings überraschende Formen. Der Kopf war eindeutig flacher, als wir es gewohnt sind; Überaugenwülste ergaben ein ganz ungewohntes, finsteres Aussehen und die Knochen waren plumper als unsere. Viele Wissenschaftler beschäftigten sich mit den Funden und es dauerte Jahrzehnte, bis man sicher war: Es handelt sich um eine ältere Menschenform, die nach dem Fundort „Neandertaler" genannt wird und vor ungefähr 100 000 Jahren lebte. Diese Erkenntnis zu gewinnen war schwierig und vieles blieb umstritten, weil man noch nicht wusste, wie alt die Erde ist. Viele Menschen glaubten nicht, dass die Lebewesen und mit ihnen der Mensch erst als Ergebnis einer langen Entwicklungsgeschichte entstanden sind.

Das Alter der Erde

Unser Planet entstand vor ungefähr 4,5 Milliarden (= 4500 Millionen) Jahren. Seit 3,5 Milliarden Jahren gibt es Leben, allerdings zunächst nur im Wasser. Auf dem Land befinden sich Lebewesen seit 400 Millionen Jahren, 180 Millionen Jahre lang wurde die Erde z. B. von Dinosauriern beherrscht. Als diese vor 65 Millionen Jahren ausstarben, konnten sich die Säugetiere entwickeln, zu denen wir gehören (→ S. 14).

Lange stritten sich die Wissenschaftler darüber, ob die Neandertaler sprechen konnten. Nach Untersuchungen im Kehlkopfbereich von Skelettfunden hält man es heute für wahrscheinlich. Die Rekonstruktion des Neanderthalmuseums (Abb. 22.2) zeigt eine alte Neandertalerin und ein Mädchen am Lagerplatz.

Auf den Spuren der ersten Menschen

Vor ca. 8 Millionen Jahren spaltete sich die Linie unserer Vorfahren von den meisten anderen, ähnlichen Arten ab. Zu dieser Zeit verschob sich die Erdoberfläche auf dem afrikanischen Kontinent, so dass eine natürliche Grenze zwischen West- und Ostafrika entstand. Für den östlichen Teil änderte sich das Klima grundlegend: Statt aus den gewohnten Regenwäldern bestand die Umwelt nun aus einer trockenen, grasbewachsenen Ebene. Hier erwies sich der aufrechte Gang als Vorteil, er erlaubte einen besseren Blick und setzte die Hände für andere Tätigkeiten frei. Aus diesen Savannenbewohnern gingen die Vorfahren heutiger Affen hervor, aber vor ungefähr 2,5 Millionen Jahren auch die ersten Vormenschen.

Sie unterschieden sich von den anderen Affenarten dadurch, dass sie einfache Steinwerkzeuge dazu benutzten, ihre pflanzliche Nahrung aufzuknacken oder zu zerkleinern. Sie bearbeiteten Steine, so dass spitze Kanten entstanden. Die Vormenschen begannen nun auch Fleisch zu essen; auch darin passten sie sich an die sich verändernde Umwelt an. Ihr entscheidender Vorteil entstand aber aus der Vergrößerung und Weiterentwicklung des Gehirns, der Grundlage für das Denken, Planen, Sprechen und für gemeinschaftliches Handeln. Immer wieder entstanden neue Menschenformen, die sich mindestens seit 1,5 Millionen Jahren vor unserer Zeit auch in Europa ansiedelten.

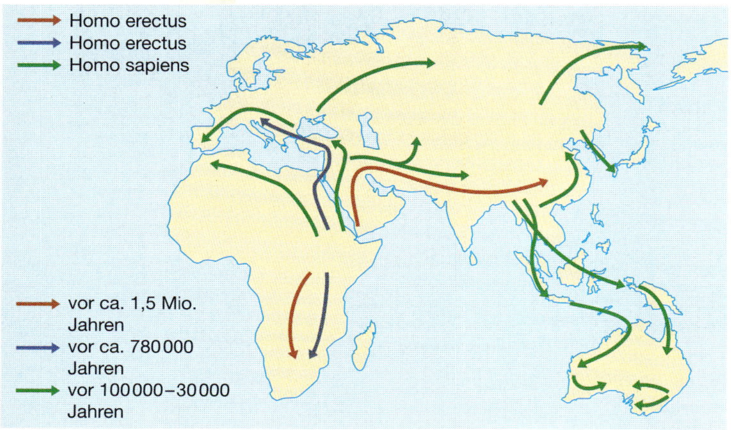

22.1 Die Ausbreitung des Menschen („Out of Africa").

22.2 Rekonstruktion aus dem Neanderthal-Museum, 1997.

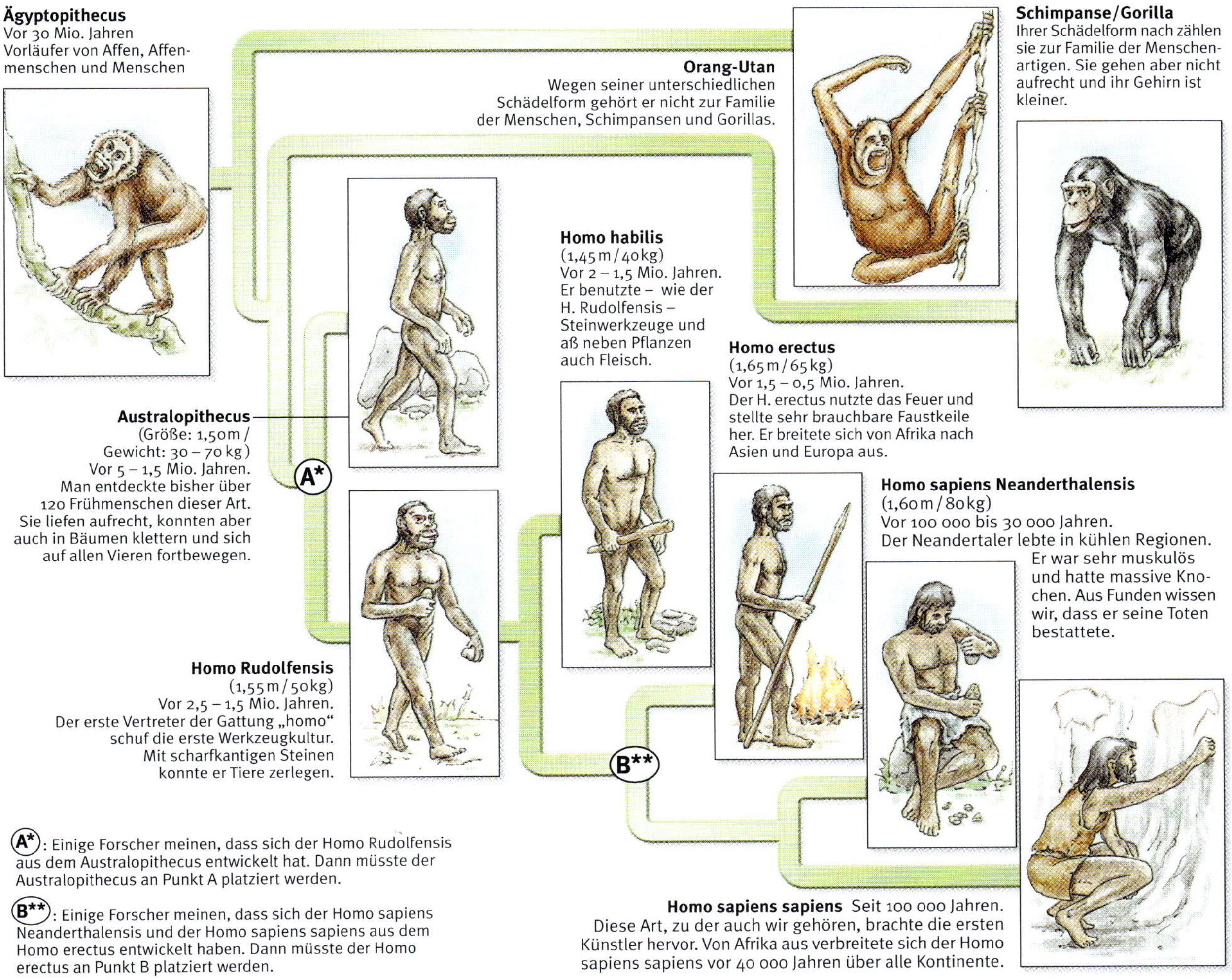

(A*): Einige Forscher meinen, dass sich der Homo Rudolfensis aus dem Australopithecus entwickelt hat. Dann müsste der Australopithecus an Punkt A platziert werden.

(B**): Einige Forscher meinen, dass sich der Homo sapiens Neanderthalensis und der Homo sapiens sapiens aus dem Homo erectus entwickelt haben. Dann müsste der Homo erectus an Punkt B platziert werden.

23.1 Der Stammbaum des Menschen. Wir haben noch keinen vollständigen Überblick über die frühe Geschichte des Menschen, da wir aus sehr langen Zeiträumen nur einzelne, oft bruchstückhafte Funde haben.

▪ Der moderne Mensch breitet sich aus

Die ältesten Funde, die auf Menschen hinweisen, die sich körperlich nicht mehr von uns unterscheiden, sind 150 000 Jahre alt. Durch die Fähigkeit, sich allen klimatischen Bedingungen anzupassen, konnten unsere Vorfahren viele Gebiete dieser Erde besiedeln. Vor ca. 40 000 Jahren erreichten sie Europa. Sie trafen hier auf die Neandertaler, die auch viele Fähigkeiten besaßen, z. B. stellten sie sehr brauchbare Faustkeile als Werkzeuge her. Dennoch gibt es diese Art seit 30 000 Jahren nicht mehr. Heute lebt auf der Welt nur noch unsere Menschenform.

1. Stellt maßstabsgerecht die Dauer der Entwicklung des Menschen dar. Rechnet die Jahre in Meter um (Vorsicht: Ihr müsst einen sinnvollen Maßstab finden!). Spannt ein langes Seil auf dem Gang oder auf dem Schulhof und markiert die wichtigsten Stationen mit bunten Bändern.

2. Beschreibt und beurteilt die Fortschritte, die die verschiedenen Menschenformen erreicht haben.

pithecus (griech./lat.) = Affe

homo (lat.) = Mensch

australis (lat.) = Süd-, südlich

erectus (lat.) = aufrecht

habilis (lat.) = geschickt

sapiens (lat.) = weise, intelligent

2. Die Lebensweise der Sammler/innen und Jäger

Das Zeitalter, das mit der Menschheitsentwicklung vor 2,5 Millionen Jahren beginnt und vor 10 000 Jahren endete, nennen wir Altsteinzeit.

Die Lebensbedingungen in der Eiszeit

Die Geschichte unserer Erde ist von gewaltigen Klimaschwankungen geprägt. In den letzten 600 000 Jahren wechselten warme und kalte Zeiten ab (→ B 25.1). Funde zeigen für uns in Europa ungewohnte Verhältnisse: Bei Berlin jagten Säbelzahntiger, vor 350 000 Jahren reiften am Bodensee Feigenbäume; vor 150 000 Jahren lebten hier Elefanten.

Während heute 1/10 unseres Planeten von Eis bedeckt ist, waren es in der letzten ↗Eiszeit (vor 120 000–10 000 Jahren) bis zu 1/3 der Erdoberfläche. Die Gletscher reichten bis an die deutschen Mittelgebirge. Vogesen, Schwarzwald und der Harz waren eisbedeckt; die Temperatur lag bis zu 10 Grad niedriger als heute.

Wegen dieser Kälte und der damit verbundenen Trockenheit konnten Bäume in Mitteleuropa kaum gedeihen. Die Pflanzenwelt bestand aus niederen Büschen, Moosen, Flechten und Gräsern. Davon ernährten sich Tierarten, die sich den niedrigen Temperaturen anpassen konnten (→ B 20.1). Verbreitet waren neben Rentieren, Wildpferden, Moschusochsen und Höhlenbären die riesigen Mammute. Einige dieser Tierarten starben noch während der Eiszeit aus, andere folgten dem Eis nach Norden.

Auf Nahrungssuche

Die Menschen der ↗Altsteinzeit hatten sich als Jäger und Sammler ernährt und über die Erde ausgebreitet. Um nun unter Eiszeitbedingungen überleben zu können, mussten sie große Anstrengungen auf sich nehmen und erfindungsreich sein.

In besonders kalten Zeiten fanden sie nur wenige vitaminreiche Kräuter, Wurzeln und Beeren. Stiegen die Temperaturen, konnten die ↗Sammlerinnen und Sammler zusätzlich Nüsse, Pilze und Körner, Insekten und Kleintiere beschaffen. Mit dem Fleisch großer Tiere ergänzten sie diese Nahrung.

Die Jagdbeute deckte zwar oft nur ein Viertel des Speiseplans, dennoch waren die erlegten Tiere so wichtig, dass die Menschen den Jahresablauf und die Lebensweise nach der Jagd einrichteten. Von den Rentierjägern, die am Ende der Altsteinzeit in Süddeutschland auf der Schwäbischen Alb lebten, können wir uns ein genaues Bild machen. Im Winter zogen sich die Rentiere in tiefere Lagen mit dünnerer Schneedecke zurück, wo sie leichter Futter finden konnten, im Sommer bevorzugten sie die Hochflächen. Sie zogen immer auf den gleichen Routen, so dass die Jäger gezielt planen und in engen Tälern eine groß angelegte Jagd veranstalten konnten.

24.1 Die Treibjagd am Albtrauf. Rekonstruktionszeichnung.

24.2 Die Fallgrubenjagd. Rekonstruktionszeichnung

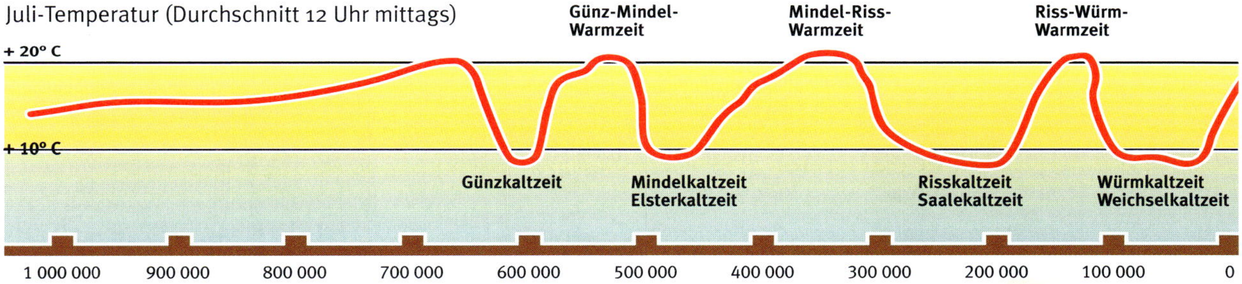

25.1 Temperaturschwankungen in den letzten 1 Million Jahren. Zugrunde gelegt ist die Durchschnittstemperatur des Juli, 12 Uhr.

■ Das Leben in der Gemeinschaft

Die Jäger waren darauf angewiesen, zusammenzuarbeiten und die Jagd in allen Einzelheiten zu planen. Zu diesem Zweck schlossen sich mehrere Gruppen zusammen. Darauf weisen Befunde der Archäologen hin. Bei Ausgrabungen fanden sich Reste von großen Lagern, die über den Winter von ungefähr 100 Menschen bezogen wurden und deren Umgebung reich an Knochenüberresten der Jagdbeute war. Die Behausungen bestanden aus Holzgerüsten, die mit Fellen und Häuten bedeckt waren, zwischen ihnen lagen Feuerstellen unter freiem Himmel. Die Familien nutzten die Aufenthalte in den Winterlagern für soziale Kontakte, Austausch von Neuigkeiten und zum Tausch von Gegenständen.

Im Sommerlager dagegen, wenn keine großen gemeinsamen Unternehmungen auszuführen waren, lebten die Menschen der Altsteinzeit in Gruppen zu 20–40 Personen zusammen. Ihr Alltag war erfüllt von den verschiedenartigsten Tätigkeiten, bei denen die Gruppenmitglieder aufeinander angewiesen waren. Da wir keine schriftliche Überlieferung haben, wissen wir nichts Genaues über Sitten und Gebräuche, die das alltägliche Leben oder die Kindererziehung regelten. Wir wissen aber, dass das Steineschlagen auch geübt wurde. Technische Fertigkeiten wurden also gezielt vermittelt; dasselbe galt sicher auch für andere notwendige Kenntnisse, etwa über essbare und giftige Pflanzen.

Beim Nahrungserwerb hat bereits eine Arbeitsteilung zwischen Männern und Frauen stattgefunden. Männer sind stärker und können schneller laufen, außerdem haben Frauen längere Lebensabschnitte, in denen sie weniger belastbar sind: vor allem die Schwangerschaften und die Säuglingsphase ihrer Kinder. Deshalb haben Frauen sich wahrscheinlich weniger als die Männer an der Jagd beteiligt. Das Sammeln und die Verarbeitung der Jagdbeute waren aber Aufgaben der Männer und Frauen.

Mit dem Auftreten des Homo sapiens finden wir viele Hinweise auf religiöse Vorstellungen. So wurden die Toten mit Grabbeigaben für ein Leben nach dem Tod ausgestattet. Möglicherweise hatten auch die Höhlenmalereien und geschnitzten Figuren eine religiöse Bedeutung.

25.2 Wildpferd, Schnitzerei aus Elfenbein, ca. 40 000 Jahre alt. Fund aus der Vogelherdhöhle bei Heidenheim, heute im Ulmer Museum.

25.3 Frauenkopf, 35 Millimeter hoch, ca. 30 000 Jahre alt. Teil einer kleinen Steinstatue aus Frankreich.

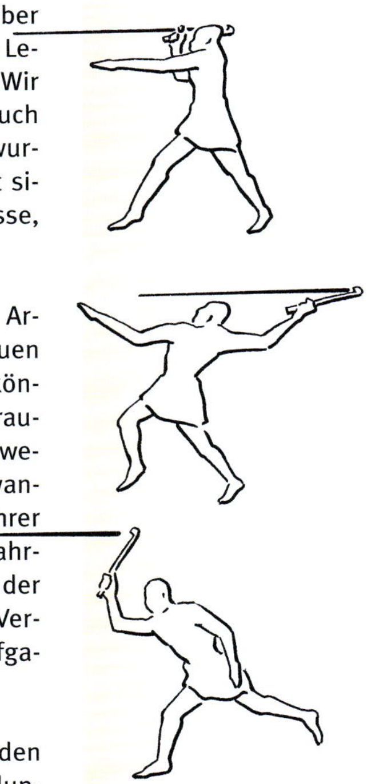

25.4 Die wichtigste Jagdwaffe war der Speer. Vor ungefähr 20 000 Jahren wurde er zur Speerschleuder weiterentwickelt. Die Reichweite erhöhte sich von 40 auf 100 m.

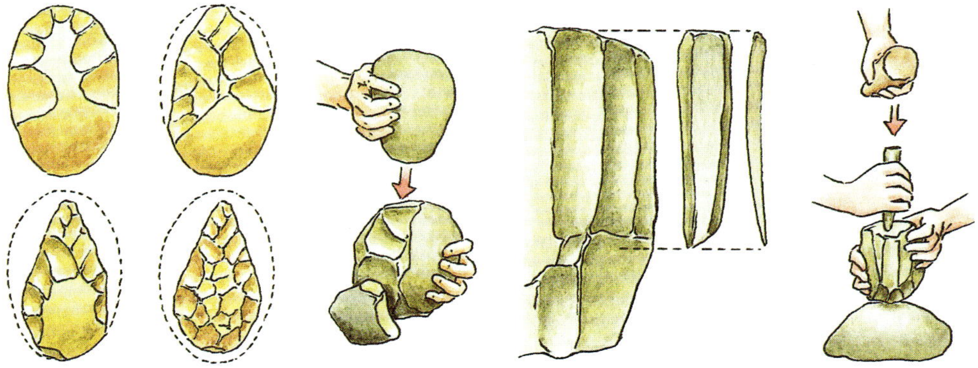

26.1 Steingeräteherstellung: a) direkter Schlag (Kerntechnik, Faustkeil); b) indirekter Schlag (Klingentechnik).

Die Werkzeuge

Schon die Frühmenschen benutzten aufgeschlagene Röhrenknochen oder Tierzähne als Werkzeuge. Vor 2 Millionen Jahren begannen die Bewohner der afrikanischen Savanne, leicht zugängliche Steine grob zu behauen und ihre Kanten zu nutzen. Nach und nach lernten sie die verschiedenen Steinarten zu unterscheiden. Besonders geeignet erschienen Feuerstein, Quarz oder Hornstein. Diese Steine bilden besonders scharfe und haltbare Abschlagskanten.

Zuerst ließen sich die Menschen in der Nähe solcher Gesteinsvorkommen nieder, später wurden die Materialien über weite Strecken transportiert, möglicherweise wurde schon getauscht und gehandelt.

Die Neandertaler verfeinerten die Abschlagtechnik deutlich. Durch gezielte Schläge stellten sie aus einem Steinknollen einen gut in der Hand liegenden Faustkeil her. Dieses Allzweckgerät hatte ein dickes Ende, das in der Hand gehalten wurde, das zugespitzte Ende konnte z. B. zum Graben, Schneiden von Fleisch oder Abschaben von Fellen verwendet werden. Viele hunderttausend Jahre war dies das Hauptwerkzeug. Bei seiner Herstellung musste seine Form bereits geplant werden. Vorstellungskraft und handwerkliches Können mussten gut zusammenspielen.

26.2 Ein Faustkeil, ca. 40 000 Jahre alt.

Während der letzten Eiszeit beschleunigte sich die Entwicklung. Mit immer neuen Erfindungen gelang es den Menschen, sich besser auf ihre Umwelt einzustellen. Die damals entwickelten Werkzeuge stehen am Beginn der heutigen Technik.

Ein vorläufiger Höhepunkt wurde am Ende der Eiszeit erreicht. Die Knollen des Rohmaterials wurden nun in viele Klingen gespalten, dadurch konnte das Material sehr viel ergiebiger genutzt werden. Die Teile wurden zu sehr unterschiedlichen Geräten weiterverarbeitet: Kratzer, Stichel, Bohrer oder Messer zum Beispiel. Auch andere Materialien – Geweihe oder Elfenbein – konnten jetzt viel leichter bearbeitet werden. Die geschickten Handwerker fertigten daraus Speerspitzen, aber auch kleine Figuren.

Das Ende der Eiszeit

Die Menschen hatten sich in ihrer Umwelt gut eingerichtet, als vor etwa 12 000 Jahren die Eiszeit langsam zu Ende ging. Mit den steigenden Temperaturen wanderten die Rentierherden nach Norden ab. Dichte Wälder breiteten sich aus. Dort war die Jagd auf Herden nicht mehr möglich und der Speer als Jagdwaffe war im Wald ungeeignet. Die Menschen mussten ihre lang vertraute Lebensweise aufgeben.

M1 Die Beute wird verwertet

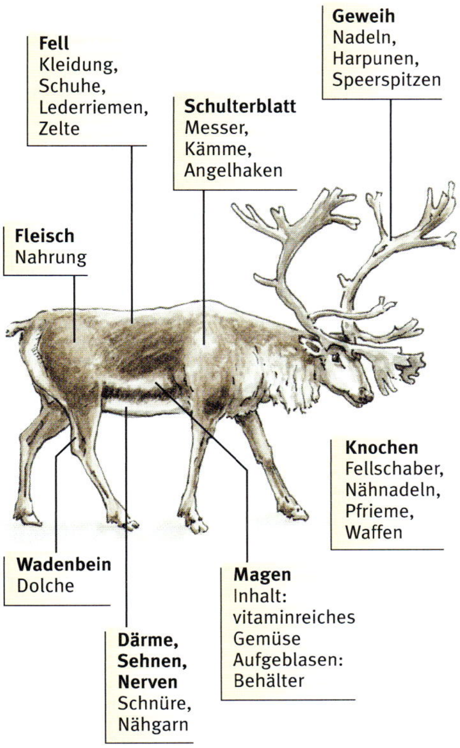

27.1 Ein Rentier.

27.2 Rekonstruktion eines steinzeitlichen Anoraks nach einem Perlenbesatz, der auf einem ca. 35 000 Jahre alten Skelett bei Moskau gefunden wurde.

Aus Grabfunden der Eiszeit kann man eine Vorstellung gewinnen, wie die Kleidung dieser Zeit ausgesehen hat. Danach wurden aus Fellen und Häuten Umhänge genäht, ähnlich wie Anoraks; aus dem gleichen Material bestanden Hosen und Schuhe. Zusammengehalten wurden sie durch Sehnen, die durch Kauen weich und biegsam gemacht werden konnten. Geschmückt wurden die Kleidungsstücke durch aufgenähte kleine Schnecken oder Perlen aus Elfenbein.

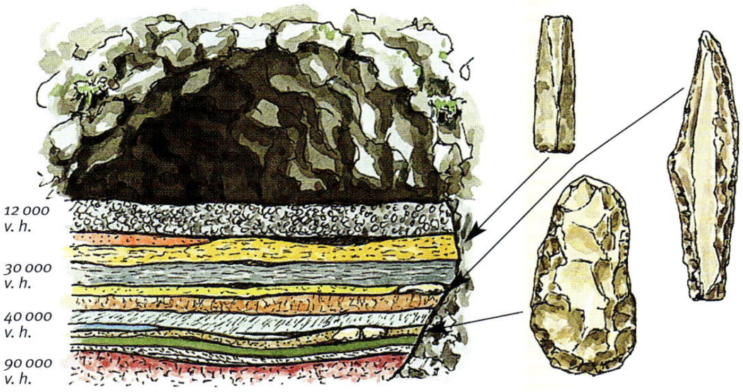

27.3 Der Sirgenstein (Blaubeuren).

1. a) Beschreibe das Vorgehen der Jäger. Beachte das Gelände und ihre Aufstellung (B 24.1 und 24.2).

2. Erkläre die Funktionsweise der Speerschleuder (B 25.4).

3. Stelle die Techniken zusammen, die die Menschen der Altsteinzeit beherrschen mussten, um ein Rentier zu verarbeiten. (M 1)

4. Beschreibe, wie die gefundenen Gegenstände (B 27.3) angefertigt wurden (B 26.1). – Erläutere Vor- und Nachteile der Herstellungsweisen.

5. Vertritt einen der Standpunkte in einer Diskussion:
- Die Menschen der Altsteinzeit waren der Natur ausgeliefert.
- Die Jäger und Sammler der Altsteinzeit machten sich immer mehr von der Natur unabhängig.

3. Die ersten Ackerbauern

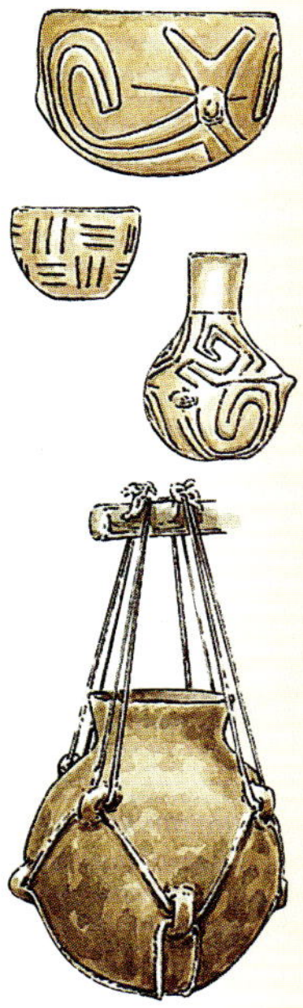

28.1 Tongefäße mit typischen jungsteinzeitlichen Formen und Mustern.

Nach dem Ende der Eiszeit beginnt eine Revolution

Nach dem Ende der Eiszeit entstanden in der Mittelsteinzeit (ca. vor 12 000 – 8 000 Jahren) Wälder, die Rentierherden zogen nach Norden, Hirsche und Rehe wanderten ein. Die umherziehenden Jäger passten sich an und jagten mit Pfeil und Bogen statt mit Speerschleudern.

Viel einschneidendere Veränderungen müssen aber vor ungefähr 8 000 Jahren vor sich gegangen sein: Die ersten Häuser wurden gebaut. Die Bewohner lebten von ↗Ackerbau und Viehzucht und blieben ständig an einem Ort. Was waren die Ursachen für diese Veränderung der Lebensverhältnisse, die wir als die erste Revolution in der Geschichte der Menschheit bezeichnen, als „neolithische (jungsteinzeitliche) Revolution"?

Die Landwirtschaft verändert das Leben

Begonnen hatte die Entwicklung im Nahen Osten. Dort war der Temperaturanstieg noch früher spürbar. Die Bedingungen für Landwirtschaft waren ideal, man nennt diese Region deshalb den „Fruchtbaren Halbmond". Hier wuchsen Wildpflanzen, die man regelmäßig ernten konnte.

Schließlich gingen die ersten Bauern dazu über, diese Vorformen unseres Getreides gezielt anzubauen und sich anzusiedeln. Besonders die Sammlerinnen hatten viel Erfahrung mit verwertbaren Pflanzen; im jungsteinzeitlichen Ackerbau spielten die Frauen deshalb eine wichtige Rolle.

Die Ernährung wurde reichhaltiger und regelmäßiger, die Überlebenschancen wurden besser und es wurden mehr Kinder aufgezogen. Die Folgen kann man an Catal Hüyük, einer Siedlung, die in der heutigen Türkei liegt, gut nachvollziehen. Man konnte feststellen, dass aus 100 Einwohnern einer Siedlung im Verlauf von 800 Jahren 50 000 geworden waren. Sie fanden aber nicht alle in ihrer angestammten Siedlung Nahrung. Viele wanderten aus und verbreiteten ihre Kenntnisse und Lebensformen.

Auch in Mitteleuropa fanden sie gute Bedingungen für den Ackerbau; angebaut wurden Einkorn und Emmer (frühe Weizenformen), Gerste, Flachs, Erbsen und Linsen. Die Siedler wählten Flächen mit fruchtbarem Lössboden. Oft mussten sie roden, da fast alles mit Wald bedeckt war. Das geschlagene Holz konnte für Neubauten verwendet werden, die Flächen für den Ackerbau. Die Menschen drängten so mit ihren Eingriffen den „Urwald" immer weiter zurück und prägten zunehmend das Aussehen der Landschaft.

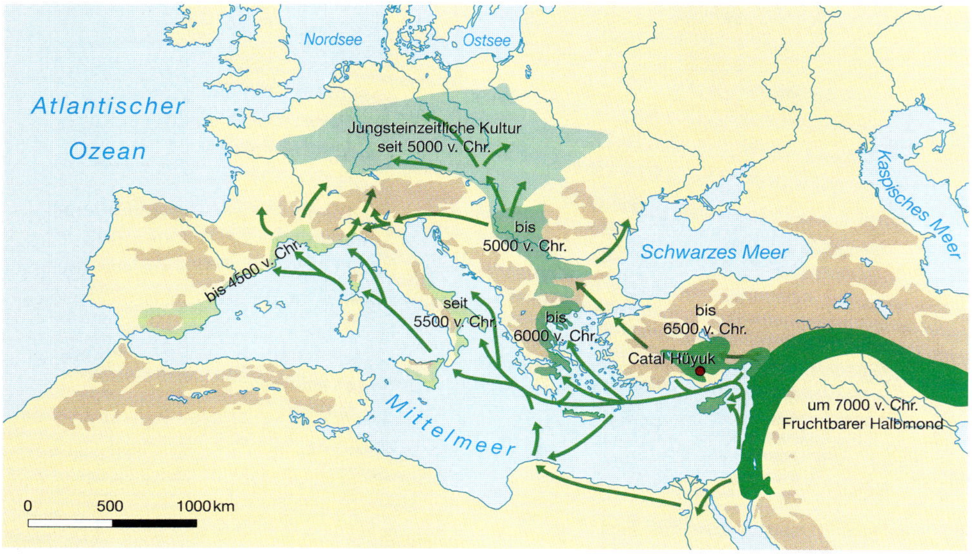

28.2 Ackerbau und Viehzucht: Ausbreitung der neuen Wirtschaftsformen.

29.1 Arbeitsgänge beim Bau eines jungsteinzeitlichen Hauses.

Die ersten Viehzüchter

Schon früh war es gelungen, Tiere zu zähmen. Als Erster wurde der Hund zum Helfer bei der Jagd. Nun zähmten die Menschen Schafe und Ziegen; später wurden Rinder und Schweine Haustiere. Sie suchten sich ihr Futter selbst in den Wäldern und weideten auf abgeernteten Feldern Stoppeln und Unkraut ab. Sie lieferten Häute, Felle, Wolle, Milch und Fleisch. Erst später kam das Pferd dazu, das wegen seiner Kraft als Zugtier und als Reittier sehr geschätzt wurde.

Siedlungen entstehen

Die sesshafte Lebensweise zeigt sich am deutlichsten in den zunehmend festeren Häusern, die in weiten Teilen Europas sehr ähnlich gebaut wurden. Es handelt sich um vierschiffige Häuser auf Pfosten mit einer leichten Dachkonstruktion(→B 29.1). Die Wände waren mit Lehm verputzt und mit Kalk gestrichen, insgesamt waren sie recht gut gegen Wind und Wetter geschützt. Die zum Teil über 30 m langen Gebäude waren unterteilt in verschiedene Bereiche, die für die unterschiedlichen Tätigkeiten genutzt wurden. Meist standen zwei bis drei Höfe beieinander, selten erreichten die Dörfer eine Größe von zehn oder mehr Gebäuden.

Neue Herausforderungen machen erfinderisch

Für den Anbau waren viele neue Geräte notwendig. Die ersten Bäuerinnen und Bauern ritzten den Boden mit Stöcken auf, um die Saat in die Erde zu bringen. Hacken und Spaten erleichterten die Feldarbeit, schließlich wurde der Pflug entwickelt, zuerst von Menschen, dann von Tieren gezogen.

Für die Getreideernte verwendeten die Bäuerinnen und Bauern Sicheln. Die Steinklingen wurden mit Hilfe von Pech, das gute Klebeigenschaften hat, in Holzgriffen befestigt.

Die geernteten Pflanzen wurden in Keramikgefäßen aufbewahrt (→ B 28.1) und über der offenen Flamme zubereitet. Der Grundstoff Ton ist in vielen Gebieten leicht zugänglich. Die Töpfer formten ihn zuerst freihändig und brannten ihn in Erdmulden, später wurden Töpferscheiben und Brennofen erfunden. Alle diese Tätigkeiten führte man für den Eigenbedarf durch, die Hausgemeinschaften versorgten sich selbst.

Vorräte, Werkzeuge und Haustiere konnten nun zusammengehalten werden. Die Menschen konnten nun für schlechte Zeiten vorsorgen. Auch die ersten größeren Ungleichheiten zwischen Arm und Reich entstanden.

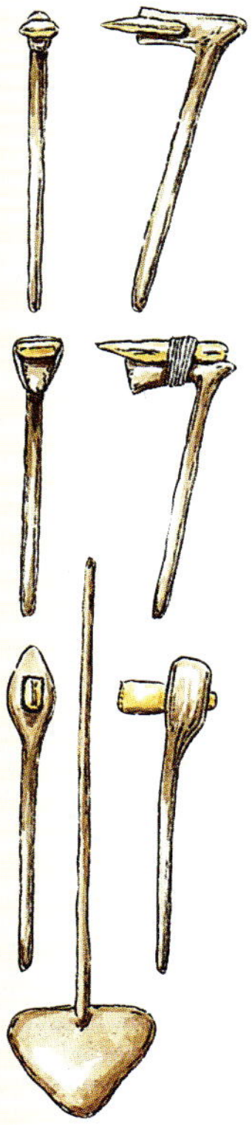

Feuersteinbeile und Holzspaten

29.2 Vorgeschichtliche Werkzeuge und Geräte.

30.1 Mammut und ein Plättchen mit einer menschlichen Figur. Elfenbein, gefunden in Höhlen bei Blaubeuren, ca. 35 000 Jahre alt.

30.2 Diese Figur, halb Tier, halb Mensch, wurde während der Eiszeit an eine Höhlenwand in Südfrankreich gemalt.

30.3 Ein tanzender Medizinmann der nordamerikanischen Prärieindianer im 16. Jahrhundert. Zeichnung.

30.4 Figuren aus Ungarn, ca. 6 000 Jahre alt.

Kunst und Religion der Eiszeit

Die Menschen der Eiszeit waren die Ersten, die Bilder und Plastiken hinterließen. Eine Figur, die bei Blaubeuren gefunden wurde (→ B 30.1 oben), stellt ein Mammut dar, ein für den Menschen gefährliches Tier, das aber auch als Jagdbeute notwendig war. Es liegt nahe, dass die Darstellung eine „magische" Bedeutung hatte, d. h. die Jäger versuchten, die Jagd günstig zu beeinflussen. In diesen Zusammenhang gehören sicher auch andere Figuren, etwa die erste Menschendarstellung, die bisher gefunden wurde.

Beeindruckende Bilder findet man in Höhlen in Südfrankreich und Spanien (→ S. 18/19). Einige Maler brachten ihre Ritzungen und Gemälde an Höhleneingängen und Felsüberhängen an. Andere gingen tief in die Höhlen hinein und malten ihre Bilder aus Naturfarben im Licht von Fackeln oder Tranlampen an die Wände. Meist wurden Tiere dargestellt, manchmal in Verbindung mit Pfeilen und Gittern, die als Fallen gedeutet werden. Auch hier kann man eine Verbindung zum Jagderfolg sehen.

Lebensdeutung – Lebensgestaltung

Die Bauern der Jungsteinzeit hatten andere Probleme, aber auch andere Möglichkeiten. Sie waren nicht mehr von der Jagd und ihren Gefahren abhängig. Entscheidend war für sie der Ertrag der Ernte, das Gedeihen der Feldfrüchte und die Witterung. Entsprechend beziehen sich die Darstellungen nun auf Fruchtbarkeit und Feldarbeit. Aus einer der ältesten Siedlungen, die erforscht wurde, stammt die Figur einer Frau, die gerade ein Kind zur Welt bringt. Vielleicht sollte durch sie die Fruchtbarkeit beschworen werden. Dass Frauen eine herausgehobene Stellung in der Gemeinschaft hatten, lag unter anderem daran, dass sie die Kinder zur Welt brachten, diese auf das Leben vorbereiteten und somit die Kontinuität, die Lebensfähigkeit der Gruppe auf lange Dauer, verkörperten. Alle Hinweise auf religiöse Vorstellungen zeigen, dass der Mensch seine Umwelt nicht mehr einfach hinnahm, sondern versuchte, sie zu deuten und zu beeinflussen.

Die Spindel – eine zentrale Erfindung der Jungsteinzeit

Die Bäuerinnen und Bauern der Jungsteinzeit entdeckten, dass sich Pflanzenfasern zur Herstellung von Kleidung eigneten. Flachs wurde gezielt angebaut, zu Garn versponnen und zu Leinengewebe verarbeitet. Später nutzten die Viehzüchter auch die Wolle der Schafe, um Wollgarn zu spinnen. Seit dieser Zeit finden wir Spindeln in der Umgebung von Siedlungen.

Das Prinzip, nach dem die Spindel arbeitet, wird heute noch bei der Herstellung von Garnen verwendet. Du kannst es kennen lernen, indem du selbst eine Spindel herstellst:

Der Hauptteil besteht aus einem Holzstab, ca. 15–20 cm lang, von dem du die Rinde entfernst.

Der Spinnwirtel wird aus Ton hergestellt. Forme dazu einen kleinen, feuchten Batzen zu einer Scheibe von ca. 5 cm Durchmesser und stecke diese auf den Holzstab. Während sie trocknet, kannst du sie mit Strichen und Mustern verzieren.

Zum Spinnen besorgst du dir Rohwolle oder für den Anfang einen Wattebausch. Drehe einen kleinen Teil zu einem Faden und befestige diesen an dem Stab über dem Spinnwirtel.

Aus der Rohwolle werden einige Fasern herausgezogen. Nun wird die herabhängende Spindel gedreht, bis ein kleines Stück Faden entstanden ist. Jetzt solltest du am unteren Ende leicht ziehen, damit der Faden gerade und fest wird, dann kannst du dein erstes Garn auf den Stab aufwickeln.

Wenn du dieses Vorgehen mehrere Male wiederholst, hast du ein ausreichendes Stück Faden, um dir ein Armband oder ein Lesezeichen zu flechten.

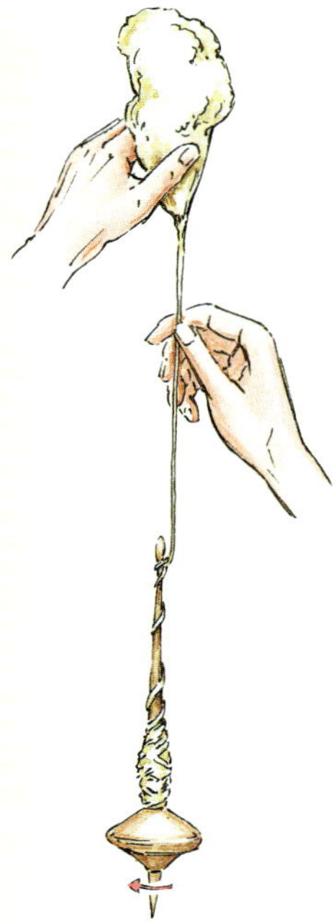

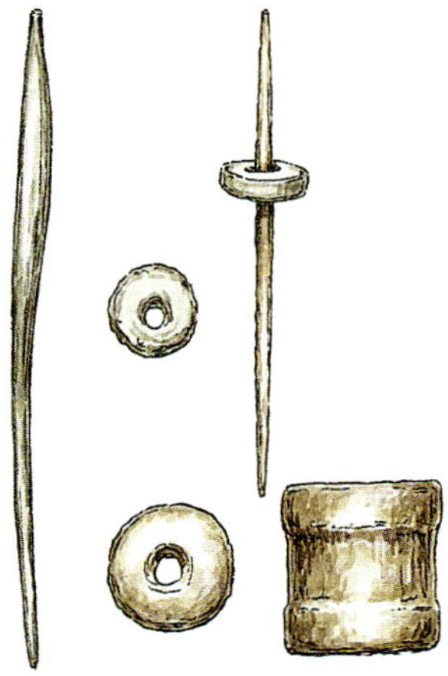

31.1 Überreste von Spindeln aus der Jungsteinzeit.

31.2 Spinnen im Mittelalter.

31.3 Im 18. Jahrhundert traf man sich oft zum gemeinsamen Spinnen.

31.4 Die erste Spinnmaschine aus dem späten 18. Jahrhundert.

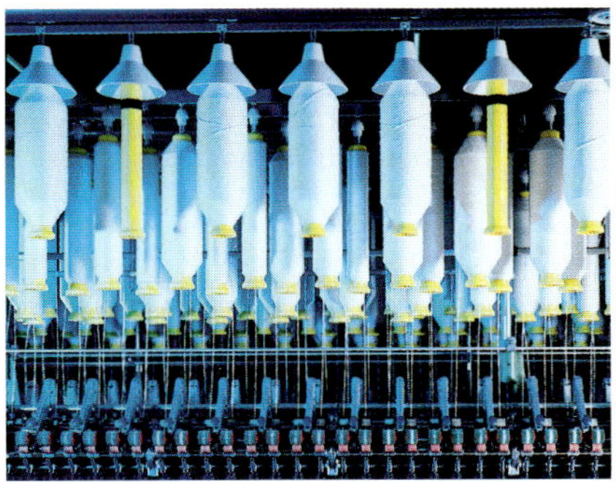

31.5 Die neueste Ringspinnmaschine.

31.6 Ein Junge spinnt mit Bleistift und Watte.

32.1 Getreideernte und Mahlen der Körner in der Jungsteinzeit, Rekonstruktion.

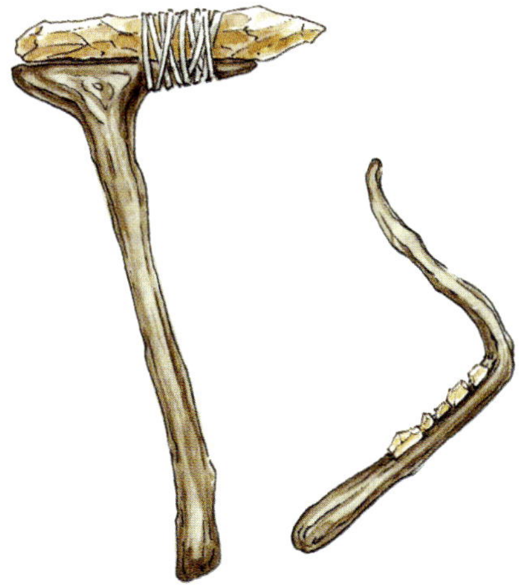

32.3 Hacke und Sichel.

M2 Jungsteinzeitbrot

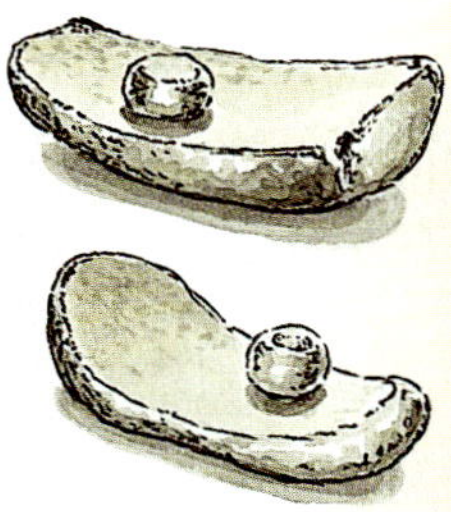

32.2 Mahlsteine mit Läufern aus der Jungsteinzeit.

Zutaten: 250 g Weizenkörner, ½ dl Wasser; Sauerteig, 1 Kaffeelöffel Salz.
Zubereitung des Sauerteigs: 1 dl Wasser mit 4 Esslöffel Mehl verrühren, zwei Tage zugedeckt stehen lassen. Täglich umrühren.
Brotteig: Die Weizenkörner auf einer Steinmühle mahlen, etwa 15 Durchgänge. Wasser und Sauerteig beigeben und den Teig kneten. 5 Stunden ruhen lassen. Ein rundes, flaches Brötchen von etwa 17 cm Durchmesser formen. Backzeit: Im Holzbackofen etwa 30 Minuten, im elektrischen Backofen 50 Minuten bei mittlerer Hitze.

M3 Ein Vergleich

Das Leben der Menschen in der Jungsteinzeit unterschied sich in vielen Bereichen vom Leben in der Altsteinzeit. Um es zu vergleichen, kannst du in deinem Heft eine Tabelle mit drei Spalten anlegen.

	Altsteinzeit	Jungsteinzeit
Wohnen		
Kleidung		
Ernährung		
Tätigkeiten		
Waffen		
Werkzeuge		
Gefäße		
Eingriffe in die Natur		

1. Beschreibe, wie sich Ackerbau und Viehzucht ausgebreitet haben (B 28.2).

2. Benenne die Tätigkeiten und Geräte, die zum Hausbau notwendig waren. Vergleiche mit dem Ablauf beim Hausbau heute (B 29.1).

3. Informiere dich über das „Spinnen“ (→ S. 31) und ordne die Funde (B 31.1) diesem Vorgang zu.

4. Skizziere den Weg vom Korn zum Brot. (B 32.1, 32.2). Backe ein Brot nach jungsteinzeitlichem Rezept (M 2).

5. Stelle Vermutungen an, warum ein Jäger der Eiszeit die Figur B 30.2 an eine Felswand gemalt hat. Der Vergleich mit B 30.3 hilft dir.

6. Übertrage die Tabelle M 3 in dein Heft. Trage in diese Tanbelle ein, was du in diesem Buch über das Leben der Menschen in der Altsteinzeit (S. 24–27) und in der Jungsteinzeit (S. 28–32) erfahren hast.

33.1 Veränderungen eines jungsteinzeitlichen Siedlungsplatzes.

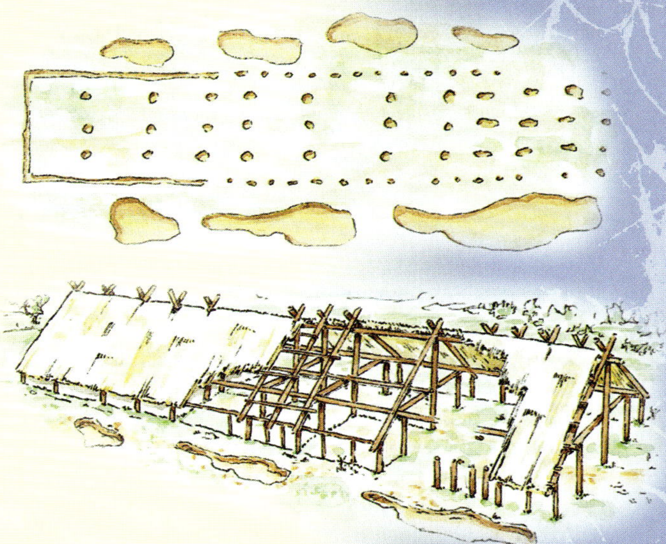

33.2 Das Haus vor 7500 Jahren: Bodenspuren und Rekonstruktion.

Die Arbeit der Archäologen

Bei Wanderungen auf der Alb kann man mit viel Glück bearbeitete Steine finden. Öfter noch finden Bauern solche Steine beim Pflügen. Derartige Funde standen häufig am Beginn wichtiger Ausgrabungen.

Archäologen gehen bei einer Ausgrabung vorsichtig vor. Sie füllen die Erde mit kleinen Spaten oder Maurerkellen in Eimer ab und sieben sie sorgfältig, damit auch nicht das kleinste Teilchen verloren geht. Gefundene Gegenstände werden mit Pinsel, Zahnbürste oder Zahnarzthaken gereinigt.

Die Fundstelle wird in Quadrate eingeteilt (→ S. 6/7). Auf einem Plan tragen die Archäologen die Funde ein, damit sie später ablesen können, wie die Funde lagen.

Wie alt sind die Funde?

Ein wichtiger Anhaltspunkt für die Datierung ist die Erdschicht, in der etwas gefunden wird. Dabei kann man davon ausgehen, dass die Dinge, die in einer Schicht liegen, vermutlich aus derselben Zeit stammen. Ein Gegenstand aus einer höher liegenden Erdschicht ist wahrscheinlich jünger als einer aus einer tieferen Schicht (→ 27.3).

Physiker können den Archäologen mit der so genannten Karbonmethode helfen: Alle Lebewesen enthalten Kohlenstoffatome in einem bestimmten Verhältnis. Stirbt der Mensch oder wird ein Baum gefällt, verändert sich das Verhältnis der Atome. Durch die Messung dieser Veränderung kann bestimmt werden, wann das Leben des Menschen oder der Pflanze endete.

Spuren eines Hauses

Nichts ist so dauerhaft wie ein Loch im Boden. Dort, wo der Boden einmal von Menschen gestört worden ist, bleibt die Spur wie der Fingerabdruck zurück. Es ist gleichgültig, ob diese Störung gestern oder vor mehreren Jahrtausenden erfolgt ist.

Über den verborgenen Spuren der Geschichte wachsen die Pflanzen anders als in der Umgebung. Über zugeschütteten Gräben ist das Gras grüner, weil der Boden feuchter ist. Über Mauerresten dagegen wächst es nicht so gut. Bei Getreide kann der Höhenunterschied bis zu 50 cm betragen. Von einem erhöhten Standpunkt oder einem Flugzeug aus werden so auf Feldern und Wiesen Reihen von Pfostenlöchern und Füllgräben deutlich: Grundrisse von Häusern der Jungsteinzeit.

Inuit – Menschen im Eis

34.1 Ein Inuit wartet, dass ein Seehund an seinem Atemloch auftaucht.

34.2 Das Kajak – ein Boot aus Tierhäuten.

Bekannter sind die Inuit unter dem Namen „Eskimo". Diese Bezeichnung lehnen sie selbst aber ab, da dies eine herabwürdigende Bezeichnung durch benachbarte Indianerstämme ist und so viel wie „Rohfleischesser" bedeutet. „Inuit" dagegen bedeutet in ihrer eigenen Sprache „Mensch".

Wie sah der Alltag der Menschen in der Eiszeit aus? Es ist schwierig, dies aus den archäologischen Funden zu rekonstruieren. Um diese Lücke zu schließen, bedienen sich Forscher oft des Vergleichs. Sie untersuchen das Leben von Menschen, die heute noch unter ähnlichen Bedingungen leben, wie sie in der Steinzeit herrschten.

Solche Gruppen trifft man noch in der Südsee auf Papua-Neuguinea, im Süden Afrikas bei den Pygmäen oder in der Arktis bei den Inuit an. Besonders interessant ist es, das Leben der Inuit zu erforschen, da diese unter ähnlichen klimatischen Bedingungen wie die Eiszeitjäger leben.

Natürlich hatten die Inuit mittlerweile Kontakt mit der modernen Welt, ihr heutiges Leben ist von ihr beeinflusst. Aber ihre ursprüngliche Lebensweise liegt noch nicht lange zurück. Vor allem die älteren Menschen erinnern sich und können davon erzählen.

Ein Jahr bei den Inuit

Winter und Frühjahr waren geprägt von der Jagd auf den Seehund. Sobald das Eis trug, begann die Jagd. An Eislöchern warteten die Jäger auf die Tiere. Da die Temperatur dabei unter –50 Grad Celsius sinken konnte, mussten die Männer mit dicken Fellen und Anoraks bekleidet sein.

Die erlegten Tiere wurden im Lager komplett ausgewertet. Getrocknete Seehundfelle verarbeiteten die Inuit zu Kleidung oder deckten damit ihre Behausungen. Das Fleisch trockneten sie, um es besser aufbewahren zu können, aus den Knochen stellten sie Jagdwaffen, Werkzeuge und Schmuck her.

Im Sommer sammelten Frauen und Kinder Seetang, Beeren und Kräuter, die Männer jagten Karibu-Rentiere. Dies war schwierig und häufig auch gefährlich. Manch einer hoffte, dass ein Jagdzauber ihm zu Hilfe käme: Fand er die Spur eines Rentieres, schnitt er den Fußabdruck aus dem Boden und setzte ihn andersherum wieder ein, um das Karibu zur Umkehr zu zwingen.

Schon Ende Oktober mussten die Winterlager bezogen werden. Sie bestanden aus kleinen Hütten, entweder aus Schnee oder auch aus Steinen und Walfischknochen, die gegen die Kälte mit Torfpolstern bedeckt waren. Bald begann wieder die Jagd auf die Seehunde und Walrösser.

35.1 Eine alte Inuit-Frau erzählt von früher.

35.2 Der Anorak – eine Erfindung der Inuit.

Ohne geeignete Kleidung wäre der Mensch in der Arktis verloren. Der Anorak war aus Tierdärmen oder Fischhaut. Unerlässlich war die ständige Imprägnierung mit Fischtran. Zusammen mit dem Kajak bildete der Anorak eine wasserdichte Einheit, die sogar beim Kentern trocken hielt. Die Herstellung war Aufgabe der Frauen, die damit einen wichtigen Beitrag zum Überleben leisteten. Dem Glauben der Inuit zufolge lebten die Tiere in den verarbeiteten Häuten weiter und übertrugen ihre Fähigkeiten auf den Träger der Kleidung. Die Näherin hatte daher eine wichtige Funktion, denn sie unterstützte die Versöhnung der Menschen mit den erlegten Tieren.

In der Umgebung der Inuit war Holz sehr schwer zu beschaffen. Sie mussten also möglichst andere Werkstoffe nutzen. Sie lernten Häuser aus Schnee zu bauen, die Iglus, und erfanden das Kajak, ein Boot aus Tierhäuten, Seehund- und Walknochen.

Das Zusammenleben

Die Inuit lebten in Großfamilien von 5 bis 6 Personen, die sich zu Jagdgruppen aus 6 bis 10 Familien zusammenschlossen. Während der eisfreien Monate im Sommer trennten sich die Jagdgruppen in kleinere Gruppen, um an den Seen zu fischen.

In der unwirtlichen Umgebung war ein harmonisches Zusammenleben der Gruppe überlebensnotwendig. Daher musste die Jagdbeute gerecht geteilt werden. Jeder, auch die Älteren, die nicht mehr selbst jagen konnten, bekam seinen Anteil. Eine große Rolle spielten auch gemeinsame Festessen der Familien und ihrer Gäste. Für die Inuit sind diese Feste ein wichtiger Teil ihrer Tradition. Sie glauben, dass das Essen sich verdoppelt, wenn es geteilt wird, und dass der gemeinsame Genuss aus Fremden Freunde macht.

Die Kunst der Selbstbeherrschung wurde hoch geschätzt. Ursprünglich musste ein Priester, der Angakok, entscheiden, was passierte, wenn ein Inuit gegen Regeln der Gemeinschaft verstoßen hatte. Dabei ging es nicht um Bestrafung, sondern um die Wiederherstellung des Friedens zwischen den Gruppenmitgliedern. Zu diesem Zweck gab es eine Reihe von Ritualen. Kriegerische Auseinandersetzung zwischen Gruppen scheint es kaum gegeben zu haben.

1. Vergleiche das Leben der Inuit, mit dem was du S. 24 – 27 über das Leben in der Eiszeit erfahren hast. Welche Gemeinsamkeiten entdeckst du?
- Nenne Bereiche des Lebens, über die dieser Text weitergehende Kenntnisse vermittelt, als wir sie über die Eiszeitjäger haben.
- Diskutiert: Können wir die Erkenntnisse, die wir über das Leben der Inuit gewonnen haben, auf das Leben der Eiszeitjäger übertragen? Was spricht dafür, was dagegen?

2. Informiere dich in Sachbüchern, Lexika oder im Internet über das Leben der Inuit heute. Nützliche Internetadressen:
http://www.bremen.de/info/uebersee/Amerika.html
http://www.gfbv.de/voelker/nordam/inuit.htm

4. Die Kelten – das Volk der Eisenzeit

36.1 *Keltisches Trinkhorn aus Gold, Bronze und Eisen, Hochdorf.*

Eindringlinge aus dem Norden

„Sie sind von Furcht erregendem Anblick, ihre Stimmen tief tönend und rau. ... Die Frauen der Gallier sind nicht nur ebenso stattlich wie die Männer, sondern sie nehmen es auch an Stärke mit ihnen auf." Mit diesen Worten beschrieb ein Historiker im 1. Jahrhundert v. Chr. Eindringlinge aus dem Norden. Sie versetzten die Völker des Mittelmeerraumes immer wieder in Schrecken. Auf einem ihrer Züge eroberten sie im 4. Jahrhundert vor Christi Geburt sogar Rom. Wer waren diese Fremden? Die Autoren des Altertums nannten sie Gallier, Galater oder Kelten. Dies ist heute noch der Sammelbegriff für alle Völker dieses Kulturkreises.

Für ihre kriegerischen Wanderungen nimmt man verschiedene Gründe an. Sicher lockten die Luxusgüter der reichen Mittelmeerländer. Häufig aber waren sie auf der Suche nach neuen Siedlungsgebieten für die ständig wachsende Bevölkerung.

Grundherren, Krieger und Druiden

Über die Lebensweise der Kelten haben die Archäologen inzwischen eine große Zahl von Informationen gewinnen können. Aus Grabbeigaben schließen wir, dass es große Unterschiede zwischen Arm und Reich gab. Genaueres wissen wir von dem römischen Feldherrn Caesar, der die Gesellschaft ausführlich beschrieben hat.

Den adligen Grundherren gehörten Ländereien und Viehherden. Beides vergaben sie an Abhängige, die ihnen dafür Abgaben leisteten. Sie versammelten Gefolgschaften um sich und am höchsten war der geachtet, der die meisten Gefährten hatte. Als Herr musste er seine Gefolgsleute schützen und sie beschenken; wenn er dies nicht konnte, verlor er deren Achtung.

Zur Adelsschicht gehörten die Druiden. Diese nahmen eine besondere Stellung in der keltischen Gesellschaft ein, z. B. mussten sie keine Abgaben und Kriegsdienste leisten. Am ehesten kann man sie mit Priestern vergleichen. Ihre Tätigkeiten reichten allerdings weit darüber hinaus: Sie waren Lehrer, Magier, Richter und Künstler. Die Ausbildungszeit betrug bis zu 20 Jahre. In dieser Zeit mussten sie alles Wesentliche auswendig lernen, nichts durfte aufgeschrieben werden, die Lehren sollten geheim bleiben und wurden mündlich weitergegeben.

Erhöht errichteten die Kelten zum Teil sehr umfangreiche Fliehburgen für kriegerische Notzeiten, so auf der Heuneburg bei Hundersingen. Dort sind eine 600 m lange keltische Befestigungsmauer und Häuser noch in Resten vorhanden (→ B 37.1).

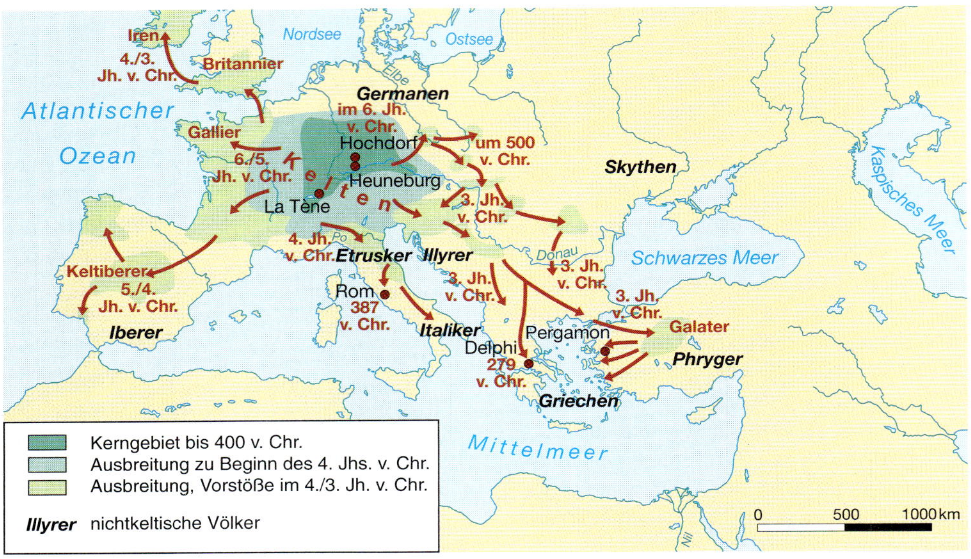

36.2 *Ausbreitung der Kelten im 4. und 3. Jahrhundert v. Chr.*

37.1 Die keltische Heuneburg: 60 m über der Donau an einer alten Handelsstraße. Rechts: Rekonstruktion.

Die Kelten sind geschickte Eisenschmiede

In den meisten Teilen Europas begann die Metallzeit zwischen 1800 und 1550 v. Chr. mit der Entdeckung der Bronze, einem Gemisch aus Kupfer und Zinn. Damit entstand zugleich eine Reihe neuer Berufe (Bergleute, Gießer, Schmiede).

Etwa im 8. Jahrhundert wurde in Europa die Bronze durch Eisen abgelöst. Dieses war schwerer zu gewinnen und zu bearbeiten, weil sein Schmelzpunkt deutlich höher liegt als der der Bronze; es war aber härter. Aus dem Eisen wurden hauptsächlich Werkzeuge (Beile, Sägen, Zangen, Messer) und landwirtschaftliche Geräte (Sensen, Pflugschare, Hacken) hergestellt. Dies ermöglichte eine Intensivierung des Ackerbaus. Die Bronze wurde weiterhin verwendet zur Herstellung von Hausgeräten (Kessel) oder Schmuck. Das Eisen sowie die Kenntnis von seiner Gewinnung und Bearbeitung wurden in Mitteleuropa durch die Kelten verbreitet.

Keltische Händler exportierten Rohstoffe, z. B. Zinn, und Textilien, wie Mäntel und Kleider, in die Städte des Mittelmeerraumes. Sie importierten dagegen Schmuck, Bronzekessel, Vasen und Wein in die Gebiete nördlich der Alpen.

Vom Aussehen der Kelten können wir uns aus Beschreibungen der Schriftsteller des Altertums ein Bild machen. Durchgehend wird berichtet, dass die Haare mit großem Aufwand zurechtgemacht wurden. Sie wurden mit Kalkwasser gebleicht, verdickt und gefestigt. Männer und Frauen trugen lange Haare, adlige Krieger oft einen buschigen Oberlippenbart. Im Krieg entblößten die Kämpfer den Oberkörper, viele bemalten sich zusätzlich mit blauer Farbe.

Was ist geblieben?

Die Kelten konnten trotz ihrer hoch entwickelten Kultur ihre Selbstständigkeit fast nirgends behaupten. Als die Römer Gallien, Spanien und Britannien eroberten, verdrängten sie auch die Lebensweise der einheimischen Bevölkerung. Die römische Zivilisation setzte sich weitgehend durch. Nur in Irland konnte sich die keltische Kultur erhalten, da diese Insel nie auf längere Dauer von den Römern besetzt wurde.

Aber auch bei uns in Mitteleuropa, für lange Zeit das Hauptsiedlungsgebiet der Kelten, finden wir noch deren Spuren. Keltische Orts- und Flussnamen leben in unserer Sprache fort. Beispiele dafür sind: Mainz, Bonn, Lyon, Wien, Rhein und Neckar.

37.2 Keltische Männerköpfe mit typischer Haar- und Barttracht.

37.3 Die keltische Göttin Brigit. Sie war zuständig für Dichtkunst, aber auch für das Schmieden.

Die Quellen (Q 1) über die Stellung der keltischen Frauen stammen aus römischer und noch späterer Zeit. Zur Eroberung Galliens durch Caesar → *S. 131.*

Q1 Keltische Frauen

a) Aus Grabfunden konnte man den Schmuck einer Frau und eines Mädchens zum Teil wiederherstellen. Ein Archäologe:

Die Grabfunde zeugen von einem nicht alltäglichen Luxus. Die Frau trug zwei im Schulterbereich gefundene tellergroße Fibeln (Nadel mit Bügel oder verzierter Platte, mit der man Kleidungsstücke zusammenhielt). Als noch wertvoller erwies sich aber der Halsschmuck, ein Kollier aus 480 Bernsteinperlen, zu dem auch fünf große Bernsteinringe zählen. Aufwändig muss auch die Verzierung des Gürtels aus einem auf Leder aufgenähten Bronzeblech gewesen sein. Vervollständigt wird die Tracht durch zahlreiche kleine Bronzespiralen, die man wohl in beiderseits des Kopfes herabhängende Zöpfe eingeflochten hatte. Auch die Beigaben des Kindes beweisen einen überdurchschnittlichen Reichtum: drei offene Armringe, ein Fingerring und ein für ein Kind ungewöhnlicher Halsschmuck. Er bestand aus einer Ringperle aus Bernstein und einer Kette aus über 200 kleinen Glasringen.

Nach: Katalog des Gäubodenmuseums Straubing, Nr. 18 (1991), gekürzt.

b) Mitgift

Die Männer legen so viel Geld, wie sie von ihren Frauen als Mitgift erhalten haben, aus eigenem Vermögen nach vorausgegangener Abschätzung mit der Mitgift zusammen. Über diese ganze Summe wird gemeinschaftlich Rechnung geführt und die Zinsen werden gespart; wer den anderen überlebt, auf den geht beider Anteil samt den Zinsen aus früheren Jahren über. Die Männer haben gegen die Frauen wie gegen die Kinder Gewalt über Leben und Tod.

Caesar, De bello Gallico, 4, 19.

c) Scheidung

Folgende Frauen dürfen, auch wenn sie verheiratet sind und Kinder haben, ihren Mann unter folgenden Umständen verlassen und sie erhalten auch ihre Mitgift, gleichgültig, wie hoch sie war, wieder zurück: eine Frau, über die ihr Ehemann eine falsche Geschichte in Umlauf bringt; eine Frau, über die ihr Ehemann Dinge erzählt, die andere dazu bringen, sie auszulachen; eine Frau, die von ihrem Mann falsche Anschuldigungen zu erleiden hatte.

Irische Gesetzessammlung aus dem 5. Jahrhundert n. Chr.

M2 Keltische Fürsten

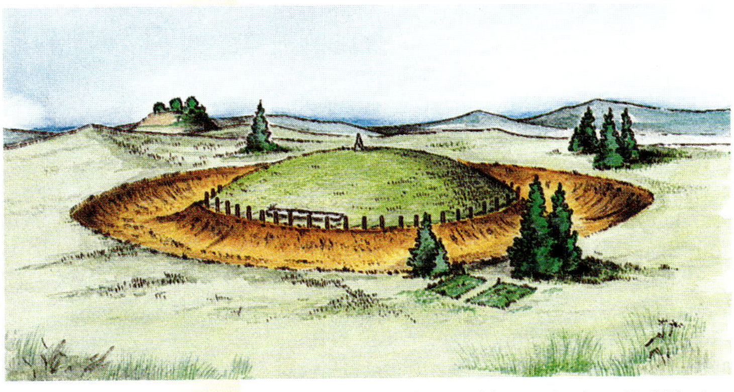

38.1 Grabhügel eines keltischen Fürsten. Rekonstruktionszeichnung. In einem Grabhügel bei Hochdorf (Ludwigsburg) fanden Archäologen die Grabkammer B 39.1. Die Statue B 38.2 stand an einem Grabhügel bei Glauberg (bei Frankfurt).

38.2 Statue eines Keltenfürsten. Sie ist aus Sandstein und insgesamt 1,86 m hoch. Der Fürst trägt einen Panzer und Schild. Auf dem Kopf trägt er eine Krone mit Blattschmuck. Glauberg (bei Frankfurt), 5. Jh. v. Chr.

39.1 Grabkammer, die 1978 in einem keltischen Grabhügel bei Hochdorf (Ludwigsburg) gefunden wurde. Das Grab errichteten die Kelten ungefähr 500 v. Chr. Rekonstruktionszeichnung.

39.2 Funde aus der Grabkammer in Hochdorf: Wagen mit Eisenbeschlag (Länge 4,50 m), eine goldene Schale (Durchmesser: 14 cm) und ein Bronzekessel (Durchmesser: 1 m).

1. Welche Länder liegen heute in dem damaligen Verbreitungsgebiet der Kelten? (B 36.2)

2. Beschreibe die Stellung der Frau in der keltischen Gesellschaft (B 37.3, Q 1). Zeige deren Rechte, Möglichkeiten, Grenzen.

3. Stelle zusammen, auf welche verschiedene Art und Weise du etwas über die keltischen Frauen erfahren hast.

4. Beschreibe die Gräber B 38.1 und B 39.1. Betrachte auch B 36.1, B 38.2 und B 39.2. Welche Gegenstände wurden den Toten mitgegeben? Auf welche Handwerker lassen die Grabbeigaben schließen? Woraus kannst du schließen, dass hier Fürsten bestattet wurden?

5. Welche Lebensbereiche wurden durch die Verwendung von Eisen geprägt? Handelt es sich deiner Meinung nach um einen Fortschritt gegenüber der Steinzeit? Begründe deine Auffassung.

Hochkulturen entstehen

Eine Viehherde wird zur Tränke getrieben, Holzmodell aus dem Grab des Hofverwalters Mektire, 1,7 m lang, um 2000 v. Chr.

Die Pyramiden von Gizeh, erbaut um 2500 v. Chr.

Eine Statue der Pharaonin Hatschepsut – der Kopf der Pharaonin. Um 1475 v. Chr.

Rechts füllen Arbeiter einen Kornspeicher, links notieren Schreiber, wie viel Getreide herbeigebracht wird. Holzmodell aus dem Grab des Hofverwalters Mektire, 29 cm hoch, um 2000 v. Chr.

Orientierung in Zeit und Raum

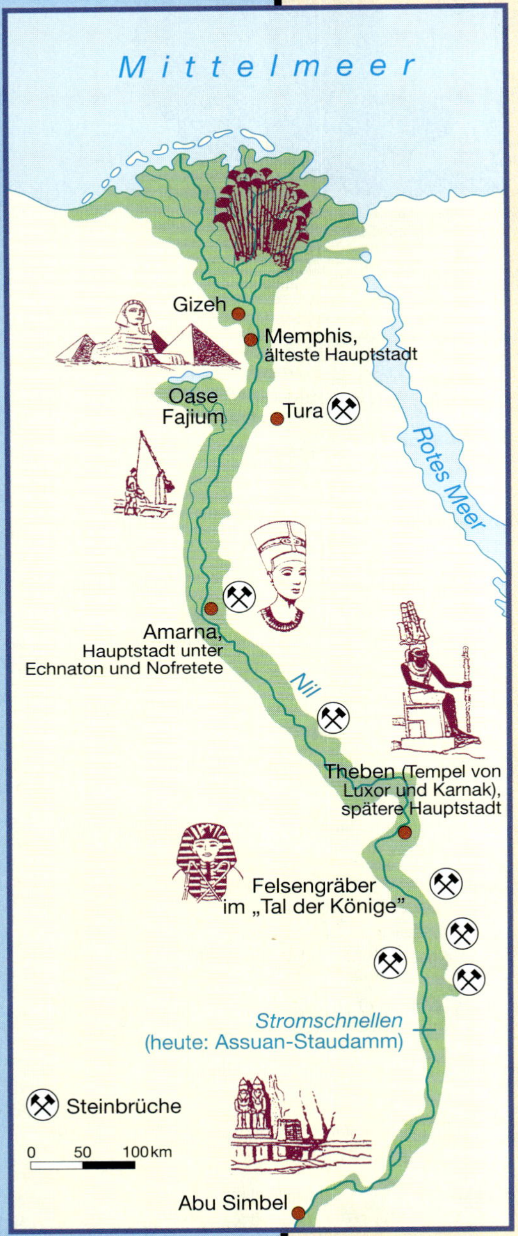

42.1 Ägypten – Hochkultur am Nil.

um 3100 – 3000 v. Chr.	In Mesopotamien entstehen Stadtstaaten der Sumerer, Erfindung der ältesten Schrift (Keilschrift).
um 3000 – 2900 v. Chr.	Ober- und Unterägypten werden zum Ägyptischen Reich vereinigt, Erfindung der Hieroglyphenschrift.
2640 – 2155 v. Chr.	In Ägypten werden die großen Pyramiden gebaut.
um 1700 v. Chr.	Hammurabi herrscht in Babylon, er lässt Gesetze aufzeichnen.
um 1700 v. Chr.	Israelitische Nomadenvölker besiedeln Palästina.
1550 – 1070 v. Chr.	‚Neues Reich' in Ägypten: In dieser Zeit regieren unter anderem die Pharaonen Hatschepsut, Echnaton, Tutanchamun und Ramses. Die Pharaonen lassen sich in Felsgräbern statt Pyramiden bestatten. Die Felsgräber werden prachtvoll ausgemalt.
ca. 1000 v. Chr.	David wird König von Juda und Israel.
587 v. Chr.	Ein großer Teil der jüdischen Bevölkerung wird für 50 Jahre ins babylonische Reich verschleppt.

Schatzsucher oder Archäologe?

Welch ein Platz zum Ausruhen! Rings umgeben von Leichen, von Mumienhaufen, die mich mit Grauen erfüllten. Die Schwärze der Mauer, das wegen des Luftmangels nur trübe Funzellicht der Kerzen oder Fackeln, all die verschiedenartigen Dinge, die mich umgaben, als ob sie miteinander sprächen ...

An einem erstickend heißen Tag des Jahres 1817 störte der italienische Abenteurer Giovanni Battista Belzoni die Grabesruhe seit Jahrtausenden toter Ägypter. Wegen der Hitze fast nackt, hatte er sich mit seinem massigen Körper in die Felsengräber bei Quarna am Nil gezwängt. „Fast von Sinnen", so schrieb er später, „brachte ich es fertig, mich zu setzen. Doch sobald mein Gewicht auf dem Leichnam eines dieser Altägypter ruhte, zerbrach die Leiche. Ich versank ganz und gar zwischen diesen zerborstenen Mumien in einem Wust aus Knochen, Lumpen und Holzkästen, von denen ein solcher Staub aufstieg, dass ich eine Viertelstunde völlig bewegungslos verharrte, bis er sich gesetzt hatte."

Jahrhundertelang hatten die Bewohner des Dorfes Quarna Gräber ausgeplündert. Was sie dort gefunden hatten, verkauften sie an den Meistbietenden, und noch immer fanden sich weitere Mumien, weitere Papyrusrollen. Ja geradezu unerschöpflich schienen die Vorräte an solchen begehrten Sammelobjekten. Die Bewohner Quarnas hausten in Grabhöhlen und benutzten Mumien als Brennmaterial! Belzoni fand sich bald mit den antiken „Händen, Füßen oder Schädeln" ab, die rings um derartige Grabwohnhöhlen verstreut lagen. Mit den Grabräubern kam er vortrefflich aus. Er bezahlte sie anständig und drang gemeinsam mit ihnen in die enge, brütend heiße Bienenwabe von Grabgängen ein, die die Westberge bei ihrem Dorf verborgen hielten. Belzoni bekam die Fundstücke als Erster zum Kauf angeboten.

(Erzählt nach: Brian M. Fagan, Abenteuer Archäologie, übersetzt von J. Klauke-Holste und J. Rehork, 1998, S. 29, S. 48)

43.1 Ägyptischer Kindersarg, heute im Ägyptologischen Institut in Heidelberg.

43.2 Grabkammer des Tutanchamun. Howard Carter machte dieses Foto, als er das Grab am 26. November 1922 öffnete.

Am 26. November 1922, hundert Jahre nach Belzoni, betrat der Archäologe Howard Carter nach langen Vorarbeiten als Erster die Grabkammer des Tutanchamun. Später schilderte er seine Gefühle: „Es war, als ob sich Vergangenheit und Gegenwart berührten, als ob die Zeit stillstand und wartete."

1. Überlege, worin sich Howard Carter und Giovanni Battista Belzoni ähnelten und was sie unterschied.

2. Welche Geschichten aus ihrer Zeit könnten die Gräber und Mumien erzählen?

1. Das Volk des Flusses

44.1 Ein Dorf am Nil.

■ Ägypten – das Geschenk des Nils

Im heutigen Ägypten fällt über das Jahr verteilt nur sehr wenig Regen. Das war auch im alten Ägypten nicht anders. Im Sommer und Herbst jeden Jahres allerdings überschwemmte der Nil weite Teile des Landes: Starke Niederschläge im Inneren Afrikas ließen den Fluss regelmäßig über seine Ufer treten; die Fluten brachten mineralhaltigen, schwarzen Schlamm mit, der sich in den Überschwemmungsgebieten ablagerte. Diese Schlammschicht war teilweise 6–10 m hoch und ausgesprochen fruchtbar (→ B 45.1). Gute Ernten versorgten die Menschen mit Lebensmitteln und begründeten so den Reichtum des alten ägyptischen Staates.

44.2 Das Bewässerungssystem am Nil. Um lange Gräben zu bauen, mussten die Bauern auch mit den Nachbardörfern zusammenarbeiten. → B 47.1.

■ Ägypten wird ein Staat

Die jährliche Nilschwelle überlagerte die Grenzen der Äcker. Nur mit genauen Karten konnten die Bauern ihre Felder wiederfinden und Besitzstreitigkeiten klären. Mit der Zeit bildete sich eine spezialisierte Berufsgruppe heraus, die unparteiisch und präzise die einzelnen Besitzungen auflistete. Dazu brauchten die Schreiber eine funktionstüchtige Schrift. Ein Kalender wurde entwickelt, mit dessen Hilfe der Beginn der Überschwemmungszeit berechnet wurde.

Für die Aussaat und spätere Ernte blieb nach der Nilüberschwemmung nur wenig Zeit, so dass die Arbeitsschritte gut organisiert werden mussten. Eine zentrale Verwaltung schien nötig. Als sich der Pharao an die Spitze dieser Verwaltung setzte und für Zusammenhalt und Ordnung sorgte, war der entscheidende Schritt vollzogen: Es gab jetzt einen ägyptischen ↗Staat.

45.1 Der Wasserstand des Nil im Lauf eines Jahres.

45.2 Vogelfänger, Wandmalerei aus einem Grab um 1500 v. Chr.

■ Die Speisekarte der Ägypter

Im Niltal wuchsen Palmenwälder. Die Bewohner des Niltals aßen die Früchte der Dattelpalmen oder süßten mit ihnen das Bier, manchmal benutzten sie die Datteln auch als Medizin oder zur Mundreinigung. In den waldarmen Flussgebieten dienten die Stämme als Bauholz, die dichten Palmwedel gaben eine gute Dachabdeckung. Matten und Körbe für den täglichen Gebrauch wurden ebenfalls aus Palmwedeln geflochten. Aus den Kernen schnitzten die Menschen des Flusses Knöpfe oder Schmuck.

Eine der wichtigsten Routen der Zugvögel führt durch Ägypten. Zweimal im Jahr treffen riesige Vogelschwärme im Niltal ein, um hier eine Rast einzulegen. Für die alten Ägypter boten diese Vogelschwärme, zusammen mit den heimischen Vogelarten, eine ausreichende Versorgung, so dass sie kein Geflügel züchteten: Die Vögel wurden mit Schlingen und Netzen gefangen. Danach wurden sie entweder gemästet oder sofort gekocht und verzehrt. Die Eingeweide verarbeiteten die Ägypter zu Medikamenten.

Der Getreideanbau hatte in Ägypten eine lange Tradition: Bereits im Verdauungssystem vorgeschichtlicher Mumien hat man Hülsen von Gerstenkörnern gefunden, aus steinzeitlichen Vorratsgruben am Rande der Wüste kamen Weizenkörner zum Vorschein. Die Menschen vom Fluss zerstampften die Getreidekörner im Mörser mit einem Stößel oder mahlten es mit einer Rolle auf einem flachen Reibstein zu Mehl. Den Brotteig für einen vielköpfigen Haushalt kneteten sie anstatt mit den Händen auch mit den Füßen. Die Brotlaibe wurden in ovalen Öfen gebacken; für Fladenbrote legte man den Teig häufig auf die Außenwand des Ofens.

45.3 Dattelpalmen im Niltal.

Wenn die alten Ägypter Gerste und Brotgetreide in Töpfen aus Ton miteinander vermischten und vergoren, entstand Bier. Es wurde meist täglich frisch zubereitet. Alle Schichten der ägyptischen Gesellschaft betrachteten Brot und Bier als Grundnahrungsmittel. Sie waren von so großer Bedeutung für den Alltag der Ägypter, dass sie sich mit den Worten „Mögest du Brot und Bier haben“ begrüßten – etwa wie wir heute „Guten Tag“ sagen. Selbst den Toten wurde Bier als Gabe ins Grab mitgegeben, wie wir aus Grabfunden wissen.

Q1 Ein Loblied auf den Nil

Sei gegrüßt, Nil, hervorgegangen aus der Erde,
gekommen, um Ägypten am Leben zu erhalten!
Herr der Fische, der die Zugvögel stromauf ziehen lässt,
der Gerste schafft und Bohnen entstehen lässt.
Wenn er faul ist, dann werden die Nasen verstopft, und jedermann verarmt.
Wenn er habgierig ist, ist das ganze Land krank, Große und Kleine schreien.
Beständig an Regeln kommt er zu seiner Zeit, Ober- und Unterägypten zu füllen.
Die Menschen kleidet er mit dem Flachs, er lässt den Webergott seine Erzeugnisse herstellen und den Salbengott sein Öl.
Alle Erzeugnisse werden aus ihm hervorgebracht; selbst alle Bücher von Hieroglyphen: Denn er versorgt die Menschen mit Papyrus. Fließe, Nil! Man opfert dir.
Komm nach Ägypten! Auf, Verborgener! Der du Menschen und Tiere am Leben erhältst mit deinen Gaben des Feldes.

Ägyptische Hymnen und Gebete, hrsg. v. Jan Assmann, 1975, S. 500 ff., gekürzt und vereinfacht.

46.1 Feldarbeit in Ägypten. Wandmalerei aus dem Grab des Menena, um 1400 v. Chr. Beschreibe, welche Arbeiten hier verrichtet werden. Ein Tipp: Du musst das Bild von unten nach oben „lesen".

47.1 Feldbewässerung in Ägypten: trockene und bewässerte Felder. – Ein Bauer schöpft Nilwasser, Grabmalerei, um 1500 v. Chr. – Ein Bauer heute.

Q2

Ägypter bei der Arbeit

Ein Schreiber macht um 2000 v. Chr. seinem Gehilfen deutlich, wie schwer es Menschen in anderen Berufen haben:

Der Wäscher steigt den Tag lang hinauf und hinab, alle seine Glieder werden müde, wenn er täglich die Kleider seines Nachbarn weiß wäscht. Der Ziegelmaurer ist mit Erde beschmiert wie einer, dessen Angehörige gestorben sind; seine Hände und Füße sind voller Schlamm, und es ist, als ob er im Sumpf steckte. Der Schuster ist mit Gerbstoff beschmiert und sein Geruch ist leicht zu erkennen. Seine Hände sind rot von Farbe, als wäre er mit seinem Blut beschmiert. Der Kranzbinder macht Blumensträuße. Er verbringt die Nacht mit Arbeit, als wäre die Sonne schon über ihm aufgegangen.
Die Handelsmänner fahren stromab und stromauf und sind beschäftigt, um die Dinge einer Stadt zur andern zu tragen, und versorgen den, der nichts hat.
Aber die sie zur Steuer einschätzen (Schreiber und Beamte), tragen das Gold und die schönsten Steine jeder Art fort.
Der Handwerker auf dem Zimmerplatz trägt das Holz und legt es hin. Gibt er die Arbeit für gestern erst heute ab, wehe dann seinen Gliedern. Der Vorarbeiter steht hinter ihm und sagt zu ihm böse Worte. Ein Handlanger auf dem Felde ist härter dran als jeder andere Beruf. Den Tag schleppt er sich mit seinem Gerät und muss fest bei seinem Schrein bleiben.
Und nun komm, dass ich dir darlege, wie es dem Landwirt ergeht, diesem auch so harten Beruf. …

Altägyptische Lebensweisheit, hrsg. v. F. W. von Bissing, 1955, S. 67 ff., gekürzt und vereinfacht.

1. Die Entwicklung Ägyptens vor 5 000 Jahren ist ohne den Nil undenkbar. Erläutere. (VT, Q1, B 45.1, 45.2)

2. Beschreibe möglichst genau die Abbildungen B 47.1. Überlege, welche Veränderungen sie für die Menschen im alten Ägypten mit sich brachten.

3. Während in Europa die Lebensbedingungen der Jungsteinzeit herrschten, entwickelte sich in Ägypten ein Staatswesen. Vergleiche in einer Tabelle die Lebensorganisation beider Räume. (Q 2)

2. Das Leben im Pharaonenreich

48.1 Idealbild einer ägyptischen Königin (Ehefrau eines Pharaos) – Nofretete, 14. Jahrhundert v. Chr. Heute im Ägyptischen Museum, Berlin.

48.2 Statue des Pharaos Horemheb mit dem Gott Horus, um 1580 v. Chr. Horus hält das Lebenskreuz in der Hand.

48.3 Die Pharaonin Hatschepsut bei einem Fest zu Ehren des Gottes Apis. Relief, um 1500 v. Chr.

Zwischen Göttern und Menschen: der Pharao

Der Pharao war Vermittler zwischen den Menschen und den Göttern. Er opferte den Göttern und teilte ihnen die Gebete seiner Untertanen mit. Starb ein Pharao, erwarteten die Menschen Sonnenfinsternisse oder Naturkatastrophen.

48.4 Ein Beamter des Pharao, der Wesir Hemiunu.

Der Pharao herrscht durch seine Beamten

Der Pharao konnte die Vielzahl seiner Aufgaben auf eine große Anzahl von Staatsbeamten verteilen: Zivile Beamte waren für die Verwaltung und das Rechtswesen zuständig. Militärs organisierten die Armee, und über religiöse Fragen wachte die Priesterschaft. Durch die Verwaltung herrschte der Pharao in allen – auch den entferntesten – Teilen des Reiches. Gleichzeitig zeigte die Verwaltung jeden Tag und überall im Reich die königliche Macht.

Der Pharao übertrug seine Autorität und Herrschaftsgewalt an hohe Beamte, Wesire, die wieder anderen Männern Aufgaben und Pflichten übertrugen. Gouverneure sorgten in den Provinzen, in die Ägypten aufgeteilt war, für die Aufrechterhaltung der Ordnung. Wegen der schlechten und langsamen Verbindungswege innerhalb des großen Landes hatten die Gouverneure eine erhebliche Macht und große Bedeutung für das Funktionieren der Verwaltung: Sie kontrollierten die Bewässerung und die Bebauung der Felder, legten die Grenzen nach den jährlichen Überschwemmungen fest, überwachten die Ernte und listeten die Erträge auf, um die Steuern einzuziehen.

■ Alltag und Familienleben der Ägypter

Die Bevölkerung war streng in Schichten geteilt, in die man hineingeboren wurde. Ein Wechsel war zwar grundsätzlich möglich, aber ausgesprochen selten. Häufig gaben die Väter ihren Beruf an die Söhne weiter. So kamen die hohen Beamten ausschließlich aus der Schicht der Schreiber.

Die meisten Ägypter waren Bauern. Wenn es keine Unregelmäßigkeiten bei der jährlichen Überschwemmung gab, produzierten sie genügend Lebensmittel für alle Bewohner des Landes. Auch in den Städten zählte die Landarbeit zur alltäglichen Beschäftigung.

Ihre kleinen Häuser errichteten die einfachen Ägypter aus gebrannten Lehmziegeln. Die Einrichtung, die die Hinterbliebenen nach dem Tod ihrer Bewohner häufig zerstörten, war ausgesprochen schlicht: In den Dörfern reichten eine Schlafstätte, einige Bänke und eine Truhe als Mobiliar aus.

Überliefert ist auch, dass die Ägypter sehr auf ihre Hygiene achteten, zumindest die Bessergestellten, die Zeit und Möglichkeiten dazu hatten: Viele von ihnen badeten mehrmals am Tag. Schließlich war es in Ägypten schon damals meistens heiß und staubig.

Die meisten ägyptischen Haushalte bestanden aus Eltern und ihren Kindern. Zu entfernteren Verwandten unterhielt die Familie nur eine lockere Bindung: Die ägyptische Sprache hat nur Begriffe für die Eltern und Geschwister und deren Verwandtschaftsverhältnisse. In besser gestellten Haushalten lebten auch Bedienstete, die nicht zur Familie gehörten. Im Haushalt eines mittleren Beamten arbeiteten beispielsweise fast 80 Bedienstete, die meisten davon Sklaven.

■ Die Stellung der Frauen

Rechtlich waren Frau und Mann gleichgestellt. Die ägyptischen Frauen schlossen Verträge ab, traten vor Gericht als Klägerin oder Zeugin auf, übernahmen die Vormundschaft für ein Kind und vererbten ihren eigenen Besitz innerhalb der Familie. Naunachte, die um 1200 v. Chr. im Dorf Deir el-Medina lebte, enterbte beispielsweise vier ihrer acht Kinder, weil sie sich im Alter nicht um sie gekümmert hatten. Mit Überschüssen aus dem eigenen Haushalt traten Ägypterinnen auch als Geschäftsfrauen auf.

Über die Masse der Frauen in den Unterschichten sagen die Papyrustexte wenig aus. Manches wissen wir aber aus Figurenfunden (B 51.2). Geprägt war ihr Leben von der Kindererziehung, der Arbeit auf den Feldern und der Produktion von Nahrungsmitteln. Damit hatten Frauen einen ganz wesentlichen Anteil an der Sicherstellung der Lebensgrundlagen.

49.1 Der Aufbau der ägyptischen Gesellschaft. Erkläre, wer Aufträge und Befehle erteilen kann, wer Befehle ausführen und gehorchen muss.

50.1 Ramses II. empfängt Gesandte des eroberten Landes Kusch in Nubien. Bemaltes Wandrelief aus einem Tempel, um 1220 v. Chr.

Q1 Die Aufgaben des Pharao

a) *Begrüßungshymne der Höflinge an den Pharao Ramses II., 13. Jahrhundert v. Chr.:*

Wir kommen zu dir, Herr des Himmels, Herr der Erde, du lebende Sonne des ganzen Landes, Herr der Lebensdauer, mit geregelter Umlaufzeit, du Sonnengott Atum der Menschheit,
Herr vielfacher Speisung, an dessen Fußstapfen sich der Segen der Nährschlange heftet. Du, der die Fürsten macht und die Waisen aufbaut,
der wacht, wenn alles schläft, dessen Kraft Ägypten errettet, der über die Fremdländer obsiegt und triumphierend heimkehrt, dessen Stärke Ägypten schützt,
Geliebter der Wahrheit, der in seinen Gesetzen lebt, der die beiden Länder behütet, mächtig an Jahren, groß an Gewalt, du, unser Pharao, unser Herr, unsere Sonne, von dessen Aussprüchen alles lebt.

G. Guggenbühl (Hrsg.), Quellen zur Geschichte des Altertums, 1964, S. 16, gekürzt und vereinfacht.

b) *Botschaft Ramses' II. an die Arbeiter:*

Ich verbessere eure Lage, denn wenn ihr mit Liebe für mich arbeitet, werde ich durch euer Wohlergehen gestärkt. …
Ich lasse euch nicht einen Tag ohne Lebensmittel. Außerdem wird jeder von euch für jeden Monat bezahlt. Ich habe für euch Speicher mit Dingen aller Art angefüllt, mit Backwerk, Fleisch und Kuchen, euch zu ernähren, mit Sandalen, Kleidern und verschiedenartigen Duftessenzen, damit ihr eure Häupter alle zehn Tage salben könnt und das ganze Jahr über mit Kleidung versehen seid, dass ihr gutes Schuhwerk an den Füßen habt und keiner von euch die Nacht voll Furcht vor dem Elend zubringe. …
Ich habe alles dies getan, weil ich mir sagte: Solange ihr lebt, werdet ihr den gleichen Eifer zeigen und für mich arbeiten.

G. Prause, Zu jeder Mahlzeit tranken die Ägypter Bier, in: DIE ZEIT, Nr. 10, 1980, S. 76.

Q2 Dienstvorschrift für einen Wesir

Aus einer Grabinschrift aus dem 15. Jahrhundert v. Chr.:

13. Ihm meldet man jeden, der eine Bittschrift an den Herrscher richtet, nachdem er sie schriftlich eingereicht haben soll.
14. Er schickt jeden Boten der Verwaltung aus, der zu den Bürgermeistern und Ortsvorstehern geschickt wird. …
16. Er zieht die Truppen zusammen, die zur Begleitung des Herrschers stromauf und stromab mitgehen. Er bestimmt den Rest der Truppen, der in der südlichen Hauptstadt und Residenz stationiert bleibt. Man bringt ihm den Proviantmeister zu seiner Halle und den Stab des Heeres, damit er ihnen die Heeresvorschriften gibt.

17. Man lasse überhaupt jeden Beamten, vom höchsten bis zum niedrigsten, in die Halle des Wesirs eintreten, damit sie sich untereinander beraten.

18. Er schickt zum Bäumefällen aus. Er sendet Männer aus, um im ganzen Lande Kanäle zu graben. Er schickt die Bürgermeister und Ortsvorsteher im Sommer zum Ackern. ...

21. Er sendet die Soldaten und Schreiber aus, damit sie die Anweisungen des Herrschers ausführen. In seiner Halle sollten die Akten des Stadtbezirkes sein, damit man über jedes Feld Verhör abhalten kann. Er setzt die Grenzen jedes Stadtbezirkes, jeden Weidelandes, jedes Tempel-gutes und überhaupt die Grenze jedes durch eine gesiegelte Urkunde festgelegten Grundstücks fest.

24. Er legt die Liste aller Rinder an. Die Bürgermeister, Ortsvorsteher und jeder Bürger melden ihm alle ihre Abgaben. Man meldet ihm das Steigen des Nils. Man meldet ihm jeden Regen.

Geschichte in Quellen, Altertum, bearb. v. W. Arend, 1965, S. 34–36, gekürzt und vereinfacht.

1. Unter Ramses II. erlebte Ägypten im 13. Jahrhundert v. Chr. eine seiner glanzvollsten Phasen. Erläutere das. (Q1 a, B 50.1, B 45.1)

2. Stelle am Beispiel von Ramses II. die Aufgaben zusammen, die ein Pharao zu erfüllen hatte. (Q 1 b)

3. Nenne die Aufgabenbereiche eines Wesirs (Q2). Welche Personen oder Einrichtungen erledigen diese Aufgaben in unserer Gesellschaft?

4. B 51.2–3 zeigen Menschen bei der Arbeit. Wie werden die Handwerker dargestellt? Vergleiche mit B 48.2 und B 51.1.

5. Um den Aufbau der ägyptischen Gesellschaft darzustellen, eignet sich das Bild einer Pyramide. (B 49.1) Erkläre das.

51.1 Tutanchamun und seine Frau. Rückseite eines goldüberzogenen Throns aus der Grabkammer des Pharaos, 1340 v. Chr.

51.2 Kalksteinfigur einer Bierbrauerin, um 2350 v. Chr.

51.3 Möbelschreinerei, Malerei auf dem Grab des Wesirs Rechmire um 1550 v. Chr.

Das Geheimnis des Maatkare

52.1 Terrassentempel in Deir-el-Bahari bei der Hauptstadt Theben (→ B 42.1): Hatschepsut errichtete ihn für den obersten Gott Amun und den Sonnengott Re, hier sollten nach ihrem Tod auch Totenopfer für sie selbst dargebracht werden.

Im Alten Ägypten ging die Herrschaft der Pharaonen vom Vater auf den Sohn über. Das war auch so, als Thutmosis II. starb und ihm sein minderjähriger Sohn Thutmosis III. auf den Thron folgte. Dann aber geschah das Ungeheuerliche: Ein anderer riss die Macht an sich – Pharao Maatkare, wie er sich offiziell nennen ließ. Sein Grab im Tal der Könige war lange Zeit verschüttet, seine Mumie gilt als verschollen, seine Namenszeichen sind von Tempelwänden und Obelisken entfernt worden. Denn Maatkare war eine Frau! Ihr Name lautete eigentlich Hatschepsut.

Wer war Hatschepsut?

Hatschepsut war eine Pharaonentochter und die Frau eines Pharao. Sie hatte Thutmosis II. geheiratet, der auch ihr Halbbruder war: Ägyptische Pharaonen heirateten oft ihre Schwestern. Als Thutmosis II. starb, fiel der Thron an einen Sohn, den Thutmosis II. von einer Nebenfrau hatte: Thutmosis III.

Eigentlich war es nicht ungewöhnlich, dass Frauen wie Hatschepsut für kindliche Thronfolger regierten, bis diese alt genug waren.

52.2 An den Statuen wird deutlich, wie Hatschepsut ihre Weiblichkeit immer weiter in den Hintergrund stellen lässt – bis sie schließlich sogar den traditionellen Bart der Pharaonen trägt. Aus Hatschepsut ist Maatkare geworden.

53.1 *Hatschepsut wird von Amun gesegnet. Ihr Bild wurde später häufig entfernt. Hier an der Spitze eines Obelisken, blieb es erhalten.*

53.2 *Bemalte Kalksteinstatue der Hatschepsut aus dem Terrassentempel in Deir-el-Bahari (B 52.1). Die Statue wurde zerschlagen.*

Die Statuen Hatschepsuts wurden meistens aus Trümmern rekonstruiert. So auch diese: Die Herrscherin trägt eine Krone, deren unterer Rand sichtbar ist. Die Königsschlange an der Stirn und der Bart sind abgeschlagen.

Bald ließ Hatschepsut sich aber selbst zum Pharao ausrufen. Offiziell ließ sie Thutmosis III. zwar mitherrschen, aber sie allein bestimmte die Politik Ägyptens. Sie nahm den Thronnamen Maatkare an, der „Gerechtigkeit und Lebenskraft“ bedeutet. Sie regierte 22 Jahre, 1490–1468 v. Chr.

Der Amun-Tempel in Karnak

Auf dem Höhepunkt ihrer Macht ließ Hatschepsut einen Tempel für Amun in Karnak (→ B 42.1) errichten. Seine Mauern sind aus rotem und schwarzem Granit, die Front zeigt nach Westen – die Strahlen der Nachmittagssonne verstärken die Farben. Daher wird er von den Archäologen auch als „Rote Kapelle“ bezeichnet.

Mit dem Tempel für Amun feierte Hatschepsut sich als alleiniger Pharao. Davon erzählen die Bilder und Schriftzeichen an den Wänden des Baus. Im Innenraum des Baus ist nur sie zu sehen: als amtierender Pharao und als oberster Priester. Die Darstellungen zeigen sie allein oder im Gespräch mit den Göttern. Thutmosis III. ist nur an den Außenwänden abgebildet – und immer steht er hinter Hatschepsut.

Die Macht der Bilder

Bald nach der Errichtung des Tempels muss Hatschepsuts Macht allerdings geschwunden sein. Auf offiziellen Abbildungen wird sie Thutmosis III. immer ähnlicher, bis sie schließlich nicht mehr von ihm zu unterscheiden ist.

Nach Hatschepsuts Tod ließ Thutmosis III. ihren Thronnamen Maatkare von offiziellen Gebäuden herausmeißeln sowie zahlreiche ihrer Bilder und Statuen zerstören. So war es eine Sensation, als Archäologen bei ihrer Arbeit ein komplett erhaltenes Namenszeichen entdeckten. Es war so weit oben an einer Säule angebracht, dass man es von unten nicht sehen konnte.

Weitere Informationen zu Hatschepsut/Maatkare findest du im Internet unter www.maat-ka-ra.de

Die Macht der Bilder
- Erkläre, was die Entwicklung des Hatschepsut-Porträts (B 52.1) bedeutet.
- Worauf wollte Hatschepsut mit den Bildern (VT S. 53, B 48.3, B 53.1) hinweisen?
- Was versuchte Thutmosis III. zu erreichen, indem er den Thronnamen und die Bilder Hatschepsuts zerstören ließ?

3. Die Götter – Begleiter auf dem Weg ins Jenseits

54.1 Die Götter der Ägypter: Amun-Re, Maat, Thot, Anubis, Hathor, Osiris, Isis mit Horus.

■ Die Welt der Götter

In der Vorstellung der alten Ägypter hatten Götter Einfluss auf jeden Bereich ihres alltäglichen Lebens. Auch begleiteten sie die Menschen auf dem schwierigen Weg ins Jenseits. Die bildliche Darstellung der Götter sollte häufig ihre Aufgaben deutlich machen, bei vielen Göttern vermischten sich Tier- und Menschengestalt.

Amun-Re galt als König der Götter. Ursprünglich war er der Stadtgott von Theben. Da diese Stadt als Königsstadt sehr wichtig war, wurde er schließlich mit dem Sonnengott Re gleichgesetzt und zum Hauptgott des ägyptischen Reiches.

Die Göttin **Maat** war die Verkörperung des Rechts. Als Zeichen dafür trug sie eine einzelne Feder auf ihrem Kopf, die das empfindliche Gleichgewicht zwischen Ordnung und Chaos, zwischen Recht und Unrecht darstellen sollte, für das sie eintrat.

Thot galt als Herr der Weisheit: Er soll die Schrift erfunden und erstmals den Kalender berechnet haben. Auch kannte er alle Geheimnisse der Heilkunst. Er war der Schreiber der Götter, als Mond steuerte er die Zeit.

Der schakalköpfige Gott **Anubis**, „der die Herzen an sich nimmt", war für die Einbalsamierung der Toten zuständig und konnte den Verstorbenen so zu ewigem Leben verhelfen.

Die Göttin **Hathor** war eine Göttin der Frauen und der Liebe. Sie wurde ursprünglich als Kuhgestalt verehrt, daran erinnern die Hörner auf ihrem Kopf. Zwischen ihren Hörnern trug sie die Sonnenscheibe.

Die bekannteste Götterfamilie ist die Familie von **Isis** und **Osiris**. In ihrer Geschichte wird die Hoffnung auf ein Leben im Jenseits dargestellt: Osiris wurde von seinem Bruder Seth ermordet und in Stücke zerteilt. Isis, seine Frau, suchte die Körperteile und setzte sie wieder zusammen. Ihr gemeinsamer Sohn ist der falkenköpfige **Horus**. Er kämpfte gegen Seth. Dabei verlor er ein Auge, das seinen Vater im Jenseits wieder zum Leben erweckte. Horus galt als der Gott der lebenden Pharaonen (→ B 48.2); nach ihrem Tod wurden sie Osiris gleichgestellt, der der Herrscher im Totenreich war. Isis verkörperte die treue Ehefrau und Mutter, häufig wurde sie mit dem Gott Horus zusammen dargestellt, ähnlich wie später die Christen Maria und Jesus abbildeten.

■ Was ist eine Mumie?

Die Ägypter glaubten, dass die Seele den Körper beim Tode verlässt und sich nach dem Begräbnis wieder mit dem Körper vereint. Aus diesem Grund sollte die Leiche so gut wie möglich erhalten bleiben. Um sie vor wilden Tieren zu schützen, legte man sie in ein tiefes Grab. Dort aber konnte die heiße Wüstenluft den Körper nicht mehr austrocknen und so vor Verfall schützen. Daher begannen die Ägypter, besonders vornehme Verstorbene zu mumifizieren.

Dazu wurden zuerst die inneren Organe entfernt, getrocknet, getrennt eingewickelt und in besonderen Behältern, Kanopen, im Grab aufbewahrt. Nur das Herz, das als Sitz der Vernunft, des Gedächtnisses und der Persönlichkeit galt, blieb im Körper. Den gesamten Leichnam legten die Einbalsamierer 40 Tage zum Austrocknen in Natron. Danach wuschen sie den Körper und füllten Hohlräume mit Leinen und Harz aus. Anschließend wickelten sie den Leichnam in Leinenbinden. Auf den Kopf wurde eine Gipsschicht aufgetragen, auf die man das Gesicht des Toten malte, Pharaonen erhielten auch Totenmasken aus Gold.

Die einbalsamierte und gewickelte Mumie legte man in einen Sarkophag oder in mehrere, ineinander geschachtelte Sarkophage, die den Körper magisch schützen sollten. Aufgemalte Bilder und Texte hatten die Aufgabe, die Seele auf den Weg durch das Jenseits zu leiten. Den Pharaonen, die bei Gizeh bestattet sind, wurden sogar Schiffe beigegeben, die sie über die Gewässer des Jenseits tragen sollten (→ B 58.2).

55.2 Totenmaske des Tutanchamun.

■ Wiedergeburt im Jenseits

Mit dem Mundöffnungsritual begann nach der Vorstellung der Ägypter die Wiedererweckung des Verstorbenen im Jenseits (→ B 55.3). Priester in weißen Schürzen nähern sich der einbalsamierten Mumie. Sie benetzten die Lippen der Mumie mit Wasser. Anubis richtete die Mumie auf, so dass der Mund geöffnet werden konnte. Dadurch sollte es dem Toten ermöglicht werden, wieder zu essen, zu trinken und zu sprechen. Kraft sollten ihm die Speisen geben, die ein weiterer Gott herbeibrachte.

Die Ägypter stellten sich vor, dass die Götter den Verstorbenen nach seiner Wiedererweckung prüften (→ B 56.1). Um das ewige Leben zu gewinnen, musste der Wiedererweckte vor ein Totengericht treten. Hier wogen die Götter seine Seele und urteilten, ob er ein gerechtes Leben geführt hatte. Hatte er dies nicht, so erwarteten ihn die Schrecken der Totenverschlingerin, die häufig als Mischung aus Krokodil und Flusspferd dargestellt wurde.

55.1 Sarkophag und Mumie einer Priesterin aus Theben.

55.3 Das Ritual der Mundöffnung, Papyrus des Hunefer, 1290 v. Chr.

56.1 Prüfung des Wiedererweckten, aus dem Papyrus des Hunefer, 1290 v. Chr.: Anubis führt den wiedererweckten Hunefer zum Totengericht. Auf der Waagschale ruht links das Herz des Verstorbenen. Nur wenn er keine Sünden begangen hat, ist es so leicht wie die Feder der Göttin Maat, die auf der rechten Waagschale liegt. Thot notiert das Ergebnis des Totengerichts. Dann führt Horus den Toten zum Gott der jenseitigen Welt, Osiris.

Q1 Aus einem Totenbuch

Hier beginnen die Kapitel, die die Reise der Seele in die hellen Lichter des Tages erzählen, die Wiederauferstehung des Toten im Geiste, seinen Eintritt und seine Reisen in den Regionen des Jenseits.

C. Delacampagne, Geheimnisvolles Ägypten, 1991, S. 46, gekürzt.

Q2 Das Schicksal des Pharao

Inschrift auf einer Pyramide:

Deine Gebeine werden für dich wieder vereinigt, deine Glieder werden für dich geordnet, der Staub, der auf dir lag, wird vertrieben, was dich bindet, wird gelöst. Dir wird das Grabmal geöffnet, die zwei Pforten des Sarkophags gleiten auseinander, schließlich werden für dich die Pforten des Himmels errichtet. … Die Zeit und das Leben des Pharao sind von unendlicher Dauer; seine Grenzen sind die Ewigkeit. In jener Würde im Jenseits kann er tun, was er liebt, und sein lassen, was er verabscheut – er, der zwischen den Grenzen der Horizonte wohnt, ewig und für immer.

C. Delacampagne, Geheimnisvolles Ägypten, 1991, S. 102, bearbeitet.

Q3 Aus dem Brief eines Witwers an seine verstorbene Frau

Was hast du Übles gegen mich getan, dass ich in den schlimmen Zustand geraten bin, in dem ich mich befinde? Was habe ich gegen dich getan? Es ist geschehen, dass du gegen mich vorgehst, obwohl ich nichts Übles gegen dich getan habe, seit ich mit dir als Gatte lebte bis zum heutigen Tage. … Ich werde gegen dich Klage vorbringen vor den Göttern des Westens, und man wird dich und mich auf Grund des Schreibens, das ich verfasst und geschrieben habe, richten. …

A. Eggebrecht, Das Alte Ägypten, 1997, S. 291.

1. Beschreibe mit Hilfe von B 55.3 und B 56.1, was nach der Vorstellung der Ägypter mit den Toten im Jenseits geschah.

2. Was erwartet den verstorbenen Pharao im Jenseits? (Q 1, Q 2)

3. Arbeite die Vorstellungen vom Totengericht heraus, die in dem Brief Q 3 deutlich werden.

4. Pyramiden für die Ewigkeit

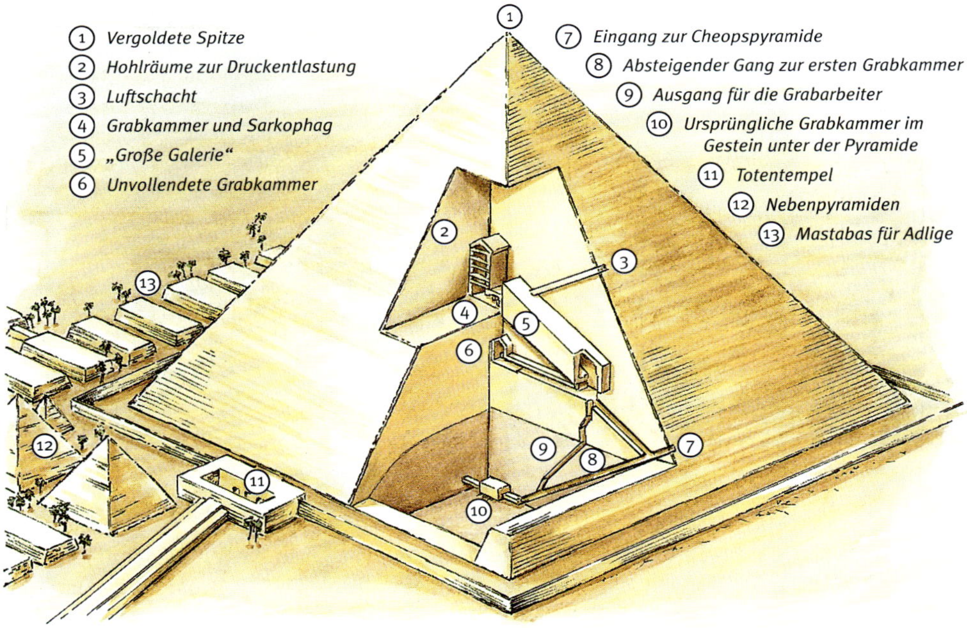

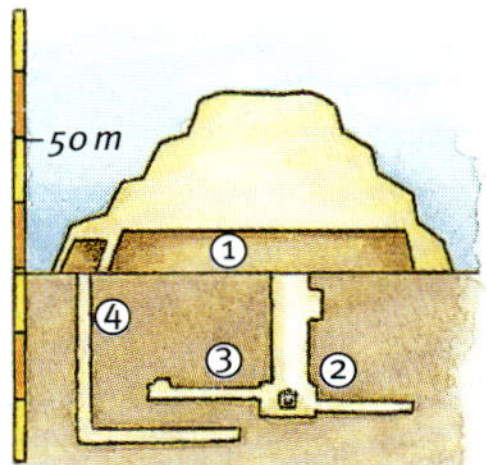

57.1 Schnitte durch die Pyramide des Cheops (146 m hoch, um 2540 v. Chr.) und die Stufenpyramide des Djoser (55 m hoch, um 2680 v. Chr.) .

„Man errichte mir eine steinerne Pyramide als Grab“

Vor der Zeit der Pharaonen beerdigte man alle Toten im Wüstensand. Die Wüstengräber wurden mit Kieshaufen bedeckt, die aber schnell vom Wüstenwind verweht wurden. Grabhügel aus luftgetrockneten Lehmziegeln zeigten sich stabiler. Anfangs gab es keine grundlegenden Unterschiede zwischen Königsgräbern und den Gräbern des Adels. Erst um 2680 v. Chr., als der Baumeister Imhotep für Pharao Djoser die Stufenpyramide in Sakkara errichtete, änderte sich dies.

Die Pyramide erhob sich alles überragend aus einer Gruppe verschiedener Gebäude und Höfe innerhalb einer Umfassungsmauer. Alle Gebäude waren außen mit einer Schicht feinsten weißen Kalksteins verkleidet, der auf Schiffen aus den Steinbrüchen von Tura geholt wurde. Einige der Gebäude waren Tempel, in denen die Priester die regelmäßig Opfer für den verstorbenen Pharao vollzogen. Es gab aber auch Gebäude, die nicht wirklich benutzt werden konnten: Sie sollten den Anschein von Wohnhäusern erwecken, waren tatsächlich aber nur übermauerte Schutthaufen.

Eine Leiter zu den Sternen

Zur Zeit Djosers galten die Sterne als göttliche Wesen und der verstorbene Pharao hatte Anspruch auf einen Platz unter ihnen. In einem Spruch auf einer Pyramidenwand heißt es: „Der Pharao geht zu seinem Abbild, zum Himmel, eine Leiter ist für ihn aufgestellt, so dass er auf ihr aufsteigen kann.“ Ein anderer Spruch wendet sich direkt an den Pharao: „Eine Treppe zum Himmel ist für dich errichtet, zu den unvergänglichen Sternen.“ Die Stufenpyramide war die Leiter für den Pharao, über ihre Stufen konnte er aufsteigen oder zur Erde zurückkehren, seine Opfergaben in Empfang nehmen und an den Festlichkeiten für die Toten teilnehmen.

Der Strahl der Sonne

Später glaubten die Ägypter, dass der tote Pharao auf den Strahlen der Sonne in den Himmel gelange und dort den Sonnengott Re auf dessen Reise über den Himmel begleite. Auf einer Grabwand wendet sich der Pharao an den Sonnengott: „Ich habe deine Strahlen für mich bestimmt als eine Treppe unter meinen Füßen, über die ich aufsteigen werde …“

58.1 Der Sphinx vor der Pyramide des Chephren, erbaut um 2500.

58.3 Die Stufenpyramide des Djoser.

■ Die Pyramide des Cheops

Die Pyramide des Cheops (→B 57.1), die größte der Pyramiden von Gizeh besteht aus ca. 2,5 Millionen Steinquadern, von denen manche bis zu 15 Tonnen wiegen. Zehntausende ägyptischer Landarbeiter und Bauern konnten während der Nilflut für drei oder vier Monate im Jahr nicht auf den Feldern arbeiten. In dieser Zeit wurden sie zum Pyramidenbau herangezogen.

1954 stießen ägyptische Arbeiter bei Grabungsarbeiten an der Südseite der Cheops-Pyramide auf eine aus dem Fels gemeißelte Grube, in der sie ein 43 Meter langes Schiff fanden. Eine zweite Grube wartet noch auf ihre Ausgrabung; aus drei weiteren wurden die Boote vor langer Zeit gestohlen.

Neben den Pyramiden fanden Archäologen auch kleine, rechteckige Grabbauten, die Mastabas. Hier ruhen die Mitglieder der Pharaonenfamilie, Adlige und hohe Hofbeamte. Sie wurden in der Nähe des Pharaos bestattet, um ihm auch im jenseitigen Leben weiter dienen zu können.

58.2 Modell der Totenbarke des Cheops.

Die Wohnhäuser dieser Totenpriester lagen nahe bei den Pyramiden. Die Totenpriester waren als Belohnung für ihre Gebete und die Pflege der Grabanlagen weitgehend von Steuern und Abgaben befreit. Die Kosten für ihren Lebensunterhalt deckten sie aus den Einnahmen der Tempel.

■ Der Sphinx – Wächter im Sand

Der Sphinx wurde aus einem Felsblock gehauen, der wegen seiner Brüchigkeit beim Pyramidenbau nicht benutzt werden konnte. Die 73 m lange und 20 m hohe Statue stellt einen liegenden Löwen mit Königskopf dar. Löwenfiguren waren als Hüter des Eingangs zu Pyramiden beliebt. Sandstürme führten allerdings dazu, dass der Sphinx bald unter Wüstensand begraben lag.

1380 n. Chr. schlugen Anhänger des Islam der Statue die Nase ab, da in ihrer Religion Darstellungen von Göttern nicht erlaubt sind. Erst 1925 wurde der Sphinx endgültig vom Sand befreit. Infolge des Smog bröckelt der weiche Kalksandstein der Statue aber stark, so dass bereits vorgeschlagen wurde, den Sphinx wieder mit Sand zu bedecken.

59.1 Bau einer Pyramide, eine mögliche Rekonstruktionszeichnung. Andere Archäologen meinen, dass die Rampe in einer aufsteigenden Spirale um die Pyramide herumgebaut wurde.

Q1

Der Bau der Cheopspyramide

Der griechische Geschichtsschreiber ↗Herodot besuchte um 450 v. Chr. Ägypten:

Cheops stürzte das Land ins größte Unglück. Er zwang alle Ägypter dazu, für ihn zu arbeiten. Die einen mussten Steinblöcke aus den Steinbrüchen im arabischen Gebirge bis an den Nil schleppen. Zu je 100 000 Menschen arbeiteten sie gruppenweise daran, jede Gruppe drei Monate.

Zehn Jahre arbeitete das Volk allein am Bau der Rampe, auf der die Steine zur Pyramide befördert wurden; ein Werk, das mir fast ebenso gewaltig scheint wie der Bau der Pyramide selbst. Sie ist aus geglätteten Steinen gebaut, in die Tierbilder eingemeißelt sind.

Zehn Jahre vergingen, bis diese Rampe und die unterirdischen Kammern fertig waren. Diese Kammern sollten als Grabkammern dienen. An der Pyramide selbst arbeitete man 20 Jahre.

An der Pyramide ist angegeben, wie viel Geld man für Rettich, Zwiebeln und Knoblauch für die Arbeiter ausgegeben hat. Wenn ich mich recht erinnere, so waren es 1600 Silbertalente (= 40 000 kg Silber). Welche Unsummen müssen da erst für Eisen aufgewendet worden sein, mit dem sie arbeiteten? Wie viel Mengen an Lebensmitteln und Kleidung für die Schaffenden?

Herodot, Historien, 124–125, bearbeitet und gekürzt.

Q2

Ein Polizeiverhör

Beim Verhör eines Grabräubers um 1000 v. Chr. gab dieser zu Protokoll:

Wir fanden das Grab der Pharaonin Nubchaes, wir öffneten es gewaltsam, und wir fanden sie. Wir öffneten ihre äußeren Särge und ihre inneren Särge, in denen sie lag. Wir fanden auch die edle Mumie des Pharaos Sebekemsaef II., ausgestattet wie ein Soldat. Eine große Anzahl Augenamulette und Goldverzierungen waren an seinem Nacken, und seine Mumienmaske aus Gold war an ihm. Die edle Mumie des Pharaos war gänzlich mit Gold bedeckt, und sein innerster Sarg war innen verziert mit Gold und Silber und außen mit Einlagen aus allen Arten von Edelsteinen.

Wir stahlen das Gold, das wir an der edlen Mumie dieses Gottes fanden und an seinen Augenamuletten und Verzierungen, die an seinem Hals und am inneren Sarg waren.

R. Stadelmann, Die ägyptischen Pyramiden, 1985, S. 83.

1. Fasse mit deinen Worten zusammen, wie Herodot Cheops einschätzt (Q 1).

2. Welche Einstellung der Grabräuber wird in Q 2 deutlich?

Schrift als Kommunikationsmittel

Das Geheimnis der Hieroglyphen

„Auf das Schreiben sollst du deine Gedanken richten. Ich kenne keinen Beruf, der mit dem des Schreibers zu vergleichen wäre. Ich werde dich die Bücher lieben lehren mehr als deine Mutter.“ So überzeugte ein ägyptischer Beamter einen jungen Mann vor etwa 4000 Jahren davon, den Beruf des Schreibers zu erlernen. Dieser Beruf hatte in Ägypten ein hohes Ansehen, denn die meisten Ägypter konnten weder schreiben noch lesen.

60.1 Schreibgeräte: Behälter für die Schreibbinse und Palette mit Farben.

Die Schrift, die wir heute noch an den Wänden von Pyramiden, Tempeln und Grabanlagen oder auf Papyrusrollen finden, hatte für die Entwicklung der ägyptischen Gesellschaft zur Hochkultur eine überragende Bedeutung: Sie gab den Ägyptern die Möglichkeit, wichtige Ereignisse wie die Nilschwelle aufzuzeichnen und sie so über Jahre hinweg zu beobachten. Auch konnten sie nun Listen über die jährlichen Abgaben der Bauern und die Höhe der Vorräte anlegen.

Die Schrift galt daher als heilig und wurde als ein Geschenk von Thot, dem ibisköpfigen Gott der Gelehrsamkeit und der Schrift betrachtet. Die Griechen haben für die ägyptischen Schriftzeichen den Begriff ↗Hieroglyphen geprägt, der die ursprüngliche Bedeutung bewahrt: hieros = heilig und glyphein = eingravieren: heilige Zeichen.

Die Grundlage der Hieroglyphen-Schrift sind einfache Bildzeichen. Dabei stellte beispielsweise das Bild eines Esels auch den Begriff „Esel“ dar. Dieses einfache Schriftsystem wurde schnell weiterentwickelt, indem die Bildzeichen durch Kombination auch schwierigere Begriffe darstellen konnten. Darüber hinaus hatten viele Hieroglyphen aber auch Lautwerte. Die ägyptische Schrift verlief in der Regel von rechts nach links.

Papyrus

Durch die Idee, eine Sumpfpflanze des Niltals als Schriftträger zu benutzen, wurde es in der antiken Welt leichter, Briefe zu schreiben, wichtige Texte und Informationen aufzubewahren und weiterzugeben. Der Papyrus war den sperrigen Ton- oder Steintafeln wegen seines geringen Gewichtes, seiner unkomplizierten Aufbewahrung und langen Haltbarkeit überlegen. Noch für die Römer war der Papyrus so wichtig, dass seine Herstellung und Verteilung kontrolliert wurde.

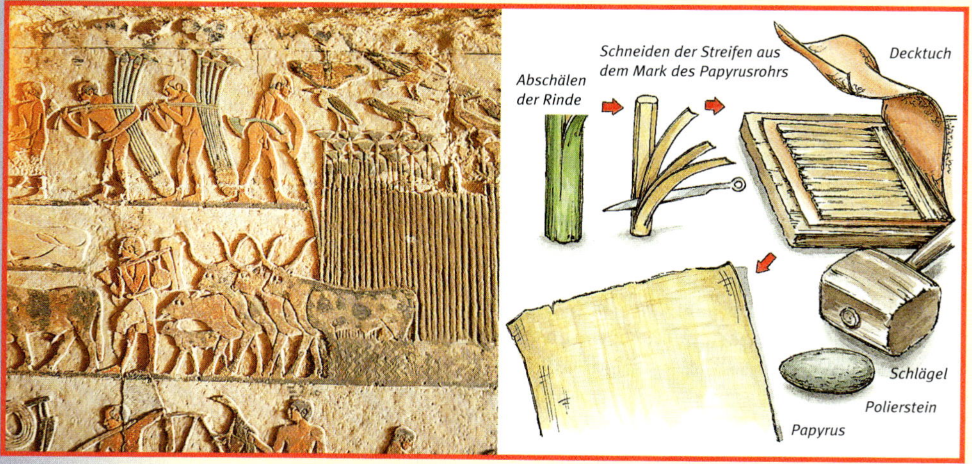

60.2 Die Herstellung des Papyrus. Links: bemaltes Relief im Grab des Ti, um 2400 v. Chr.; rechts: die Weiterverarbeitung der Papyruspflanze.

61.1 Schreiber, Relief aus dem Grab des Nefer, um 2400 v. Chr.

Die Entschlüsselung der Hieroglyphen

Mit dem Untergang des alten Ägypten kamen auch die Hieroglyphen außer Gebrauch. Dass wir die Hieroglyphen heute lesen können, ist einem Engländer (Thomas Young) und einem Franzosen (Jean-François Champollion) zu verdanken. Ihnen gelang im 19. Jahrhundert die Entschlüsselung anhand eines Steines, auf dem derselbe Text im Jahr 196 v. Chr. sowohl in Hieroglyphen als auch in griechischer Schrift eingemeißelt worden war. So erschlossen sie die Bedeutung vieler Hieroglyphen.

1. Versuche, anhand von B 61.2 deinen Namen zu schreiben.
2. Schreibe eine kurze Anleitung zur Herstellung von Papyrus. (VT, B 60.2)
3. Formuliere, was wir heute unter Literatur verstehen, und zähle auf, was wir aufschreiben. Welche Vorteile hat es, Dinge aufschreiben zu können?

Hieroglyphe	Bildbedeutung	Aussprache
	Geier	a
	zwei Schilfblätter	i
	Haarlocke	u und o
	Bein	b
	Strick	ch
	Hand	d
	Wasser	n
	Hocker	p
	Mund	r
	Türriegel	weiches s
	gefalteter Stoff	scharfes s
	Teich (Grundriss)	sch
	Brotlaib	t
	Wachtelküken	w
	Viper	f
	Krugständer	g
	Hof	h
	Kobra	dj (wie in englisch »journal«)
	Sandböschung	k
	Löwe	l
	Eule	m

Am Ende eines Frauennamens steht ein [Hieroglyphe]
am Ende eines Männernamens ein [Hieroglyphe]

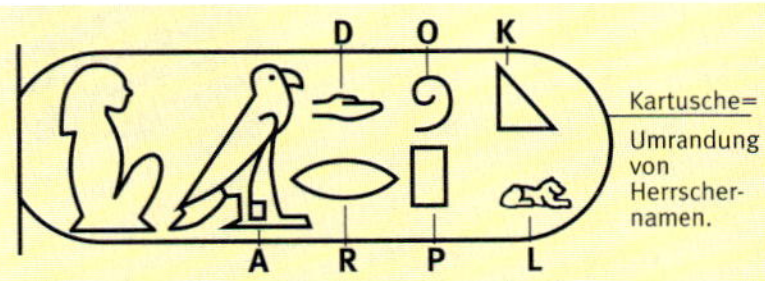

Wenn wir von rechts nach links lesen, lautet der Name:
KL(E)*__OP__(A)*__DRA__ *Das E und A müssen wir ergänzen.

61.2 Einige Hieroglyphen und ihre Bedeutung.

5. Stadtkultur in Mesopotamien

Kleine Staaten an Euphrat und Tigris

Das Gebiet um die Flüsse Euphrat und Tigris (→B 62.3) nannten die Griechen Mesopotamien, das bedeutet „Zwischenstromland". Hier entstand anders als in Ägypten zunächst kein großes Reich. Vielmehr bildeten die dort lebenden Sumerer um ca. 3000 v. Chr. einige kleinere Staaten. In ihrem Zentrum lag jeweils eine Stadt, in der ein König residierte.

Die Stadtmauern umschlossen den Palast, Vorratshäuser und Tempel, also das politische, wirtschaftliche und religiöse Zentrum jedes Staates. Die Bürger kannten das Rad, den Pflug, konnten Längen- und Flächengrößen berechnen und beherrschten die Keilschrift, deren Zeichen sie mit Griffeln in weiche Tontafeln drückten. Diese Schrift ist vermutlich älter als die Schrift der Ägypter.

62.1 Keilschrifttafel mit Teilen der Geschichte des Gilgamesch. In dieser Dichtung wird auch – wie in der Bibel – über die Sintflut berichtet.

Die Stadtstaaten versorgten ihre Bewohner mit den landwirtschaftlichen Erzeugnissen aus der Umgebung. Immer wieder drohten Naturkatastrophen: Häufig vernichteten lange Trockenperioden, Überschwemmungen oder Stürme die Ernte. Daher waren hier ebenso wie im alten Ägypten beim Bau und dem Betrieb von Bewässerungsanlagen und Deichen Gemeinschaftsarbeiten mit zentraler Organisation nötig.

Militärische Bedrohungen zwangen die sumerischen Stadtstaaten zu engerer Zusammenarbeit. Diese Zusammenschlüsse, aber auch gewaltsame Eroberungen führten in den nächsten zwei Jahrtausenden dazu, dass sich in Mesopotamien Großreiche wie das Babylonische Reich bildeten.

Babylon

Die Hauptstadt des Babylonischen Reiches war Babylon. Ihre Lage begünstigte den Handel. Händler verkauften landwirtschaftliche und handwerkliche Produkte des Reiches und importierten Holz und Steinmaterial für die Bautätigkeit in ihrer Stadt. Gold kam aus Ägypten. Im Gegenzug versorgten die Babylonier Ägypten mit blauen Schmucksteinen, Lapislazuli, die sie selbst aus Persien einführten.

Um 1700 v. Chr. ließ der babylonische König Hammurabi mitten in der Stadt eine zwei Meter hohe Tafel aus schwarzem Basalt aufstellen, in die Gesetzestexte eingraviert waren (→ B 63.2). Diese für alle sichtbare ↗Gesetzesaufzeichnung stellte etwas völlig Neues dar, etwas, das auch nicht mit der Rechtsprechung im alten Ägypten vergleichbar war: Jeder Bürger konnte jetzt selbst nachlesen, was gültiges Recht war, und sich bei Prozessen darauf berufen.

Der Überlieferung nach hatte die äußere Stadtmauer Babylons drei getrennte Ziegelmauern, die bis zu 7 m breit gewesen sein sollen. Das Ischtar-Tor, der Haupteingang der Stadt, soll mehr als 23 Meter hoch gewesen sein.

62.2 Rekonstruktion des Ischtar-Tors.

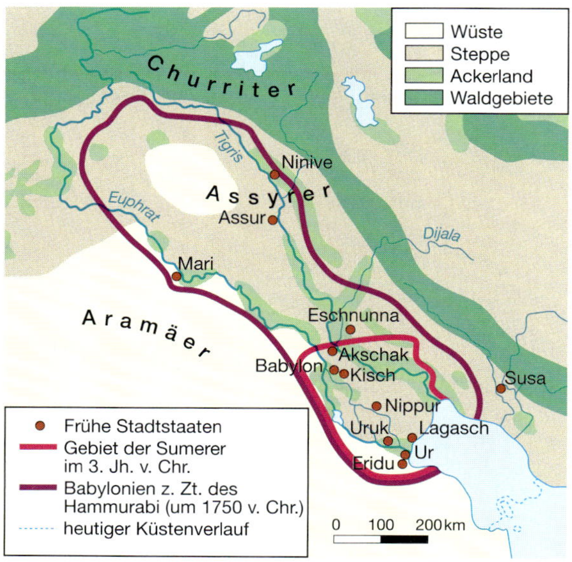

62.3 Frühe Hochkulturen in Mesopotamien.

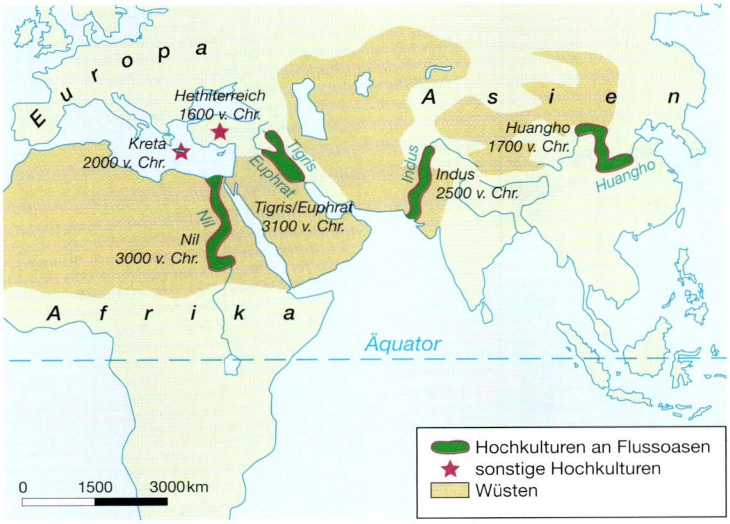

63.1 Frühe Hochkulturen in Europa, Afrika und Asien.

63.2 Oberer Teil der Gesetzestafel des Hammurabi. Der Sonnengott (rechts) übergibt Hammurabi Ring und Stab als Zeichen der Herrschaft. Erkläre anhand des Bildes, woher Hammurabi das Recht nimmt, König zu sein.

Q1 Gesetze Hammurabis

§ 1: Wenn ein Bürger einen Bürger des Mordes bezichtigt, es ihm aber nicht beweist, so wird, der ihn bezichtigt hat, getötet.
§ 22: Wenn ein Bürger einen Raub begangen hat und ergriffen wird, so wird er getötet.
§ 53: Wenn ein Bürger seinen Deich nicht befestigt hat und dort eine Öffnung entsteht, so dass der Acker von Wasser weggeschwemmt wird, so ersetzt der Bürger, in dessen Deich die Öffnung entstanden ist, das Getreide, das er vernichtet hat.
§ 54: Wenn er das Getreide nicht zu ersetzen vermag, so verkauft man ihn und seine Habe, und die Nachbarn, deren Getreide das Wasser weggeschwemmt hat, teilen den Erlös.
§ 195: Wenn ein Sohn seinen Vater schlägt, so schneidet man seine Hand ab.
§ 200: Wenn ein Bürger den Zahn eines ihm ebenbürtigen Bürgers ausschlägt, so schlägt man seinen Zahn aus.
§ 201: Wenn er den Zahn eines Untergebenen ausschlägt, so zahlt er 1/3 Mine Silber.

Geschichte in Quellen, Altertum. bearb. v. W. Arend, 1965, S. 64–65.

Q2 Aus Urkunden Hammurabis

Jahr 1: Hammurabi wurde König.
Jahr 2: Er stellte Gerechtigkeit im Lande her.
Jahr 3: Er stellte den Thron des Hohen Heiligtums des Nannar von Babylon her.
Jahr 7: Uruk und Insis wurden erobert.
Jahr 9: Der Kanal Hammurabi-hegal wurde gegraben.
Jahr 10: Heer und Einwohner von Malgu am Tigris wurden vernichtet.
Jahr 22: Die Statue Hammurabis als König, der Gerechtigkeit verleiht, wurde errichtet.

Ebd., S. 63.

1. Aus welchem Grund könnten die Babylonier ein Stadttor wie das Ischtar-Tor (B 62.2) gebaut haben?
2. Beschreibe mit deinen Worten das Ziel der einzelnen Gesetzesvorschriften in Q 1.
3. Erkläre, was mit Gerechtigkeit damals und heute gemeint ist. Urteile, ob Hammurabi ein guter König war (Q 2).
4. Welche Gemeinsamkeiten zeigen die frühen Hochkulturen der Ägypter, Sumerer und Babylonier?

6. Das Volk Israel gründet ein Reich

Die ersten fünf Bücher des Alten Testaments werden von religiösen Juden überall auf der Welt besonders verehrt: Wie in der Antike werden sie in hebräischer Schrift auf Pergamentrollen geschrieben.

64.1 Die Tora-Rolle, die ersten fünf Bücher des Alten Testaments.

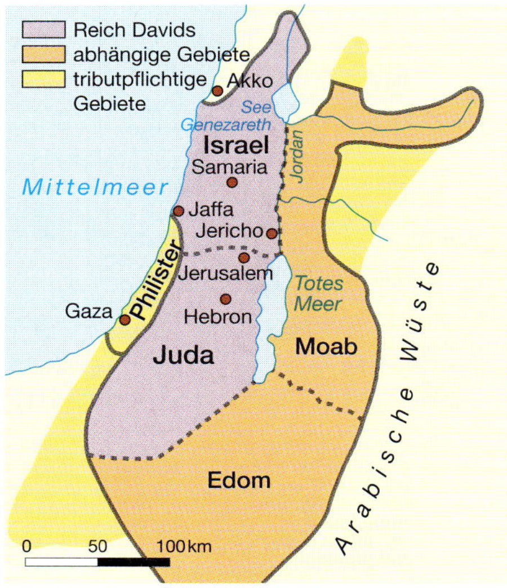

64.2 Das Reich Israel beim Tod Davids, um 960 v. Chr.

Die Ursprünge des Volkes Israel

Das Alte Testament der Bibel erzählt die Geschichte des Volkes Israel. In manchen Teilen ist es nicht wörtlich zu nehmen, in anderen Abschnitten enthält es aber Begebenheiten, die sich tatsächlich ereignet haben. So wird im Alten Testament berichtet, dass um 1800 v. Chr. Abraham, wahrscheinlich ein Bürger der Stadt Ur in Mesopotamien, von Gott aufgefordert wurde, seine Heimatstadt zu verlassen. Er sollte in das Land Kanaan ziehen, das Gott ihm und seiner Familie zeigte. Die biblische Geschichte beschreibt hier das Vordringen von Nomadenstämmen in das Land zwischen Arabischer Wüste und Mittelmeer.

Die Grundlage der jüdischen Religion

Im Gegensatz zu anderen Nomadenvölkern oder den Bewohnern der Nachbarstaaten glaubten die Israeliten nicht an viele unterschiedliche Götter, an göttliche Naturkräfte, Sonnen-, Strom- oder Tiergottheiten, sondern nur an einen einzigen Gott, den sie Jahwe nannten. Das Alte Testament berichtet, dass Gott Moses auf den Berg Sinai gerufen habe, um ihm dort die Zehn Gebote zu übergeben. Damit war zwischen Jahwe und dem Volk Israel ein besonderes Verhältnis entstanden: Die Israeliten betrachteten sich als von ihrem Gott auserwählt. Sie nannten sich „Gottesstreiter", hebräisch „Israel".

Ein jüdisches Reich entsteht

Die Bedrohung durch die Philister zwang die einzelnen israelitischen Stammesherrscher, sich zur gemeinsamen Verteidigung zusammenzuschließen. Um 1000 v. Chr. wählten sie Saul zum König von ganz Israel. Sein Nachfolger David besiegte die Philister, eroberte die Stadt Jerusalem und machte sie zur Hauptstadt des neuen Reiches.

Unter Davids Nachfolger Salomo blühte das Reich auf. Bewässerungsanlagen steigerten die Erträge der Äcker. Kupfer- und Eisenerze wurden in den Bergwerken Israels abgebaut. In Jerusalem errichtete er Paläste und einen prunkvollen Tempel für Jahwe.

Nach Salomos Tod zerfiel das Reich in zwei Teile: Israel im Norden mit der Hauptstadt Samaria und Juda im Süden mit der Hauptstadt Jerusalem. 587 v. Chr. eroberten die Babylonier schließlich Jerusalem. Sie zerstörten den Tempel von Jerusalem und zwangen große Teile der Bevölkerung, nach Babylonien zu ziehen. Erst nach der Zerstörung des Babylonischen Reiches 539 v. Chr. durften die Juden in ihre Heimat zurückkehren.

65.1 Die Westmauer von Salomons Tempel heute.

Im dreistöckigen Umbau des Tempels befanden sich die Wohnungen für die Priester und die Schatzkammern.

65.2 Der Tempel Salomos, Rekonstruktionszeichnung.

Q1

David wird König von Israel

Und es kamen alle Stämme Israels zu David nach Hebron und sprachen: Siehe, wir sind von deinem Gebein und deinem Fleisch. Schon früher, als Saul über uns König war, führtest du Israel ins Feld und wieder heim. Dazu hat der Herr dir gesagt: Du sollst Fürst sein über Israel.

David schloss mit ihnen einen Bund und sie salbten David zum König über Israel. 30 Jahre war David alt, als er König wurde, und regierte 40 Jahre. Zu Hebron regierte er sieben Jahre und sechs Monate über Juda, und zu Jerusalem regierte er 33 Jahre über ganz Israel und Juda. …

Davids Macht nahm immer mehr zu. Und Hiram, der König von Tyrus, sandte Boten zu David mit Zedernholz, dazu Zimmerleute und Steinmetzen, dass sie David ein Haus bauten. Und David erkannte, dass der Herr ihn zum König über Israel bestätigt und sein Königtum erhöht hatte.

Die Bibel, 2. Buch Samuel, 5, 1–12, gekürzt.

Q2

Der Tempel Salomos

Und Salomo baute den Tempel Gottes und vollendete ihn. Er bedeckte die Wände des Tempels innen vom Boden bis an die Decke mit Brettern von Zedernholz. Den Boden des Tempels täfelte er mit Zypressenholz. Und im Innenraum baute er 20 Ellen von der Rückseite des Tempels entfernt eine Wand aus zedernen Brettern vom Boden bis an die Decke und baute so im Innern das Allerheiligste. Die Tempelhalle vor dem Allerheiligsten war 40 Ellen lang.

Innen war der ganze Tempel mit lauter Zedernholz mit gedrehten Knoten und Blumenwerk getäfelt, so dass man keinen Stein sah. Und vor dem Allerheiligsten, das überzogen war mit reinem Gold, baute er einen Altar aus Zedernholz. Und Salomo überzog den Tempel innen und den Altar vor dem Allerheiligsten vollständig mit reinem Gold. Auch überzog er innen den Boden mit Goldblech.

Die Bibel, 1. Buch Könige, 6, 9–30, gekürzt.

1. Notiere, welche Gründe in Q 1 für die Ernennung Davids zum König genannt werden.

2. Beschreibe den Tempel Salomos möglichst genau. Warum wird er so ausführlich geschildert? (Q 2)

3. Als sich der moderne Staat Israel 1948 n. Chr. neu gründete, berief er sich auf seine in der Bibel überlieferte Geschichte. Erkläre dies.

Die Welt der Griechen

Rundtempel im Heiligtum des Gottes Apollon in Delphi. Im Hintergrund das Parnassgebirge.

Olivenernte, Malerei auf einer griechischen Amphore, ca. 520 v. Chr. Die Amphore ist 40 cm hoch. Auf den kargen Böden Griechenlands gedieh der Olivenbaum. Die Griechen rieben ihre Haut mit dem Öl der Oliven ein, sie nutzten es bei der Essenszubereitung und in Öllampen, um ihre Häuser zu beleuchten.

Junges Mädchen spielt mit Tierknochen ein Steinchenspiel. Die Figur ist 70 cm hoch und aus Marmor. Es handelt sich um eine römische Kopie einer griechischen Vorlage. Gefunden wurde sie in Rom.

Eine Tänzerin, Tonstatue, 18 cm hoch, aus der Umgebung von Athen. Bei Götterfesten führten Frauen und Mädchen sorgfältig eingeübte Tänze auf.

Ein Festmahl unter Freunden. Wandmalereien aus einem Grab, ca. 480 v. Chr. Die Malerei wurde in der griechischen Stadt Poseidonia (heute Paestum) gefunden, die an der Küste des heutigen Italien liegt.

Orientierung in Zeit und Raum

68.1 Das Siedlungsgebiet der Griechen um 800 v. Chr.: Griechenland und Kleinasien.

ab 2000 v. Chr.	Griechische Volksstämme wandern ins heutige Griechenland ein.
776 v. Chr.	Die ersten olympischen Spiele, von denen Quellen berichten.
um 750–um 550 v. Chr.	Zeitalter der Kolonisation: Griechen lassen sich an den Küsten des Mittelmeeres nieder.
um 750 v. Chr.	Der Sänger und Dichter Homer verfasst Versgedichte über den Kampf um Troja und die Irrfahrten des Odysseus.
545–510 v. Chr.	Peisistratos und seine Söhne werden Tyrannen in Athen.
508 v. Chr.	In Athen stärkt die Verfassung des Kleisthenes die Rechte des Volkes: Begründung der Demokratie.
490–449 v. Chr.	Die Griechen wehren die Angriffe der Perser ab: Athen erringt die Vorherrschaft in der Ägäis.
444–431 v. Chr.	Blütezeit Athens: In der Zeit des Perikles erlangt Athen seine größte Macht. Berühmte Bauten wie z. B. die Akropolis und Kunstwerke entstehen.
431–404 v. Chr.	Im Peloponnesischen Krieg kämpfen Athen und Sparta um die Vorherrschaft. Der Krieg endet mit der Niederlage Athens.
399 v. Chr.	Der Philosoph Sokrates wird zum Tode verurteilt.
336–323 v. Chr.	Herrschaft Alexanders des Großen. Er erobert das Perserreich.
nach 323 v. Chr.	Unter den Nachfolgern Alexanders verbreitet sich die griechische Kultur und Lebensweise auch bei den nichtgriechischen Völkern des Mittelmeerraums.

Perserssturm über Hellas

Mit einem gewaltigen Heer zieht der Perserkönig Xerxes im Jahre 480 v. Chr. gegen die griechischen Städte. Ängstlich und ratlos schicken die Athener eine Gesandtschaft zum Orakel des Gottes Apollon in Delphi. Die Seherin dort soll ihnen weissagen, was sie erwartet.

Die Seherin tritt ein. Ehrfurcht gebietend ist der Anblick ihres bleichen, strengen Gesichtes. Schweigend nimmt sie auf dem bronzenen Dreifuß Platz, der über einem bodenlos tiefen Abgrund steht. „Sagt, was ihr zu fragen habt!", fordert der Priester den athenischen Gesandten Kallias auf. „Wir flehen um Rat", beginnt Kallias, „Unheil steht Athen bevor. Der Perserkönig dringt mit seinen Barbaren nach Hellas vor. Nie sahen Menschen solche Übermacht. Großer Apoll, wir flehen dich an, gib durch den Mund deiner Priesterin zu erkennen, was uns bevorsteht!" Regungslos sitzt die Pythia. Aus dem Abgrund beginnen Dämpfe zu steigen. Rauch hüllt die Gestalt der Priesterin ein. Erwartungsvoll blickt Kallias sie an. Da bewegen sich ihre Lippen, ihre gestammelten Worte sind kaum verständlich, sie beginnt zu flüstern: „Alles erliegt dem Feuer des Krieges, nicht nur deine Burg, Athen, wird zerstört. Kündet zu Hause das kommende Unglück! Flieht bis ans Ende der Welt!" Erstarrt stehen die Gesandten, Verzweiflung steht in ihren Mienen; da beginnt die Pythia noch einmal zu sprechen: „Alles gehört dem Feinde, Täler und Hügel. Nur die hölzerne Mauer sei euch geschenkt. Sie allein bleibt heil zur Rettung für euch und eure Kinder." Die Stimme bricht ab. Langsam steigt die Priesterin vom Dreifuß herab. Schweigend folgt ihr der Priester. Vor dem Tempel beraten sich Kallias und die Gesandten. „Dunkel und geheimnisvoll war die Weissagung", meint Kallias. „Begreifen wir, das Volk von Athen, was der Gott uns sagen ließ?"

(Nacherzählt nach dem gleichnamigen Roman von Peter Gabriel, Bielefeld 1957.)

69.1 Ein Grieche befragt die Pythia, Malerei auf einer Trinkschale aus dem 5. Jahrhundert v. Chr. Der Apollotempel in Delphi und die Seherinnen dort werden „Orakel" genannt. Auch ihre Weissagungen heißen „Orakel".

69.2 Ein athenisches Kriegsschiff mit einem Rammsporn (rechts), Malerei auf einer Trinkschale, um 450 v. Chr.

1. *Das dem Gott Apollon geweihte Orakel in Delphi sprach oft in Rätseln. Die Vieldeutigkeit vermittelte den Eindruck, dass die Weissagungen immer zuträfen. Überlege mit den Athenern, was die Pythia gemeint haben könnte. Schau dir dazu die Karte und die Bilder auf dieser Doppelseite an (→ S. 92–93).*
2. *Informiere dich, was man unter Hellas, Barbaren, einem Orakel, der Burg von Athen versteht.*

1. Das Land der Griechen

70.1 Griechische Landschaft: Beschreibe die Landschaft und vergleiche mit der Karte S. 68. Welche Lebensbedingungen ergeben sich?

■ Griechische Landschaft: Berge, Täler, Meere

Blickt man bei einem Flug über Griechenland auf das griechische Festland hinunter, erkennt man bis zu 2900 m hohe Gebirgsketten, die enge Täler einschließen. Heiße Sommer haben die Pflanzen auf den Hängen verdorren lassen. Nur in den Flusstälern sieht man Grün. Dort werden Getreide, Bohnen, Erbsen und Linsen angebaut. Im Herbst kann man Oliven und Wein ernten. Kleine Ziegen- und Schafherden beweiden die kargen Hänge. Dort, wo die Täler sich zum Meer öffneten, war das Klima ausgeglichener und angenehmer, Fischfang bereicherte die Speisekarte und über See waren leichter Kontakte zu anderen Siedlungen aufzunehmen. Vor feindlichen Angriffen allerdings waren die Orte am Meer nicht so gut geschützt.

Polis (Mehrzahl: Poleis) = Stadtstaat

■ Stadtstaaten entstehen

Die Siedlungen entwickelten sich zu einer für die Griechen typischen Staatsform. Sie wird ↗Polis genannt. In den Poleis lebten höchstens einige tausend Menschen, so viele, wie heute in einer Kleinstadt wohnen. Die Poleis waren politisch unabhängig voneinander und waren keinem gemeinsamen Landesherrscher, etwa einem König aller Griechen, untertan. Jede dieser kleinen Poleis wurde von einer Stadtgottheit, die von allen Bürgern verehrt wurde, geschützt. Am bekanntesten ist Athena, die Schutzgöttin der Stadt Athen.

70.2 Ein Fischer bringt seinen Fang nach Hause. Wandmalerei von der Insel Thera, 1550 v. Chr.

70.3 Seit über 100 Jahren graben Archäologinnen und Archäologen in Griechenland aus. Ausgegrabener Vorratskeller mit großen Krügen, Foto von 1880.

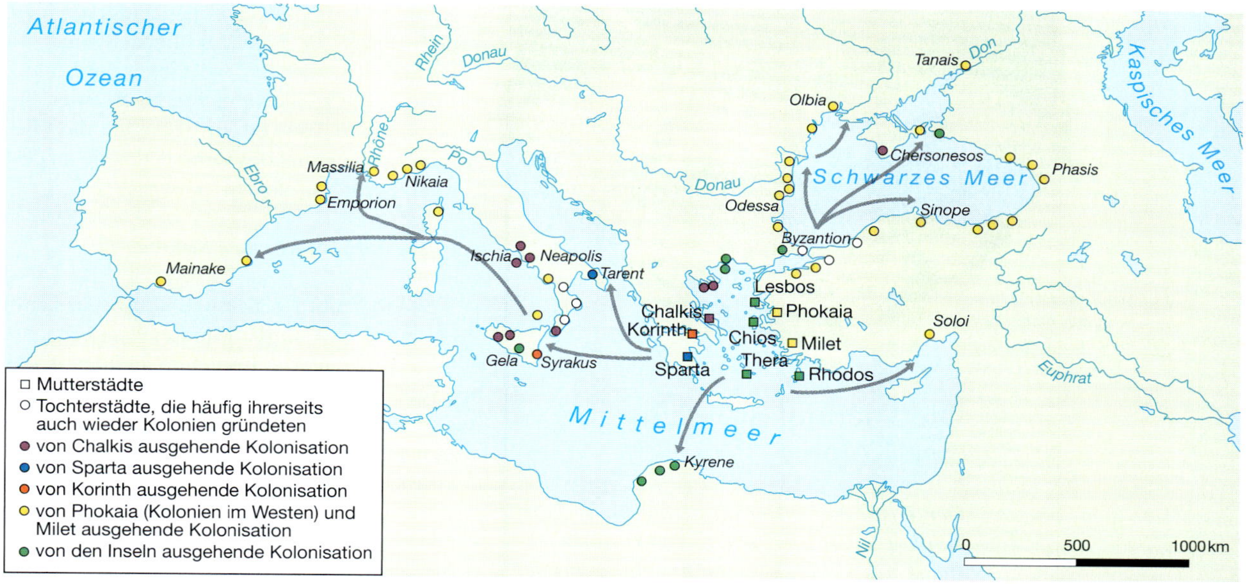

71.1 Die griechische Kolonisation, 750–550 v. Chr.

■ Auf zu neuen Ufern

Die Poleis hatten oft schwierige Entscheidungen zu treffen. Wenn die Bevölkerung schnell wuchs und die Erträge der Felder nicht ausreichten, um alle zu ernähren, dann entschlossen sich Menschen zum Auswandern. In der Zeit von 750–540 v. Chr. geschah dies in vielen Poleis Griechenlands. Die Auswanderer gründeten neue Städte, die Tochterstädte oder ↗Kolonien genannt werden.

Das ideale Siedelland sollte natürlich fruchtbar sein und ein gutes Klima aufweisen. Ein geschützter Hafen war ebenso notwendig wie die Möglichkeit, die neue Stadt gegen Feinde, häufig die bisherigen Bewohner der Gegend, zu befestigen. Als ein Beispiel für eine ideale Ansiedlung galt die Stadt Tarent in Süditalien, die von den Spartanern gegründet worden war. Sie lag auf einem Felsen, der auf drei Seiten vom Meer umgeben war.

Jede Kolonie übernahm von der Mutterstadt neben der Stadtgottheit auch die Form der Selbstregierung, war ansonsten aber unabhängig. So zahlreich wurden die Kolonien rings um das Mittelmeer, dass der Philosoph Sokrates spottete: „Wir Griechen sitzen um unser Meer wie Frösche um die Teiche.“ Aber zu einem großen zusammenhängenden Reich um „ihr“ Meer herum kam es nie.

■ Götter, Helden und Menschen

Was machte die Griechen bei dieser zerstreuten Siedlungsweise zu „Griechen“? Was einte sie zu einem Volk? Zu den wichtigsten Gemeinsamkeiten gehörte ihr Glaube an die gleichen Götter und die gottähnlichen menschlichen Helden. Nach der Vorstellung der Griechen griffen die Mitglieder der großen Götterfamilie (→ S. 74–75) immer wieder in das Leben der Menschen ein. Um Erfolg zu haben, mussten sich die Menschen darum bemühen, dass die Götter ihnen wohlgesonnen blieben. Die Taten der Götter und Helden wurden in Sagen überliefert; einige von ihnen erzählte der Sänger Homer um 750 v. Chr. in langen Dichtungen nach. Diese Epen „Ilias“ und „Odyssee“ schildern den zehnjährigen Krieg der Griechen gegen die Stadt Troja und die Irrfahrt des Helden Odysseus zurück in seine Heimat, zur Insel Ithaka.

Epos (Mehrzahl: Epen) = langes Gedicht, das Sagen oder Ereignisse aus der Geschichte erzählt

Die Epen Homers wurden bald überall, wo man Griechisch sprach, bekannt. Auch die gemeinsame Sprache unterschied die Griechen von den übrigen Völkern, die sie Barbaren, „Stammler“, nannten.

Die Welt der Helden in den Sagen spiegelte die alte Adelswelt wider. Die Werte des Adels wurden so für viele Griechen zum Bild des Vollkommenen, das alle anstrebten.

72.1 Schiff, Wasserkrug aus dem 6. Jahrhundert v. Chr.

Q1 Die Theraier gründen eine Kolonie

Der Historiker ↗Herodot lebte im 5. Jahrhundert v. Chr. Er berichtet von einem Ereignis, das sich über 200 Jahre zuvor auf der Insel Thera, heute Santorin, abgespielt hat:

a) Das Orakel:

Grinnos, dem König von Thera, wurde bei einem Besuch in Delphi die Anweisung erteilt, er solle eine Kolonie in Libyen gründen. Er erwiderte darauf: „Ich bin zu alt und zu müde; befiehl doch einem Jüngeren hier, dem Battos, die Sache zu übernehmen."
Da sie nicht wussten, wo Libyen lag, unternahmen sie zunächst nichts. Nach einer siebenjährigen Trockenzeit befragten die Theraier noch einmal das Orakel, das sie an den alten Spruch erinnerte.

Pythia: Priesterin des Apollon in Delphi

b) Die Gründung einer Kolonie:

Sie fanden auf Kreta einen Mann, der Libyen kannte. Mit ihm erkundeten sie zunächst eine vorgelagerte Insel und meldeten das Ergebnis zu Hause.
Die Theraier beschlossen, dass aus allen sieben Gemeinden der Insel immer je einer von zwei Brüdern auswandern sollte. Führer und König sollte Battos sein. So legten zwei Fünfzigruderer nach Libyen ab.
Sie kamen aber bald wieder zurück. Die Theraier jedoch schossen auf sie und ließen sie nicht landen. Sie mussten zurückfahren. Notgedrungen besiedelten sie Platea, eine Insel an der libyschen Küste.

c) Am Ziel:

Hier wohnten sie zwei Jahre, aber es ging ihnen auch hier schlecht, und sie fuhren allesamt nach Delphi. Auf ihre Bitte antwortete die Pythia: „Wenn ihr, ohne es gesehen zu haben, das herdengesegnete Libyen besser als ich kennt, muss ich eure Weisheit bewundern."
Da siedelten sie sich in Libyen selber an, gegenüber der Insel. Die Landschaft hieß Aziris. Zu beiden Seiten des Höhenzuges ist ein herrliches Tal und an einer Seite fließt ein Fluss entlang. An dieser Stelle lebten sie sechs Jahre. Im siebten zeigten die Libyer ihnen einen noch schöneren Platz, wo sie Kyrene gründeten.
(Nach etwa 60 Jahren war die Kolonie Kyrene so groß, dass die Siedler den Libyern mit Waffengewalt große Teile des Landes wegnehmen und auch die Ägypter abwehren konnten.)

Herodot, 4. Buch, 147–159, gekürzt.

72.2 König Arkesilaos überwacht das Abwiegen von Handelswaren im Hafen von Kyrene. Unten stapeln Arbeiter die Vorräte in Säcken. Arkesilaos war der Herrscher der griechischen Kolonie an der nordafrikanischen Küste. Hier wird Silphion abgefüllt. Aus dieser nordafrikanischen Pflanze wurde ein harziger Milchsaft gewonnen, der eine in der Antike begehrte Medizin war. Die Ausfuhr des Silphions begründete den Reichtum von Kyrene. Malerei auf einer Trinkschale, 560 v. Chr.

73.1 Die sagenhaften Helden Achill und Ajax spielen in einer Kampfpause ein Brettspiel. Amphore, die um 540 v. Chr. von Exekias gefertigt und bemalt wurde.

73.2 Achill verbindet seinen Freund Patroklos. Diese Abbildung findet sich auf der Innenseite einer Trinkschale aus Ton, die um 500 v. Chr. angefertigt wurde.

Q2 In der Hand der Götter: Wie frei sind die Menschen?

↗Homer beschreibt den Krieg zwischen Griechen und Trojanern. Die herausragenden Helden sind der Grieche Achill und der Trojaner Hektor. Sie fechten den entscheidenden Zweikampf aus. Als Achill Hektor um die Mauern Trojas jagt, ergreift der höchste Gott Zeus im Götterrat das Wort:

„Nein, wirklich, es tut mir tief im Herzen leid, wie dieser hervorragende Mann um die Mauern gejagt wird. Es ist doch schließlich Hektor, der mir so viele Rinder geopfert hat! Nun aber treibt ihn Achill auf schnellen Füßen um die Stadt Troja. Bedenkt euch nun, ihr Götter, und beratet, ob wir Hektor vor dem Tode retten sollen oder ob Achill ihn bezwingen soll, so tapfer Hektor auch sein mag!"

Darauf antwortete ihm seine helläugige Tochter, die Göttin Athena: „Vater, der du Blitze schleudern kannst, was redest du da? Du willst Hektor, einen Mann, der als Sterblicher schon lange dem Tod geweiht ist, nun doch vor dem Tod erretten? Tu es! Aber es ist gewiss nicht der Wille der anderen Götter!"

Hektor aber hätte den Todesgöttinen niemals so lange entfliehen können, wenn ihm nicht Apollon, sein Schutzgott, zu Hilfe gekommen wäre und ihm Kraft und flinke Knie verliehen hätte. …

Schließlich, als Hektor und Achill zum vierten Mal an den Quellen vorbeistürmten, nahm Zeus die goldene Waage und legte in jede Waagschale ein Todeslos, eines für Achill und eines für Hektor. Nun hob er die Waage hoch – da senkte sich das Schicksal Hektors tief zum Hades, zum Reich des Todes, hinab. Da verließ ihn Apollon.

Homer, Ilias, 22. Buch, 168–181, 202–213, vereinfacht.

1. Verfolge auf einer Karte die Fahrten der Theraier bis zur endgültigen Gründung der Kolonie (Q 1 a–c).
a) Was waren die Gründe für ihre Auswanderung?
b) Liste die Schritte auf, die in Q 1 b genannt werden.
c) Vergleiche mit der Situation von Migranten (= Auswanderern) heute.

2. Lies Q 2. Was fällt dir an der Sprache besonders auf?
Überlege, was es für die Griechen bedeutete, wenn sie glaubten, dass die Götter ihr Leben so stark beeinflussen konnten. Welche Folgen hatte dies für ihr Handeln?

3. Erkläre, warum wir die Griechen ein Volk nennen, obwohl sie in so vielen Stadtstaaten lebten?

WERK

Die Götter der Griechen

A

Im Norden Griechenlands erhebt sich der höchste Berg des Landes, der Olymp (2900 m). Seine waldlose Kuppe ist fast ständig von Wolken umgeben. Dort im Wolkendunst vermuteten die Griechen die Wohnstätte der olympischen Götter, verborgen vor den Blicken der sterblichen Menschen.

Die griechischen ↗Mythen erzählen spannende Geschichten von diesen Göttern und den Helden der Griechen. Liebe, Kampf und Tod spielen beständig mit. Denn die olympischen Götter besitzen neben übernatürlichen Fähigkeiten auch menschliche Eigenschaften und sind ihnen so sehr nahe.

Die Götter- und Heldensagen wurden von Generation zu Generation weitergegeben. Wir kennen die griechischen Götter vor allem aus den Dichtungen von Hesiod und Homer, auch die Theater führten mythische Stoffe auf. Statuen und Vasenbilder zeigen uns, wie sich die Griechen ihre Götter vorstellten.

Die griechischen Stämme hatten Zeus als ihren höchsten Gott mitgebracht, als sie im 2. Jahrtausend in den Raum der Ägäis einwanderten. Dort trafen sie auf einheimische Götter, zum Beispiel Hera, Poseidon und Athene. Sie wurden Teil der Götterfamilie. So versöhnten die griechischen Neuankömmlinge die einheimischen Götter.

Menschen stimmen die Götter gnädig

Die Menschen verehrten ihre Götter, indem sie ihnen opferten und Tempel bauten, sie führten zu ihren Ehren Theaterstücke auf und veranstalteten Sportwettkämpfe für sie. Die Opfer waren meist Tiere, die feierlich geschlachtet wurden und deren Innereien auf Altären verbrannt wurden. Das Fleisch wurde an die Priester und Opfernden verteilt.

Die Ruinen der Tempel mit Statuen der Götter in den Giebelfeldern und im Inneren bezeugen, wie viel Kraft und Geld die Griechen einsetzten, um ihre Götter zu verehren und gnädig zu stimmen. Die Allgegenwärtigkeit der Götter bestimmte die Lebensentscheidungen der Menschen.

B

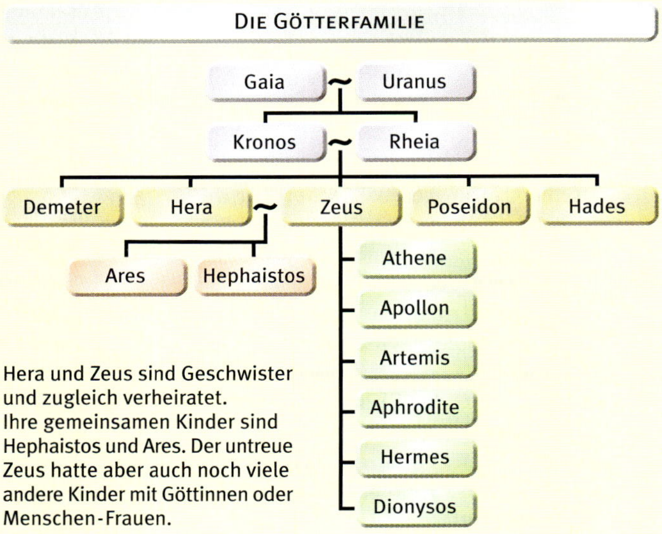

Hera und Zeus sind Geschwister und zugleich verheiratet.
Ihre gemeinsamen Kinder sind Hephaistos und Ares. Der untreue Zeus hatte aber auch noch viele andere Kinder mit Göttinnen oder Menschen-Frauen.

Ⓒ

Ⓓ

Erkennt ihr die Götter?

Zeus, der Göttervater, wird mit dem Szepter, dem Blitzbündel oder dem Adler als Herrschaftssymbol abgebildet. Er ist der oberste Gott, Herr über das Wetter und die Natur sowie Richter über Leben und Tod.

Poseidon ist der Gott der Meere und der Erdentiefe. Mit seinem Dreizack erregt er von seinem Palast am Grunde des Meeres aus die Wogen, entfacht Stürme und lässt die Erde beben.

Apollon wird auch Phoibos, der Strahlende, genannt. Er spielt die Leier so schön, dass er zum Gott der Musik und der Dichtung wird. Er ist auch Gott des Orakels in Delphi. Mit seinen Pfeilen kann er Krankheiten bringen, aber auch heilen.

Artemis, die Zwillingsschwester von Apollon, ist die Göttin der Jagd.

Athena entsprang bewaffnet mit Helm, Schild und Lanze dem Haupt des Zeus. Sie ist die Göttin des Kampfes, der Weisheit und des Handwerks. Mit ihrer Klugheit steht sie den griechischen Helden in Not bei.

Aphrodite gilt als Göttin der Schönheit und der Liebe. Eine Sage berichtet, dass sie aus dem Meer geboren worden ist.

Dionysos ist der Gott des Weines und der ausgelassenen Feste.

1. Ordnet die Bilder den beschriebenen Göttinnen und Göttern zu. Ein Tipp: Nicht immer sind die Götter und Göttinnen mit allen ihren Kennzeichen dargestellt.

2. Sucht in Nachschlagewerken nach den Aufgaben und Kennzeichen der anderen Mitglieder der Götterfamilie.

Ⓔ

Ⓕ

Ⓖ

2. Sportlicher Wettkampf und religiöses Fest – die antiken Olympischen Spiele

■ Olympische Spiele heute

Sportereignissen in Stadien, Hallen und vor den Bildschirmen zuzuschauen, ist heute eines der größten Freizeitvergnügen. Ein athletischer Körper stellt für zahlreiche Menschen ein Schönheitsideal dar. Viele empfinden auch Freude am Kräftemessen und am fairen Wettkampf. Wo liegen die Wurzeln dafür, vielleicht im antiken Olympia?

76.1 Läufer.

Die heutigen Olympischen Spiele verdanken wir dem Franzosen Pierre de Coubertin. Er glaubte, dass Sport die guten Eigenschaften der Menschen fördere. 1896 veranstaltete er daher die ersten Olympischen Spiele der Neuzeit in Athen, sie sollten den Völkern eine Plattform zur friedlichen Verständigung bieten. Seither finden alle vier Jahre diese Spiele statt und locken inzwischen Millionen vor die Bildschirme. Alle Sportlerinnen und Sportler, gleichgültig, welcher Nation oder Religion sie angehören, sind gleichberechtigt. „Schneller, höher, stärker" – das waren die einzigen Maßstäbe. Heute geht es bei den Wettkämpfen nicht nur um Medaillen, sondern auch um viel Geld. Immer wieder kamen neue Disziplinen hinzu; seit 1924 gibt es auch die Olympischen Winterspiele.

■ Olympisches Zeremoniell

In Olympiade-Jahren entzünden im griechischen Olympia Frauen, die als antike Priesterinnen gekleidet sind, feierlich eine Flamme. Sie verwenden dazu einen Hohlspiegel, in dem sie das Sonnenlicht bündeln. Staffelläufer tragen dieses Feuer mit Fackeln über viele Wochen hinweg an den Ort der Spiele, wo es als „olympisches Feuer" für die Dauer der Spiele brennt. Diese Zeremonie verbindet die modernen mit den antiken Olympischen Spielen. Die frühesten, von denen wir wissen, fanden 776 v. Chr. statt.

■ Götterkult und harte Kämpfe

Doch nicht ein Stadion stand im Mittelpunkt von Olympia. Archäologen haben dort als beherrschendes Bauwerk einen gewaltigen Tempel zu Ehren des Zeus gefunden. Neben dem Tempel befand sich ein viele Meter hoher Aschehaufen, ein Altar, auf dem Zeus Brandopfer dargebracht wurden. Im Tempel stand eine prächtige Statue des Zeus (→ B 77.1). Der Athener Bildhauer Phidias hatte sie aus Gold und Elfenbein geschaffen und man zählte sie später zu den sieben Weltwundern.

Olympia liegt in der griechischen Landschaft Elis auf der Halbinsel Peloponnes.

(1) Zeustempel
(2) Aschenaltar
(3) Stadion
(4) Schatzhäuser für Opfergaben an Zeus
(5) Brunnenanlage
(6) Tempel für Hera
(7) Sitz der Spielleitung
(8) Übungsplatz
(9) Palästra, wo die Ringkämpfe stattfanden
(10) Bäder
(11) Gästehaus
(12) Rathaus

76.2 Modell des antiken olympischen Geländes.

Als Weltenherrscher und Vater der Götter lebte Zeus nach griechischer Vorstellung auf dem höchsten Berg Griechenlands, dem Olymp. Seine Verehrung bildete ein einigendes Band für alle verstreut siedelnden Griechen: In Olympia kamen sie zusammen und opferten, gemeinsam beteten sie zu ihm, trieben Sport, sangen und tanzten zu seinen Ehren. Daraus erwuchsen Wettbewerbe nicht nur auf sportlichem Gebiet, sondern auch im Chorgesang und Instrumentenspiel, in Tanz, Dichtung und Theater.

Die Athleten kamen aus allen Regionen, in denen Griechen lebten, dem Kernland, Süditalien und Kleinasien. Sie verstanden sich als Vertreter ihrer Poleis. Diese standen zwar oft in scharfer Konkurrenz, waren verfeindet oder führten gar Kriege gegeneinander – aber während der Spiele einte sie der friedliche Wettbewerb. Für diese Zeit herrschte Waffenstillstand, der so genannte „Olympische Friede“.

■ Zuschauer sein …

„Und wie geht es in Olympia zu? Schwitzt ihr da nicht in der Hitze? Werdet ihr nicht im Gedränge zusammengepfercht? Könnt ihr euch dort anständig waschen? Werdet ihr nicht bis auf die Haut nass, wenn es regnet? Habt ihr nicht unter all dem Geschrei, Lärm und anderen Belästigungen zu leiden? Aber mir scheint, ihr nehmt das alles auf euch und ertragt es gern, weil ihr es gering erachtet im Vergleich zu dem, was ihr dort seht.“

Diese spöttischen Fragen des antiken Philosophen Philoktet könnten auch heute an Sportfans gestellt werden. Offenbar waren die olympischen Wettkämpfe für Menschen aus allen Schichten und aus allen Gegenden von Sizilien bis Kleinasien eine ungeheure Attraktion. Bis zu 40 000 Zuschauer versammelten sich in der Ebene am Alpheios-Fluss unter freiem Himmel oder in Zelten. Sie alle, Bauern, Geschäftsleute, Denker oder Politiker, wollten versorgt sein. Das war nicht leicht, denn der Fluss führte im Sommer nicht viel Wasser. Deshalb gab es eine Fülle von Getränke- und Speisenverkäufern, aber auch Andenkenhändler und Artisten, die die Leute unterhielten.

77.1 Zeustempel mit der um 430 v. Chr. von Phidias geschaffenen Zeusstatue. Die Statue war 12,40 m hoch und aus Gold und Elfenbein gefertigt. Der Thron war aus schwarzem Ebenholz. (Rekonstruktionszeichnung eines Archäologen).

■ Sieger werden …

Für die Kämpfer aber zählte nur der Sieg! Nur frei geborene Griechen, die die gemeinsame Sprache und der Glaube einte, durften an den Spielen teilnehmen. Der Sieger erhielt einen Zweig vom heiligen Ölbaum, der in der Nähe des Zeustempels wuchs. Er durfte sich auch ein Denkmal errichten; bisweilen stifteten seine Mitbürger das Geld dafür. In seiner Heimat veranstaltete man einen Festumzug für den siegreichen Sohn der Stadt und überhäufte ihn mit Geschenken, Siegesprämien, Ehrenposten, Steuerfreiheit oder sogar einer Rente.

77.2 Junger Sieger mit roten Bändern, 500 v. Chr.

Verständlich, dass die Athleten bereit waren, für einen Sieg hart zu trainieren. Vielseitigkeit zählte; aber immer wieder durchbrachen beispielsweise Profiboxer dieses Prinzip und errangen Jahre hintereinander den Sieg in der gleichen Sportart. Wegen der hohen Kosten für Pferde und Wagen waren die Sieger in den Wagenrennen fast immer Adlige. Aber auch andere Athleten mussten viel Zeit zum Trainieren aufwenden und einen Betreuer haben. Da sprang, wenn es sich um einen ärmeren, aber erfolgversprechenden Sportler handelte, auch schon einmal die Stadtgemeinde ein.

Das olympische Festprogramm

Hatten die Zuschauer die Beschwernisse der tagelangen Anreise in der Hitze des griechischen Hochsommers bewältigt, erwartete sie ein fünf- bis sechstägiges Festprogramm mit vielen Höhepunkten:

1. Tag:
Vor dem Altar des Zeus versprachen die Athleten, fair zu kämpfen, und die Kampfrichter, gerecht auf die Einhaltung der Regeln zu achten. Kämpferlisten wurden aufgestellt und die Paarungen ausgelost. Dann begannen die Jungen mit dem Wettkampf.

2. Tag:
Nach dem Wettbewerb der Herolde und Fanfarenbläser verfolgten die Massen gespannt die Wagenrennen. Ein zweiter Höhepunkt war der Fünfkampf: Die Athleten maßen sich im Weitsprung, Diskus- und Speerwerfen, im Stadionlauf über 192 m und schließlich im Ringkampf. Der Tag schloss mit Totenfeiern zu Ehren des Pelops, der der Sage nach die Spiele begründet hatte.

3. Tag:
Am Tag des Vollmondes fanden keine Wettkämpfe statt. Dieser Tag war für die kultischen Handlungen reserviert. In einem langen Festzug schritten Herolde und Trompeter, Kampfrichter in ihrer Amtstracht, Priester, Abgesandte der teilnehmenden Städte, die Wettkämpfer selber mit ihren Betreuern, sogar die Pferde mit den Rennwagen und 100 Ochsen zum Altar des Zeus. Dort opferte man die Ochsen, betete, sang und führte Theaterstücke auf. Am Abend versammelten sich alle zu einem Festmahl.

4. Tag:
An diesem Tag fanden vormittags die Laufwettbewerbe statt, nachmittags standen zahlreiche Kampfsportarten auf dem Programm: Ringen, Boxen, Allkampf und Waffenlauf.

5. Tag:
Am letzten Tag kamen alle Sieger zur Ehrung in den Zeustempel und wurden mit einem Zweig vom heiligen Ölbaum bekränzt. Dabei wurden die Namen der Sieger und ihre Vaternamen sowie ihre Heimatstädte laut verkündet. Die Sieger opferten und schritten unter dem Jubel der Menge im Festzug zum Rathaus, wo ein feierliches Mahl eingenommen wurde. Dazu sangen und spielten Musiker, Sänger und Dichter.

78.1 Waffenläufer.

78.2 Wagenrennen.

Die Sportler sind auf Tassen, Trinkschalen oder Krügen abgebildet, die um 500 v. Chr. angefertigt wurden.

78.3 Ringer.

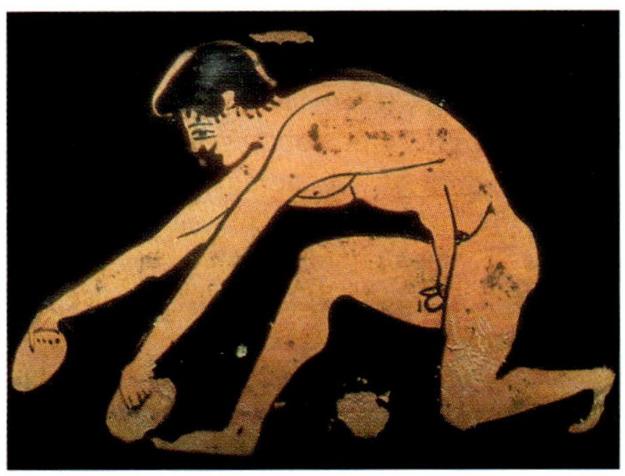

78.4 Weitspringer mit Sprunggewichten.

Ein Lob auf die Olympischen Spiele

Der Athener Isokrates hielt im Jahr 380 v. Chr. eine Rede, in der er die Einrichtung der Olympischen Spiele feierte.

Es ist ganz richtig, dass wir diejenigen loben, die solche Festspiele eingeführt haben. Sie haben uns nämlich folgenden Brauch überliefert: Erst schließen wir mit unseren Gegnern einen Waffenstillstand und beendigen unsere Feindseligkeiten und dann kommen wir an einem Ort zusammen.
Wir beten und opfern gemeinsam und werden uns dabei bewusst, dass wir miteinander umgehen. Wir können dabei alte Gastfreundschaften erneuern und neue Freundschaften schließen.
Sowohl die Zuschauer als auch die begabten Sportler haben bei den Olympischen Spielen ihr Vergnügen: Die Athleten zeigen stolz vor den versammelten Griechen ihre Leistungen, die Besucher erfreuen sich am Wettstreit um die Preise.
Beide Gruppen finden so etwas, was ihrer Eitelkeit schmeichelt: Die Zuschauer, wenn sie sehen, wie sich die Wettkämpfer ihretwegen anstrengen, die Sportler, wenn sie daran denken, dass alle nur gekommen sind, um ihnen zuzuschauen.

Isokrates, Panegyrikos, 43–44, S. 80, bearbeitet.

79.1 Diskuswerfer, Mischkrug, 500 v. Chr.

79.2 Erschöpfter Faustkämpfer. Das Gesicht zeigt noch die blutenden Wunden. Wahrscheinlich stellt die Statue einen berühmten Olympiasieger aus dem 4. Jahrhundert v. Chr. dar. Bronzestatue, Höhe: 1,28 m.

Verstöße gegen die Fairness

↗Pausanias berichtet auch von Skandalen:

Auf dem Weg zum Stadion gibt es neben den Siegerstatuen auch Weihgeschenke. Diese wurden mit Hilfe der Strafgelder errichtet, die Athleten zahlen mussten, wenn sie gegen die Regeln verstoßen hatten.
Der Thessalier Eupolos bestach die Faustkämpfer bei den 98. Spielen mit Geld. Das soll das erste Vergehen gegen die Spiele gewesen sein, und als Erste wurden Eupolos und diejenigen, die von Eupolos Geschenke angenommen hatten, von den Eleern mit Geldstrafen belegt.
Die Inschrift auf der ersten Statue sagt, dass man einen Sieg in Olympia nicht mit Geld, sondern mit der Schnelligkeit der Füße und Körperkraft erringen soll. Die zweite sagt, dass die Statue zu Ehren der Gottheit und zur Abschreckung für frevelnde Athleten dastehe. Die Inschrift der sechsten Statue erklärt, dass die Statue zur Strafe für die Faustkämpfer errichtet worden sei.
Es sollte eine Lehre für alle Griechen sein, dass niemand für einen olympischen Sieg Geld geben soll.

Pausanias, 5, 21, 3–14, gekürzt.

Eleer (ausgesprochen: Ele-er) = Bewohner von Elis

80.1 Wettlauf von Frauen, Amphore aus dem 5. Jahrhundert v. Chr.

Q3 Frauen in Olympia

Frauen waren bei den olympischen Spielen nicht zugelassen, weder als Wettkämpferinnen noch als Zuschauerinnen. Für sie gab es aber eigene, kleinere Kultspiele:

Heraien = Fest für Hera

a) Jedes fünfte Jahr weben 16 Frauen ein Gewand für die Göttin Hera, die Frau des Zeus. Dieselben Frauen veranstalten auch den Wettkampf der Heraien. Dieser ist ein Wettlauf für Mädchen. Sie laufen so: Das Haar fällt lose herab, das Gewand reicht bis etwa übers Knie und die rechte Schulter zeigen sie bis zur Brust. Beim Stadionlauf ziehen sie ihnen etwa ein Sechstel der Strecke ab. Den Siegerinnen geben sie Ölbaumkränze und einen Anteil der Kuh, die sie der Hera geopfert haben. Sie dürfen auch Bilder von sich malen lassen und sie der Hera weihen.

b) Am Weg nach Olympia befindet sich ein Berg mit hohen schroffen Felsen. Die Eleer haben ein Gesetz, von dort Frauen hinabzustoßen, die dabei ertappt wurden, dass sie zu dem olympischen Fest gekommen sind. Es soll aber noch keine ertappt worden sein außer Kallipateira. Sie richtete sich, als ihr Mann gestorben war, ganz wie ein Sportlehrer her und brachte ihren Sohn zum Mitkämpfen nach Olympia. Als dieser siegte, übersprang sie die Umzäunung, in der man die Sportlehrer abgetrennt hielt, und entblößte sich dabei.
Obwohl sie nun als Frau ertappt war, ließ man sie straffrei, aus Rücksicht auf ihren Vater, ihre Brüder und ihren Sohn. Sie alle hatten nämlich olympische Siege errungen. Aber daraufhin erließ man eine Regelung, wonach Sportlehrer nackt bei den Kämpfen dabei sein müssten.

Pausanias, 5, 16, 1–3 und 5, 6, 7–8, gekürzt.

1. Lies den VT S. 76–78 und stelle einander gegenüber: Worin ähneln sich die antiken und die neuzeitlichen olympischen Spiele, welche Unterschiede gibt es?

2. Nenne die Ziele, die die Olympischen Spiele laut Q1 haben.

3. Stell dir vor, du begleitest als Reporter einen Athleten aus Lokroi in Süditalien nach Olympia. Er soll dort im Jahr 496 v. Chr. an den Spielen in Olympia teilnehmen. Berichte deinen Mitbürgern, wie euer Sportler abschneidet und wie es in Olympia zugeht. (VT, Q 2)

4. Führt ein Streitgespräch über die Rolle der Frauen im antiken Sport (Q 3): Was war ihnen gestattet, was nicht? Was könnte die ertappte Kallipateira zu ihrer Verteidigung vorgebracht haben?

5. Die Abbildung B 80.2 zeigt zwei Karikaturen. Diskutiert in der Klasse darüber, was sie wohl kritisieren und ob ihr der gleichen Meinung seid.

80.2 Waffenläufer und Ringkämpfer, Karikaturen auf einer Schale, ca. 400 v. Chr.

3. Leben und Sterben für den Staat: Frauen und Männer in Sparta

81.1 Sterbender Soldat. Diese Figur schmückte den Giebel eines griechischen Tempels, um 500 v. Chr. Heute ist sie in der Glyptothek in München zu sehen.

Welche Rolle spielten die Frauen Spartas?

Lysistrate:
„Sei gegrüßt, liebe Spartanerin Lampito! Wie strahlt deine Schönheit, du süße Frau! Welch' gesunde Hautfarbe, wie strotzt dein Leib vor Kraft! Selbst einen Stier könntest du erwürgen."
Lampito: „Bei den Göttern! Das glaub ich wohl. Treib ich doch Sport und schlage mit den Fersen an den Hintern."
So ließ der antike Dichter Aristophanes in einer Komödie die Athenerin Lysistrate mit der Spartanerin Lampito reden. In diesem Theaterstück setzen sich beide Frauen für den Frieden zwischen ihren Heimatstädten ein. Der Dichter entwirft das Bild einer Sport treibenden, kraftstrotzenden und schönen Frau, die sich außerdem noch in die „Männersache" Politik einmischt.

Eine ganz gegensätzliche Meinung äußert ein Mann in einem Theaterstück des Dichters Euripides. Dort sagt Peleus zum Spartanerkönig Menelaos:
„Freilich lernt bei euch, auch wenn es will, kein Mädchen, was sich ziemt. Mit jungen Männern stürmt man aus dem Haus, mit nackten Schenkeln und mit offenem Kleid, teilt Laufbahn, Ringplatz, völlig unerhört! Wer wundert sich, wenn ihr keine ehrbare Frau mehr großzieht?"

Was für ein Staat war Sparta, wo die Frauen so modern und emanzipiert erscheinen?

Herrschaft und Knechtschaft

Die Spartaner waren um 900 v. Chr. von Norden auf die Peloponnes eingewandert. Eine etwa 9000 Männer zählende Gruppe hatte erst die einheimische Bevölkerung, dann die benachbarten Messenier besiegt und enteignet. Als unfreie Staatsbauern, ↗Heloten genannt, mussten die Unterworfenen nun das Land bebauen und die Ernährung ihrer neuen Herren sicherstellen. Der Dichter Tyrtaios schilderte deren Situation so: „Eseln vergleichbar, gebeugt unter der drückenden Last, müssen sie ihren Gebietern, schmählich gezwungen, die Hälfte geben von all dem Ertrag, der aus dem Acker erwächst." Im Umland der Stadt Sparta lebten 60000 freie ↗Periöken, die als Bauern, Handwerker und Händler arbeiteten und auch Heeresdienst leisten mussten. Politische Rechte besaßen die Periöken allerdings nicht.

Die spartanische Herrenschicht, die ↗Spartiaten, brauchte so zwar nicht zu arbeiten, musste aber ständig vor Aufständen der über 200000 Heloten auf der Hut sein. Daher lebten sie, als ob sie sich in einem dauernden Kriegszustand mit den Heloten befänden, und waren ständig unter Waffen.

Komödie = Theaterstück mit heiterem Inhalt

Periöken = die „Umwohnenden", die am Rand des Gebietes von Sparta lebten.

Spartiaten = freie Bürger des spartanischen Staates, die in der Stadt Sparta lebten und alle politischen Rechte besaßen.

Die Machtverteilung in Sparta

Anders als die übrigen griechischen Poleis hatte Sparta zwei gleichberechtigte Könige. Sie stammten aus den zwei führenden Adelsgeschlechtern der Stadt. Sie und 28 auf Lebenszeit gewählte Spartiaten, die über 60 Jahre alt sein mussten, bildeten die Gerusie, den Adelsrat. Über dessen Wahl und über die Wahl der Beamten, über Krieg und Frieden, über Gesetze sowie über Verträge mit anderen Poleis entschied die monatliche Volksversammlung der freien Spartiaten. Man stimmte „per Akklamation" ab, also durch Zuruf. Frauen, Periöken und Heloten durften an den Volksversammlungen nicht teilnehmen.

→ Schaubild S. 86, M 1 a.

Die wichtigsten Beamten waren die fünf für ein Jahr gewählten Ephoren. Der Sage nach soll der Gesetzgeber Lykurg dieses Amt im 6. Jahrhundert eingeführt haben. Die Ephoren mussten darauf achten, dass alle Einwohner des Staates die spartanische Lebensordnung einhielten, und konnten Strafen festsetzen. Sie durften auch Anträge in der Volksversammlung stellen und konnten so die Regierungsgeschäfte stark beeinflussen.

Mittelpunkt des Staates war das Militär, das Heer von schwer bewaffneten Fußsoldaten, die ↗Hopliten genannt werden. Mit einer drei Meter langen Lanze und einem Kurzschwert ausgerüstet, geschützt durch Rüstung, Helm und Rundschild, bildeten sie eine ↗Phalanx, eine Schlachtreihe, die für die Feinde eine undurchdringliche Mauer bildete.

Die stille Macht der Spartanerin

Weil die Spartiaten sich ausschließlich mit Kriegsdienst und Politik befassten, hatten die Spartanerinnen eine andere Stellung als Frauen sonst bei den Griechen (→ S. 93). Frauen durften an der Volksversammlung nicht teilnehmen, aber sonst frei ihre Meinung äußern. Was ihnen an politischem Einfluss fehlte, besaßen sie aber an wirtschaftlicher Macht – über den Reichtum der Spartanerinnen wurde in Griechenland viel geredet. Der Grund dafür war das Erbrecht: Töchter waren, wenn sie keine Brüder hatten, erbberechtigt und verfügten bei der Verheiratung oft über beträchtlichen Besitz.

Die starke Position der Frauen in der Hauswirtschaft wog den Verlust ihrer Aufgabe als Erzieherinnen der Kinder auf. Denn anders als in den übrigen griechischen Städten wurden Jungen und Mädchen in Sparta nicht von der Familie, sondern in der Öffentlichkeit von der Polis erzogen.

82.1 Menschen in Sparta: Ein angreifender Krieger, ein Helot im Hirtenmantel und eine tanzende Spartanerin bei einem Fest für die Göttin Artemis. Zwei Bronzestatuetten (6. Jahrhundert v. Chr.) und eine Tonstatuette (400 v. Chr.).

Jungen und Mädchen in Sparta

Der Geschichtsschreiber ↗ Plutarch beschreibt die Erziehung der Kinder in Sparta. Im 6. Jahrhundert soll der Gesetzgeber Lykurg die Regeln dafür aufgestellt haben.

a) Die Knaben der Spartaner aber gab Lykurg nicht in die Hände von gekauften oder gemieteten Erziehern, noch durfte jeder seinen Sohn aufziehen, wie er wollte. Vielmehr nahm Lykurg selbst alle, sobald sie sieben Jahre alt waren, zu sich. Er teilte sie in Gruppen, in denen sie miteinander aufwuchsen und gewöhnt wurden, beim Spiel wie bei ernster Beschäftigung immer beisammen zu sein.
Lesen und Schreiben lernten sie nur so viel, wie sie brauchten; die ganze übrige Erziehung war darauf ausgerichtet, dass sie pünktlich gehorchen, Strapazen ertragen und im Kampfe siegen lernten.
Sobald sie 12 Jahre alt waren, gingen sie stets ohne Unterkleidung, bekamen nur einen Mantel im Jahr, waren am ganzen Körper schmutzbedeckt und durften weder baden noch sich salben. Sie schliefen zusammen in Gruppen auf Stroh, das sie selbst zusammentrugen, indem sie es mit bloßen Händen ohne Messer abbrachen.
Die Erziehung im Gesang und in der Musik wurde nicht weniger eifrig betrieben als die Bemühung um gutes und klares Reden. Ihre Lieder klangen ermutigend und weckten Kampfeslust. Es waren zumeist Lobgesänge, in denen die für Sparta Gefallenen glücklich gepriesen wurden, und Hohngesänge auf die Feiglinge.

b) Lykurg hat auch den Frauen jede mögliche Sorgfalt zugewendet. Er kräftigte die Körper der Mädchen durch Laufen, Ringen und Speerwerfen, damit die Zeugung der Kinder in kräftigen Körpern erfolge und das Kind im Bauch umso besser heranwachse, und damit sie die Geburten mit Kraft bestehen könnten. Weichlichkeit, Verzärtelung und alle Weiblichkeit in der Kleidung verbannte er. Er gewöhnte die Mädchen, wie die Knaben nackt ihre Aufzüge zu halten und bei bestimmten Festen zu tanzen und zu singen, in Gegenwart und vor den Augen junger Männer.

83.1 Junge Spartanerin, Bronzestatuette. Vergleiche mit der Abbildung der Läuferinnen S. 80.1. Was fällt auf?

Die Nacktheit der Mädchen hatte übrigens nichts Peinliches und sie bewirkte, dass sich die Mädchen an Schlichtheit gewöhnten und nach körperlicher Fitness strebten. Sie ließ auch die Frau Selbstbewusstsein gewinnen und führte dazu, dass sie nicht weniger als der Mann nach Tapferkeit und Ruhm strebte. Zuweilen griffen die Mädchen auch durch Spottverse jeden an, der sich etwas hatte zuschulden kommen lassen, oder sie sangen Loblieder auf die Würdigen und erweckten so Ehrgeiz und Wetteifer in den jungen Männern.

Plutarch, Lykurg, 1 und 24–25, gekürzt.

1. Notiere, auf welche Ziele hin die Kinder der Spartiaten erzogen wurden. Gliedere dabei nach folgenden Bereichen: Sport, Verhältnis Jungen – Mädchen, Krieg und Frieden, Gemeinschafts- und Privatleben.

2. Überlegt, wie und wozu ihr selbst erzogen werdet, und diskutiert, was ihr von der spartanischen Erziehung haltet. Führt ein Streitgespräch zwischen zwei Parteien.

3. Erkläre, warum Sparta um 500 v. Chr. als die mächtigste griechische Polis galt.

spartanisch =
1. „aus Sparta“,
2. „wie in Sparta“, d. h. streng, einfach, anspruchslos

4. Die Polis Athen: Mehr Rechte für die Bürger

Solon reformiert den Staat

Athen im Jahre 594 v. Chr.: Es herrschte große Unruhe in der Stadt. Immer mehr Bauern bekamen Angst, ihre Familien nicht mehr ernähren zu können. So sehr sie sich auch mühten, die Großgrundbesitzer boten ihre Waren einfach billiger an. Kamen noch Missernten dazu, dann blieb vielen Bauern nur übrig, sich bei den Großgrundbesitzern zu verschulden. Konnten die Bauern die Zinsen nicht bezahlen, wurden ihre Frauen, Kinder und sie selbst als Sklaven verkauft.

Wie jedes Jahr trat nun die Volksversammlung zusammen, um die neuen Oberbeamten zu wählen. Ein Bürger überzeugte mit seinen Reformplänen die Bürgerschaft: Solon. Er war ein Adliger, der als Kaufmann viel in Griechenland herumgekommen war und so viele Erfahrungen gesammelt hatte. Ihn wählte die Versammlung zum Oberbeamten mit außerordentlichen Vollmachten.

Solon erließ den Bauern die Schulden und kaufte die Schuldsklaven frei. Auch das Zusammenleben der Bürger regelte Solon neu: Er teilte die Bürgerschaft nach dem jährlichen Ernteertrag ihrer Felder in vier Besitzklassen ein. Die Adligen besetzten die wichtigsten Ämter im Staat und führten im Krieg als Reiter das Heer. Die wohlhabenden Bauern hatten weniger politischen Einfluss und mussten im Heer als schwer bewaffnete Fußsoldaten, ↗Hopliten, kämpfen. Kleinbauern und Tagelöhner dienten als leichtbewaffnete Soldaten oder Ruderer. Die Bürger aller Besitzklassen durften an der Volksversammlung teilnehmen.

Peisistratos wird Tyrann

Solons Neuordnung stieß bald auf Widerstand. Die Adligen waren unzufrieden, weil sie das verliehene Geld nicht zurückbekommen und an politischem Einfluss verloren hatten. Die Bauern dagegen hatten vergebens auf eine Neuverteilung des Landes gehofft.

Den Streit machte sich der Adlige Peisistratos zunutze, der als Feldherr zu Ansehen gekommen war. Es gelang ihm, die Führung der Polis zu übernehmen; vor allem die armen Bauern unterstützten ihn.

Peisistratos förderte den Handel und ließ viele öffentliche Bauten errichten. So wurden der Wohlstand und das Zusammengehörigkeitsgefühl der Athener größer. Von politischen Entscheidungen waren die Athener aber weitgehend ausgeschlossen. Die Athener mussten ihre Waffen abgeben. Diese Alleinherrschaft nannten die Griechen ↗Tyrannis.

Doch gerade die wirtschaftlichen Erfolge stärkten das Selbstbewusstsein der Athener: Sie wollten ihre politischen Angelegenheiten wieder selber regeln. Im Jahre 510 v. Chr. stürzten sie die Tyrannis.

84.1 Adliger Reiter (links) und geschlossene Reihen der Hopliten (Phalanx, rechts).

85.1 *Adlige beim Festmahl und bei Reiterspielen. In Griechenland saß man zum Essen und Trinken in der Regel nicht auf Stühlen, sondern lag bei Tisch. Neben den Feiernden stehen deren Namen. Ein Krug aus dem 6. Jahrhundert v. Chr.*

85.2 *Ein Athener Bauer mit seinem Esel beim Dreschen von Getreide. Gerade die Athener, die auf dem Land lebten, erhielten durch die Reform des Kleisthenes mehr politische Rechte. Bild auf einer Kanne aus Attika, 5. Jahrhundert v. Chr.*

■ Bürger erhalten mehr Rechte

Schon bald gab es in Athen Streit darüber, wie die neu gewonnene Freiheit zu nutzen sei. Schließlich setzte sich der Athener Kleisthenes mit seinen Vorschlägen durch. Er gliederte die Bevölkerung Attikas neu. Es sollte nicht mehr entscheidend sein, aus welcher Gegend und Gesellschaftsschicht ein Athener stammte oder wie vermögend er war. Vielmehr sollten die Bürger politisch gleichberechtigt zusammenleben.

Deshalb teilte er die Bürger Attikas in zehn Phylen (Abteilungen) ein, die sich jeweils aus drei Bezirken zusammensetzten: Aus einem Bezirk der Stadt Athen, aus einem des Binnenlandes und aus einem der Küstenregion. In den Phylen sollten die Bürger aus allen Teilen Attikas lernen, gemeinsam, ohne Rücksicht auf persönliche Abhängigkeiten zu handeln und als Soldaten zu kämpfen.

Damit wurde die Macht des Adels weiter eingeschränkt und der Einfluss der Bauern gestärkt (→ S. 86, M 1 b). Dies entsprach auch ihrer wachsenden Bedeutung im Heer: Dort stellten sie die schwer bewaffneten Fußkämpfer, die ↗Hopliten. Sie kämpften in geschlossenen Schlachtreihen, die der Kampfordnung der adligen Reiter überlegen waren (→ B 88.1 rechts).

85.3 *Die Halbinsel Attika bildete das Gebiet der Polis Athen.*

M1 Die Regierungsformen in Sparta und Athen

a) Politische Ordnung in Sparta:

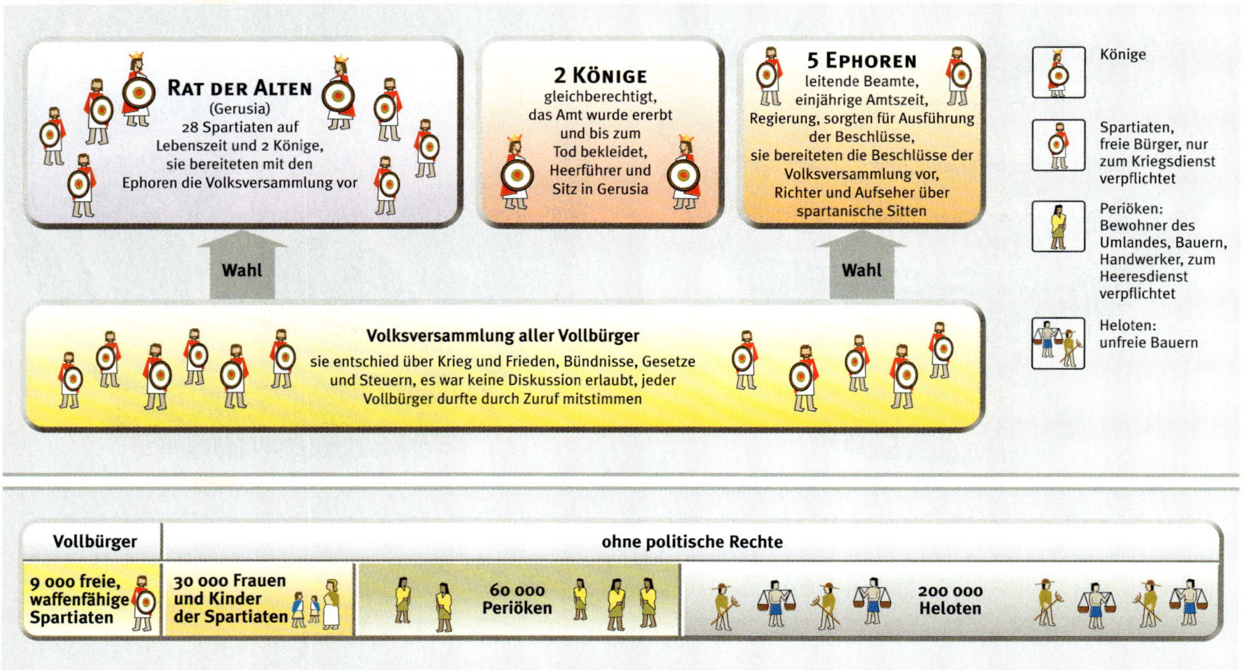

b) Die politische Ordnung in Athen nach Kleisthenes (510 v. Chr.):

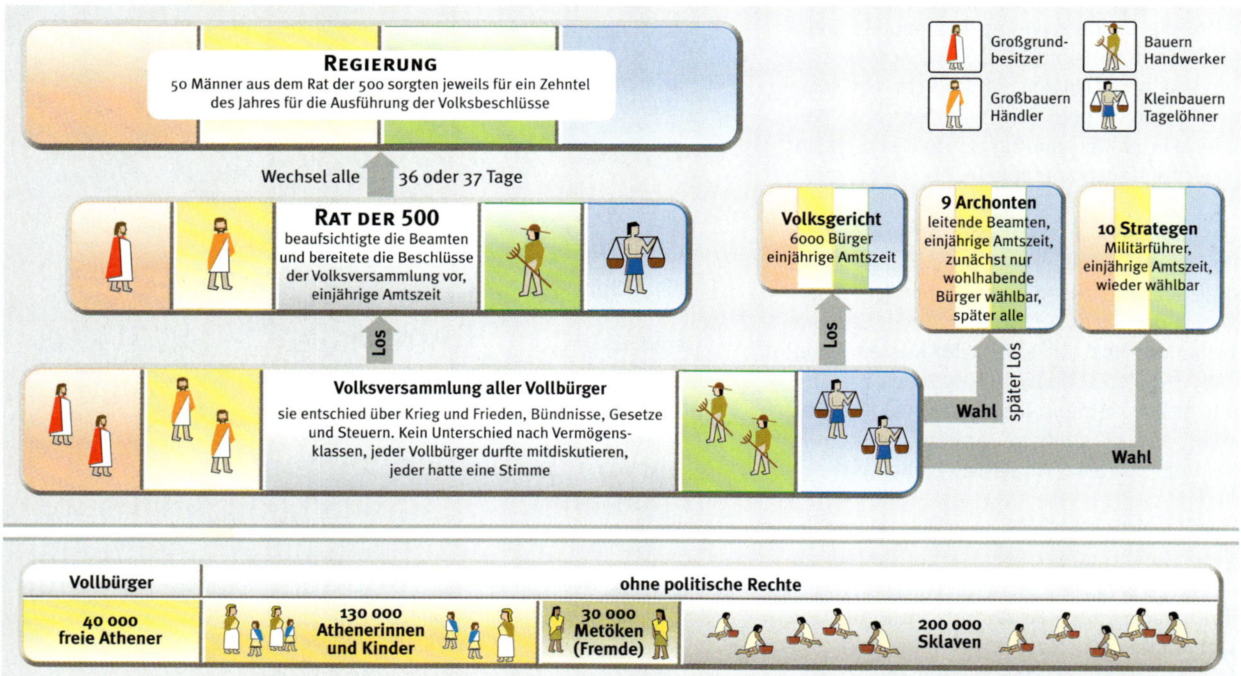

Aristides, Sohn des Lysimachos

Aristides unterstützte die Interessen der Großgrundbesitzer und wurde deshalb 482 v. Chr. verbannt.

Kimon, Sohn des Miltiades

Kimon, Politiker und Stratege in Athen, war im Kampf gegen die Perser erfolgreich. Er wurde nach 461 v. Chr. verbannt, als er sich gegen die völlige Entmachtung des Adels wandte.

87.1 Scherben, die Archäologen in Athen gefunden haben. Die Griechen benutzten Scherben für die Abstimmung, da sie ein billiges, überall leicht erhältliches Schreibmaterial für kurze Texte waren.

Scherbe heißt auf Griechisch ‚ostrakon‘, das Fachwort für Scherbengericht ist daher Ostrakismos.

Q2

Das Scherbengericht

Kleisthenes führte auch eine besondere Form der Verbannung ein, die der Geschichtsschreiber ↗Plutarch (46–119 n. Chr.) folgendermaßen beschrieb:

Der Hergang der Abstimmung war in Kürze folgender: Jeder Bürger nahm eine Scherbe, schrieb darauf den Namen des Mannes, den er verbannen wollte, und brachte sie an einen Ort auf dem Markt, der rings mit Schranken umschlossen war. Die Beamten zählten zuerst die gesamten abgelieferten Scherben durch; denn wenn die Abstimmenden weniger als 6000 waren, dann war das Verfahren ungültig.
Wenn sich aber mehr als 6000 Bürger beteiligt hatten, dann ordneten sie die Scherben nach den Namen und verbannten den von der Mehrzahl Aufgeschriebenen auf zehn Jahre, doch so, dass er im Genusse seines Vermögens blieb.
Diese Form des Bannes war keine Strafe für ein Verbrechen. Man nannte ihn beschönigend Demütigung und Beschneidung des Stolzes und Zurückdrängen von Gewalt. Tatsächlich war er eine gemäßigte Form der Befriedigung des Neides, denn er bedeutete nicht Vernichtung, sondern nur die Entfernung des Missliebigen aus Athen für zehn Jahre.

Plutarch, Aristides, 7, bearbeitet.

1. Die Schaubilder M 1 a und M 1 b stellen die Regierungsformen in Sparta und Athen vereinfacht dar. Lies den VT zu Sparta (S. 81 und 82) sowie Athen (S. 84 und 85) und betrachte die Schaubilder. Vergleiche die Verfassungen von Athen und Sparta. Lege dazu in deinem Heft eine Tabelle an und notiere:
- Wie wurden die Beamten und der Rat bestimmt?
- Wie lange waren die Amtszeiten?
- Wer durfte an der Volksversammlung teilnehmen? Wer durfte sprechen?
- Wie war das Zahlenverhältnis zwischen denjenigen, die an der Volksversammlung teilnehmen durften, und den übrigen Einwohnern der Polis?

2. Diskutiert in der Klasse, ob die Regierungsform in Athen als demokratisch bezeichnet werden kann.

3. Lies Q 2 und betrachte B 87.1: Wie beurteilt Plutarch das Scherbengericht? Nimm dazu Stellung. Überlegt, was Kleisthenes mit dem Scherbengericht bezwecken wollte.

5. Der Kampf um die Freiheit

88.1 Ein griechischer und ein persischer Soldat kämpfen gegeneinander, Abbildung auf einer athenischen Schale aus dem 5. Jahrhundert v. Chr.

Krieg oder Unterwerfung?

Die Gemeinschaft der Bürger wurde schon bald auf eine harte Probe gestellt. Im Jahre 491 v. Chr. forderten Boten des persischen Großkönigs Dareios von den Athenern Erde und Wasser als Zeichen der Unterwerfung. Aus freien Menschen sollten tributpflichtige Untertanen eines fremden Tyrannen werden! Die Bürger wussten, dass ihre Weigerung einen Krieg mit unabsehbaren Folgen heraufbeschwören würde. Trotzdem dachten sie gar nicht daran, klein beizugeben. Sie stürzten die persischen Gesandten in einen Brunnen. Dort könnten sie sich Erde und Wasser holen, spotteten sie.

Im folgenden Jahr wollte eine persische Streitmacht von 800 Reitern, 25 000 Fußsoldaten und 600 Schiffen den Widerstand Athens brechen. Das athenische Hoplitenheer von 10 000 Mann zog unter dem Oberbefehl des Strategen Miltiades den Persern entgegen. Bei Marathon trafen die Gegner aufeinander und überraschend besiegten die Athener die Perser.

88.2 Der Perserkönig Dareios auf einem Relief aus seinem Palast in Persepolis. Hinter dem Thron steht sein Sohn Xerxes.

Liegt die Rettung Athens auf dem Wasser?

Der nächste Angriff der Perser mit einer noch größeren Streitmacht begann im Jahre 480 v. Chr. (→ S. 69). Unter dem Oberbefehl des Xerxes, des Sohnes von Dareios, drang das persische Heer nach Mittelgriechenland ein. Dort, am Engpass der Thermopylen, versuchte der Spartanerkönig Leonidas mit seinen Soldaten den Vormarsch aufzuhalten, doch es gelang ihm nicht.

Athen lag schutzlos vor den Eroberern. Auf Antrag des Themistokles beschloss die Volksversammlung, die Stadt zu räumen. Frauen, alte Leute und Kinder wurden auf die Insel Salamis gebracht, die wehrfähigen Männer bestiegen die Schiffe. Die vorrückenden Perser zerstörten Athen. Auch die Heiligtümer gingen in Flammen auf. Themistokles aber gelang es, die persische Flotte vor der Insel Salamis zum Kampf zu stellen. Auf Grund ihrer genauen Ortskenntnis und erbittert durch die Zerstörung ihrer Heimat, errangen die Griechen einen entscheidenden Sieg. Xerxes, der die Niederlage seiner Flotte mit angesehen hatte, gab den Befehl zum Rückzug.

Die ärmsten Athener erstreiten die volle Gleichberechtigung

Athen hatte den Angriff der überlegenen Perser abgewehrt. Wem verdankte Athen diese Wende? Neben den politischen und militärischen Führern sowie den Hopliten spielten vor allem die Kleinbauern oder Tagelöhner Athens, die Theten, eine immer größere Rolle. Da sie kaum Geld für eine Ausrüstung hatten, dienten sie im Krieg als leicht bewaffnete Soldaten oder Ruderknechte. Im Kampf gegen die Perser hatten sie sich als unentbehrlich erwiesen. Deshalb verlangten sie jetzt mehr politische Rechte. Sie wollten nicht nur wie bisher die leitenden Beamten wählen dürfen, sondern diese politischen Ämter auch selbst besetzen können.

Nach dem Ende der Perserkriege setzten die Theten durch, dass auch sie Archonten werden durften. Da die Ämter erlost wurden, hatten alle die gleichen Chancen. Jeder männliche, erwachsene Bürger Athens konnte nun – unabhängig davon, ob er arm oder reich war – über die Gesetze und andere politische Fragen mitentscheiden und die Polis regieren. Das bedeutete für den einzelnen Bürger einen Zuwachs an Ansehen. Die Mehrheit der Bevölkerung – Frauen, Sklaven und Ausländer – blieb aber ohne politische Rechte.

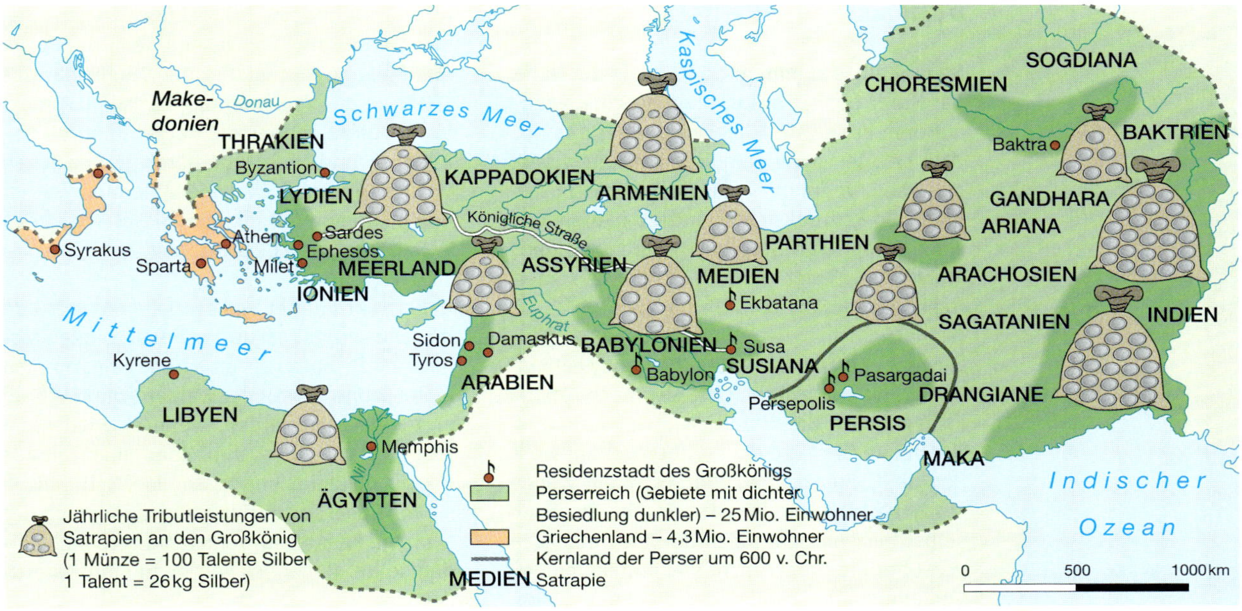

89.1 Das Perserreich und Griechenland vor den Perserkriegen, um 490 v. Chr.

Q1

Warum siegten die Athener?

Der Geschichtsschreiber ↗Herodot meinte:

Athen also wurde stark. Die Gleichheit der Bürger ist in jeder Hinsicht wertvoll und schön. Denn solange die Athener von Tyrannen beherrscht wurden, waren sie nicht einem einzigen Nachbarn im Krieg überlegen. Jetzt aber waren sie von den Tyrannen befreit und standen mit Abstand als die Ersten da. Daraus kann man erkennen, dass sie als Untertanen, die für ihren Herrn kämpften, vorsätzlich feige und träge waren. Jetzt aber handelten sie mit Einsatz, Anstrengung und Eifer, weil jeder für sich selbst arbeitete.

Herodot, Historien 5, 78.

1. Stelle Erklärungen für den Sieg der Athener zusammen: Welche Gründe nennt Herodot in Q1?

2. Stell dir vor, du bist ein attischer Tagelöhner. Gestalte ein Plakat, auf dem du deine politischen Forderungen erklärst.

89.2 Eine Triere (ausgesprochen Tri-ére), die Archäologen 1987 nach antikem Vorbild gebaut haben. Das Schiff war mit 37 m recht kurz und daher sehr wendig. Mit dem Rammsporn am Bug versuchte man das Schiff des Gegners an der Seite zu treffen. Das Wort Triere bedeutet „Dreidecker“: Die 170 Ruderer des Schiffes (in Athen meist Kleinbauern und Tagelöhner saßen in drei Reihen eng gedrängt übereinander.

6. Athen – eine Demokratie?

■ Kallias – ein Athener Bürger

Bauer Kallias kommt nach Athen. In der Nähe der Stadt besitzt er ein kleines Stück Land, auf dem er Oliven, Feigen und Wein anbaut. Was er oder seine Familie nicht selbst verbrauchen, verkauft er auf dem Markt in der Stadt. So kann er sich Korn dazu kaufen, um seine Familie mit Brot versorgen zu können. Manchmal nimmt er auch Produkte seines Nachbarn mit, die er für ihn verkauft.

Obwohl er öfters in die Stadt kommt, geht er immer mit gemischten Gefühlen nach Athen. Er bewundert die öffentlichen Gebäude und Tempel, die vor kurzem in Athen gebaut worden sind. Sie machen ihn sogar ein wenig stolz, ein Athener Bürger zu sein. Doch er selbst hat von dem Reichtum nach den Siegen über die Perser nicht viel abbekommen. Vor allem ärgert ihn die Einstellung vieler Stadtbewohner, die sich über die Bauern des Umlandes wegen ihrer rauen Sprache lustig machen. Sie halten sich auch für gebildeter und redegewandter. Für sie ist es kein Problem, vor Gericht oder in der Volksversammlung aufzutreten.

Heute hat Kallias gute Geschäfte gemacht und seine Waren schnell verkauft. So kann er die Volksversammlung aufsuchen. Die Volksversammlung tagt etwa vierzig Mal im Jahr, berät über Krieg und Frieden, über Gesetze, die religiösen Feste und die öffentlichen Theaterveranstaltungen. Bei wichtigen Fragen müssen 6000 Bürger anwesend sein, damit die Abstimmung gültig ist. Jeder Bürger hat das Recht, in der Versammlung zu reden. Anders als in Sparta können die Bürger in Athen diskutieren und nicht nur durch Handzeichen Vorschläge annehmen oder ablehnen. Das ist eine richtige ↗ Demokratie (= Herrschaft des Volkes). Kallias ist stolz darauf.

Kallias hat auf der Volksversammlung schon manche heftige Diskussion erlebt. Letzten Monat zum Beispiel, als es darum ging, ob man einen Strategen wieder wählen sollte: Würde er zu mächtig werden, wenn er wieder ein Jahr lang den Oberbefehl über einen Teil des Heeres bekäme? Im vergangenen Jahr hatten sie mit Scherben darüber abgestimmt, ob der Stratege Perikles für zehn Jahre verbannt werden sollte. Angeblich war er zu einflussreich geworden.

Heute gibt es aber keine hitzigen Debatten. Die Bürger beraten darüber, wie sie die Stadt mit Getreide versorgen können. In Athen wohnen so viele Menschen, dass die Stadt auf die Zufuhr von Getreide angewiesen ist. Der Rat der 500 schlägt vor, einen Beamten zu beauftragen, mit Staatsgeldern Getreide hinzuzukaufen, um einen Preisanstieg zu verhindern. Wie so oft folgt die Mehrheit der Bürger den Vorschlägen des Rates. So wird das Getreide zum gewohnten Preis zur Verfügung stehen können. Wie gut, dass Athen reich ist!

Nach dem Sieg über die Perser waren die Athener zur politisch und wirtschaftlich mächtigsten Polis im ägäischen Meer aufgestiegen. Die attischen Münzen waren im ganzen Mittelmeerraum verbreitet.

90.1 Moderne griechische Euromünze.

90.2 Eine antike Athener Münze. Man sieht die Eule, die als Vogel der Athena, der Schutzgöttin Athens, galt; einen Zweig vom Ölbaum, den Athena nach Attika gebracht haben soll, und die drei Anfangsbuchstaben des Wortes Athen.

90.3 Mit einer solchen Wasseruhr (Klepsydra) wurde in Athen die Redezeit der einzelnen Redner in der Öffentlichkeit gemessen. Es dauerte ungefähr 6 Minuten, bis das obere Gefäß leer gelaufen war. Jeder Redner bekam dieselbe Redezeit zugemessen.

91.1 Die Akropolis, die Hochstadt von Athen (Rekonstruktion). Perikles sorgte für ihren Wiederaufbau nach der Zerstörung durch die Perser.

(1) Parthenon, der Tempel der Athene, von Perikles geplant
(2) Tempel für den athenischen Helden Erechtheus, mit dem heiligen Ölbaum der Athena
(3) Statue der Göttin Athena; die vergoldete Spitze ihrer Lanze konnten Seeleute schon von ferne sehen
(4) Propyläen (mächtiger Torbau), von Perikles geplant
(5) Niketempel, der Siegesgöttin Nike geweiht
(6) Gemäldesammlung

■ Regiert *ein* Mann Athen?

Obwohl die Bürger Athens – nicht alle Einwohner! – mehr Rechte bekommen hatten, prägten dennoch weiterhin einzelne Persönlichkeiten die attische Politik. Sie nutzten dabei vor allem das Amt des Strategen: Die zehn Strategen wurden nicht durch das Los bestimmt, sondern gewählt. Sie waren die militärischen Anführer der Truppen Athens. Von ihren Fähigkeiten hing der Erfolg – und manchmal das Überleben – der Bürgersoldaten im Kampf ab. Daher bewies die Wahl zum Strategen, dass die Wähler diesem Mann vertrauten.

Das galt vor allem für den bedeutendsten Staatsmann Athens, Perikles. Er selbst stammte wie viele attische Politiker aus einer adligen und wohlhabenden Familie. Dadurch verfügte er über ausreichend Geld und Zeit, um sich am politischen Leben zu beteiligen. Denn sowohl für die Übernahme von Ämtern als auch für die Teilnahme an Volksversammlungen und Volksgerichten gab es ursprünglich kein Gehalt. Daher konnten ärmere Bürger nicht oft an den politischen Versammlungen teilnehmen – ihr Verdienstausfall wäre zu groß gewesen!

Perikles' Machtstellung beruhte aber nicht allein auf dem Strategenamt, vielmehr besaß er in allen Gesellschaftsschichten einflussreiche Freunde. Er setzte durch, dass die Teilnahme an den Volksversammlungen bezahlt wurde, so dass sich auch ärmere Bürger deren Besuch leisten konnten. Seine Beliebtheit erleichterte es ihm, Konkurrenten im Kampf um die politische Macht durch das Scherbengericht verbannen zu lassen.

91.2 Platz, auf dem die Volksversammlung in Athen stattfand. Modell.

92.1 Büste des Perikles. Der Helm weist auf Perikles' Amt als Stratege hin. Römische Kopie nach einem Original des Bildhauers Kresilas aus dem 5. Jahrhundert v. Chr., das auf der Akropolis stand.

Q1 Perikles – der einflussreichste Mann Athens

↗Plutarch beschreibt den Aufstieg und die Politik des Perikles:

a) Der junge Perikles:

In seinen jüngeren Jahren hatte Perikles große Scheu vor dem Volk. Denn seine Ähnlichkeit mit dem Tyrannen Peisistratos war überraschend, und alte Leute bemerkten mit Entsetzen, wie sehr er ihm im Klang der Stimme und in seiner schnellen, geläufigen Art zu sprechen glich. Da er überdies großen Reichtum besaß, aus einer vornehmen Familie stammte und Freunde von mächtigem Einfluss hatte, fürchtete er die Verbannung durch das Scherbengericht.
Deshalb mied er die Politik, aber im Kriege war er ein tapferer, beherzter Soldat.

92.2 Stimmscherbe aus einem Scherbengericht gegen den Strategen Perikles, 442 v. Chr.

b) Perikles, der Volksfreund:

Aber er fürchtete, wie es scheint, den Verdacht, er wolle Alleinherrscher werden, und er bemerkte auch, dass Kimon (sein Rivale) der Liebling der Vornehmen war. Deswegen schlug er sich zum Volk, um sich Sicherheit für seine Person und gegen Kimon einen mächtigen Anhang zu verschaffen. Sofort änderte er auch sein Auftreten. Er nahm nicht bei jedem Anlass das Wort, trat auch nicht immer vor dem Volke auf, sondern erledigte selbst nur die wichtigsten Geschäfte; die andern ließ er durch seine Freunde besorgen.
Er verstand es, in der Stadt bald ein feierliches Schauspiel, bald einen öffentlichen Schmaus oder Aufzug zu veranstalten und die Bürger mit geschmackvollen Belustigungen zu unterhalten.

c) Perikles und die Macht Athens:

Jahr für Jahr ließ er 60 Schiffe in See gehen, auf denen viele Bürger dienten und ihren Sold bekamen, um Drill und Dienst auf dem Kriegsschiff kennen zu lernen. Überdies schickte er 1000 Bürger als Siedler nach der Chersonesos, 500 nach Naxos, halb so viel nach Andros, 1000 nach Thrakien, andere nach Italien. Seine Absicht dabei war, die Stadt von dem arbeitslosen und eben deswegen unruhigen Gesindel zu befreien, zugleich auch eine Besatzung unter die Bundesgenossen zu legen und sie so einzuschüchtern und von aufrührerischen Gedanken abzubringen.

Plutarch, Perikles, 7, 11, 14 f., bearbeitet.

1. Welche Eigenschaften kennzeichneten Perikles? Welche Folgen zog er daraus? (Q 1 a)
2. Notiere die Stellen in Q 1 b, die etwas über das Verhältnis zwischen Perikles und dem Volk aussagen.
3. Welche Maßnahmen ergriff Perikles, um die Macht Athens zu stärken? (Q 1 c)

7. Frauen in Athen – ein Leben in Abhängigkeit?

93.1 Einige Frauen – vor allem aus der Oberschicht – konnten lesen und schreiben, um 450 v. Chr.

93.2 Ein Hochzeitszug: Braut und Bräutigam fahren vom Elternhaus der Braut zum Haus des Bräutigams. Damit wird die Frau Mitglied der neuen Familie, um 550 v. Chr.

Eine Hochzeit

Man schreibt das Jahr 432 v. Chr. Die 16-jährige Elpinike, eine Tochter wohlhabender Athener, sitzt gedankenversunken zu Hause im Frauengemach und überlegt, was ihr die Zukunft wohl bringen wird. Morgen wird sie mit Polygnot verheiratet werden. Ihren Mann konnte sie sich nicht selbst aussuchen, ja, sie kennt ihn kaum. Sie weiß nur, dass er fast doppelt so alt ist wie sie. Ihr Vater hat mit ihm einen Heiratsvertrag abgeschlossen, der regelt, welches Vermögen sie in die Ehe einbringt. Diese Mitgift sichert ihren Unterhalt in der neuen Familie.

Die Jugend Elpinikes ist wie die vieler Athener Mädchen verlaufen. In ihren ersten Lebensjahren hat ihre Mutter sie gemeinsam mit ihren Brüdern erzogen. Doch dann trennten sich die Wege der Geschwister. Im Alter von sieben Jahren wurden die Brüder auf eine Schule geschickt. Dort lernten sie Lesen, Schreiben, Rechnen und ein Instrument zu spielen. Als Vorbereitung auf den Kriegsdienst trieben die Jungen auch viel Sport.

Elpinike dagegen musste zu Hause bleiben. Ihre Mutter hat sie im Weben, Spinnen und Kochen unterrichtet und darauf geachtet, dass sie sich möglichst selten außerhalb des Hauses aufhielt. Manchmal sprachen die Brüder und der Vater daheim davon, was sich in Athen abspielte: von Wahlen, Kriegen oder Geschäften. Aber nie bezogen sie Elpinike oder ihre Mutter in die lebhaften Diskussionen ein. Nur wenn die großen Feste in der Stadt gefeiert wurden, durfte sie in den Prozessionen mitlaufen. Letztes Jahr hatte sie beim Fest für die Stadtgöttin Athen sogar den Korb mit den Opfergeräten für die Göttin tragen dürfen – eine ganz besonders ehrenvolle Aufgabe!

Nach ihrer Heirat wird sie nicht mehr der Vormundschaft ihres Vaters unterstehen, dafür aber der ihres Mannes. Er wird sie vor Gericht vertreten und ihr Vermögen verwalten, auch wenn es in ihrem Besitz bleibt!

93.3 Die Athenerin Ampharete mit ihrem Kind. Grabrelief, ca. 420 v. Chr.

94.1 Die Herstellung von Tüchern. Krug, 560 v. Chr., Nachzeichnung.

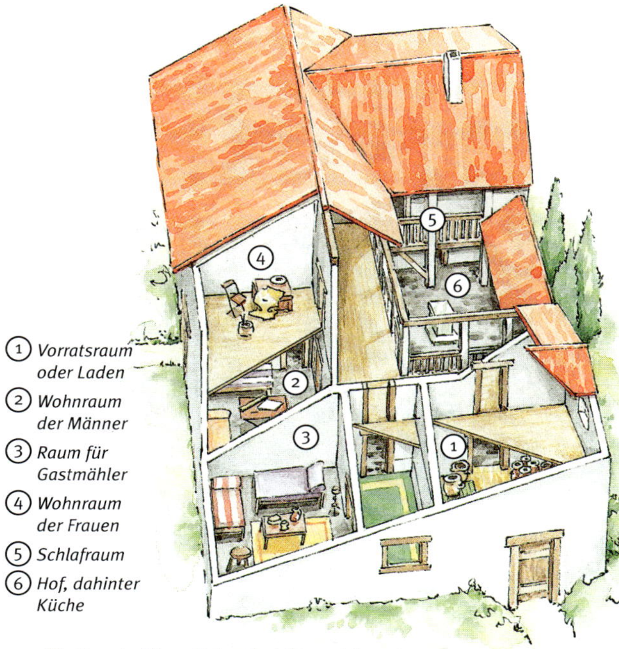

94.2 Ein Haus in Athen. Rekonstruktionszeichnung.

Die Herstellung von Tüchern und Kleidung gehörte zu den wichtigsten Aufgaben der Frauen.

■ Die Familie als Hausgemeinschaft

Die Erzählung von Elpinike ist zwar so nicht überliefert, doch wie wir aus unterschiedlichen Quellen wissen, haben viele Athenerinnen ihre Jugend ähnlich verbracht. Mit der Heirat traten sie in die Hausgemeinschaft ihres Gatten ein.

Als Ehefrauen sollten sie die Zukunft der Familie sichern, indem sie Kinder bekamen. Ehebruch der Frau stand unter schwerer Strafe, denn nur wenn sicher war, dass beide Eltern frei geborene Athener waren, bekamen die Kinder das Bürgerrecht. Deshalb war es vorgeschrieben, dass der Vater nach der Geburt eines Kindes dieses als sein eigenes öffentlich anerkannte. Die Ehe in Athen hatte also eine große soziale Bedeutung.

Zur Hausgemeinschaft gehörten nicht nur die Eltern und Kinder, sondern auch ihr Besitz, also das Haus, das Vieh und manchmal Sklaven. Diesen Besitz durch eine sparsame Haushaltsführung zu wahren und zu mehren war eine wichtige Aufgabe der Ehefrauen.

In den wohlhabenderen Familien wurden die Hausherrinnen dabei von Sklaven unterstützt. Diese erledigten Einkäufe, stellten Kleidung her und halfen im Haushalt. Sklavinnen und Sklaven galten als Teil der Hausgemeinschaft. Deshalb mussten sie auch an der Verehrung der Familiengötter teilnehmen.

■ Ein Leben im Haus?

Athenerinnen aus reichen Familien lebten häufig zurückgezogen im Haus. Aber nicht alle Frauen waren auf ein Leben im Haus beschränkt. Athenerinnen aus ärmeren Schichten verkauften Waren auf dem Markt oder arbeiteten in den Werkstätten ihrer Männer mit. Sie halfen, ihre Familien zu ernähren, und waren deshalb unabhängiger von ihren Männern als Frauen aus wohlhabenden Familien.

Die freien Athenerinnen hatten keine vollen Bürgerrechte; sie duften in der Volksversammlung nicht abstimmen und auch keine Ämter bekleiden. Dennoch galten sie wegen ihrer verantwortungsvollen Aufgaben in der Familie als Teil der Polisgemeinschaft. Sie nahmen an den religiösen Festen der Stadt teil und schauten bei den Theateraufführungen zu, die zu diesen Festen gehörten. Das Fest zu Ehren Demeters, der Göttin der Fruchtbarkeit, gestalteten die Frauen sogar ausschließlich selbst.

Q1 Die Aufgaben von Mann und Frau

↗Xenophon (428–354 v. Chr.), Historiker und Schriftsteller, schrieb eine Abhandlung über die Hauswirtschaft:

Mir scheinen die Götter dieses Gespann, Mann und Weib, sehr vorsichtig zusammengepasst zu haben, damit es sich durch das Zusammenleben gegenseitig so viel Nutzen bringe wie möglich. Denn erstens ist dieser Bund geschlossen, um miteinander Kinder zu zeugen, damit die Arten der Lebewesen nicht aussterben. Zweitens schaffen sie sich mit den Kindern, die aus diesem Bunde hervorgehen, Stützen für das Alter.
Da beide Arten von Arbeit nötig sind, die draußen und drinnen, schuf Gott die Natur des Weibes für die Arbeiten im Hause, die des Mannes für die Arbeiten außerhalb des Hauses. Der Mann ist mehr dazu geschaffen, Kälte und Wärme, Märsche und Feldzüge zu ertragen. Daher trug der Gott ihm die Arbeiten außerhalb des Hauses auf.
Der Körper der Frau ist weniger widerstandsfähig, deshalb ist sie besser für die Arbeiten im Hause geeignet. Da sie aber mehr dazu befähigt ist, die kleinen Kinder aufzuziehen, gaben ihr die Götter die größere Liebe. Und da sie sie zur Hüterin des Eingebrachten bestimmten, gaben sie ihr auch dafür die nötigen Fähigkeiten.

Xenophon, Über die Hauswirtschaft, 7, gekürzt.

Q2 Eine Frau berichtet

Beim Fest für die Göttin Demeter waren die Frauen Athens versammelt. Eine Kranzwinderin beklagt sich vor ihnen:

Nur wenig ist's, was ich euch sagen will.
Nur, wie mir selbst es ging, will ich erzählen: In Zypern starb mein Mann und hinterließ fünf Kinder mir, die brachte ich mühsam durch mit Kränzeflechten auf dem Myrtenmarkt. So, wenn auch kümmerlich, ernährte ich mich!
Nun macht der Dichter Euripides mit seinen Trauerspielen den Männern weis, es gebe keine Götter, und bringt uns um die Hälfte unsrer Kunden. Euch alle bitte ich und beschwöre ich darum: Bestraft den Mann, der es tausendfach verdient! … Jetzt muss ich auf den Markt! Für zwanzig Herren habe ich bestellte Kränze noch zu liefern!

Aristophanes, Thesmophoriazusai 446 ff.

95.1 Eine Handwerkerin in einem Töpferladen, Bild auf einem Weinkrug, 460 v. Chr.

1. Stell in einer Tabelle die Aufgaben von Männern und Frauen im antiken Athen zusammen. Nutze dazu den VT S. 94, die Quelle Q 1 sowie die Abbildungen B 93.3, 94.1 und 95.1.

2. Vergleicht die Meinung Xenophons (Q 1) mit den Informationen über das wirkliche Leben der Athenerinnen (Q 2, B 93.3, 94.1 und 95.1).

3. Befragt eure Eltern und Großeltern über die Aufgabenverteilung zwischen Frauen und Männern heute. Vergleicht diese mit dem Leben in Athen.

4. Welche Bedeutung hatte die Hausgemeinschaft in Athen (S. 94: „Die Familie als Hausgemeinschaft")? Vergleiche sie mit der Familie heute.

Texte und Vasenbilder: Quellen zu Kindheit und Jugend in Griechenland

Kinder in Griechenland – wie wurden sie erzogen?

Wie lebten Kinder in Griechenland? Schriftliche Quellen berichten uns Einzelheiten über ihren Alltag. Auf Tongefäßen sehen wir Kinder bei Sport und Spiel, in der Schule und bei der Arbeit. Mit Hilfe dieser Momentaufnahmen können wir versuchen, uns ein Bild des Kinderlebens in Griechenland zusammenzusetzen.

Babys und Kleinkinder

Ein Soldat schreibt einen Brief aus dem Feldlager an seine schwangere Frau:

Ich, Hilarion, grüße herzlich meine Frau Alis! Wenn du, was die Götter gut wenden mögen, ein Kind gebierst, lass es leben, wenn es männlich ist; ist es aber weiblich, so setze es aus! ...

Was unseren älteren Sohn betrifft: Ich bitte dich: Sorge für das Kind. Sobald ich Lohn bekomme, sende ich ihn dir.

Aus einem griechischen Papyrus.

96.1 Wassergefäß, um 440 v. Chr. Ihr seht eine Mutter und ihr Kind; zwischen den Frauen steht ein Wollkorb. Lässt sich aus dem Verhalten der Personen schließen, wer die Amme ist?

In einem Theaterstück lässt der Dichter Aischylos eine Amme erzählen:

Ich zog den kleinen Königssohn auf, nahm ihn, den Neugeborenen, aus seiner Mutter Arme. Ach, wie oft schrie er krähend nach mir in der Nacht, zwang mich aufzustehen, wollte dieses oder jenes haben.

Ein Baby weiß es nicht besser; du musst dich sogleich um es kümmern wie um ein stummes Tier. Ein Kind in Windeln kann dir nicht sagen, was es quält; ob es essen, trinken oder aufs Töpfchen will. Der Bauch eines Kindes nimmt keine Befehle an; es ist zu jung. Nun, oft wusste ich, was los war; und oft, ich weiß, riet ich auch falsch. Dann musste ich seine Windeln waschen, denn Amme und Wäscherin, ich war beides in einem. So hatte ich denn doppelte Pflicht.

Aischylos, Orestie 2, 751–761.

96.2 Kännchen, um 440 v. Chr. Archäologen haben solche Kinderstühlchen aus Ton auch bei Ausgrabungen in Athen gefunden.

Ab dem 7. Lebensjahr begann für die Kinder der Schulunterricht

Der Komödiendichter Aristophanes beschreibt eine Musikstunde:

Da lernten die alten Hymnen sie dann, die Beine in züchtiger Haltung, und hielten sich streng an den alten Ton, wie die Ahnen ihn vordem gesungen.

Probiert aber einer aus Geltungssucht es mit Trillern und Koloraturen, bekam er sofort mit dem Stecken was drauf, weil die echte Kunst er verdürbe. ...

Aristophanes, Die Wolken, 966–971; gekürzt.

97.1 Der Vasenmaler Duris hat eine Schulszene mit Lehrer, Pädagoge und Schüler gemalt. Aus den Gegenständen, die die Personen in den Händen halten, könnt ihr die Unterrichtsfächer erschließen.

Der Dichter Plautus bearbeitete ein griechisches Theaterstück aus dem 4. Jahrhundert v. Chr. Darin unterhalten sich zwei Männer:

Du hattest sicher in den ersten zwanzig Jahren deines Lebens nicht die Freiheit, dich ohne deinen Pädagogen auch nur einen Fingerbreit vom Hause zu entfernen. Wenn du nicht schon vor Sonnenaufgang zum Training kamst, wurdest du bestraft. Die Jungen übten sich im Laufen, im Speerwurf und im Weitsprung. Dort verbrachten sie ihre Zeit, nicht mit Mädchen und mit Küssen! Wenn du dann vom Sportplatz heimkamst, setztest du dich, ordentlich gegürtet, auf einen Stuhl zum Erzieher. Und machtest du beim Lesen auch nur einen Fehler, wurde dir die Haut so fleckig wie das Kleid der Amme!

Plautus, Bacchides 3, 405–415, vereinfacht.

97.2 Tanzunterricht für Mädchen, Krug, um 420 v. Chr.

1. Einen Text, dem wir Informationen entnehmen wollen, müssen wir sorgfältig durchlesen.
- Zunächst „übersetzen“ wir uns unbekannte Wörter mit Hilfe eines Lexikons.
- Wir können den Text dann in Abschnitte gliedern und ihnen Überschriften geben.
- Dann sollten wir Fragen stellen:
  – Was ist das Hauptthema der gesamten Quelle?
  – Was wird dazu gesagt?
  – Über welche Personengruppen erfahren wir etwas?
  – Kann man die Aussagen verallgemeinern?
- Haben wir andere Quellen (beispielsweise Texte oder Bilder), die Aussagen zu dem gleichen Thema machen, so dass wir vergleichen können?

2. Wir sollten uns auch über den Autor oder die Autorin des Textes informieren:
- Wann und wo lebte der Autor/die Autorin?
- Für wen schrieb er/sie?
- Wie hatte er oder sie sich über das von ihm beschriebene Ereignis informiert? Kann man also dem beschriebenen Ereignis Glauben schenken?
- Scheint die Darstellung parteiisch zu sein?
- Manchmal müssen wir Hilfsmittel wie beispielsweise ein Lexikon benutzen; nicht immer lassen sich alle Fragen beantworten.

8. Die Bevölkerung Athens – eine Gesellschaft der Gleichen?

98.1 Der Seehandel auf dem Mittelmeer spielte für Athen eine äußerst bedeutende Rolle: Die meisten Waren wurden mit Schiffen über größere Strecken transportiert. Dass die Seefahrt aber nicht nur wegen Wind und Wellen gefährlich sein konnte, zeigt dieses Bild auf einer attischen Trinkschale: Piraten rammen ein Handelsschiff, um 500 v. Chr.

Die Mitbewohner

Die Bürger Athens bildeten nur eine kleine Gruppe innerhalb der Bevölkerung der Stadt. Zum einen waren alle Frauen von der Politik ausgeschlossen, zum anderen lebten zahlreiche Fremde in Attika, vor allem in der Stadt Athen und in Piräus, am Hafen von Athen. Sofern sie frei waren, gehörten sie der Gruppe der Metöken an. Sie hatten entsprechend ihrem Einkommen Abgaben zu leisten. Auch für das Recht, auf der Agora Handel treiben zu dürfen, zahlten sie eine Gebühr. Vor Gericht mussten sie sich durch einen Bürger Athens vertreten lassen. Im Krieg dienten sie im Landheer oder als Ruderer.

Metöke = griechisches Wort für Mitbewohner.

Wirtschaftlich waren die Metöken den Bürgern gleichgestellt, bis auf eine wichtige Ausnahme: Der Kauf von Grundbesitz und Häusern in Attika war ihnen untersagt. Deshalb waren sie in der Regel auch keine Bauern, sondern verdienten mit Handel und als Handwerker ihr Geld. Sie verfügten wegen ihrer fremden Herkunft über gute Kontakte zum Ausland und organisierten die Versorgung Athens mit wichtigen Naturprodukten wie Getreide, Öl, Holz und Wolle, aber auch mit feineren Waren wie Gewürzen, Duftstoffen und Delikatessen. Schmuck, Teppiche und kostbare Geräte gehörten ebenfalls zu ihren Waren.

Über das Einkommen der Metöken lassen sich nur ungenaue Angaben machen. Zwar gibt es Berichte über sehr reiche Metöken, die als Kaufleute, Reedereibesitzer oder Fabrikanten erfolgreich waren, doch die größte Zahl der Metöken dürfte wie die Mehrheit der Bürger Athens nur über ein bescheidenes Einkommen verfügt haben.

Die Sklaven

Die größte Gruppe unter den Fremden waren die Sklaven. Um das Jahr 430 v. Chr. lebte jeder Dritte der etwa 300 000 Einwohner Attikas in Unfreiheit. Meist stammten sie aus angrenzenden Ländern des Mittelmeerraumes, manchmal aber auch aus anderen griechischen Städten. Menschen konnten auf unterschiedliche Weise zu Sklaven werden: als Kriegsgefangene oder Einwohner einer eroberten Stadt, als Schuldner oder durch Geburt. Ihre Besitzer durften über sie frei verfügen, sie aber nicht töten, weil nach griechischer Auffassung vor den Göttern auch ein Unfreier als Mensch galt.

Für die Athener waren Sklaven unentbehrlich. Sie arbeiteten – meist neben Freien – in Bergwerken, in Handwerksbetrieben, in der Landwirtschaft und in Privathaushalten. Zuweilen vermieteten reiche Athener sie als

99.1 Blick in eine Töpferwerkstatt: Ganz links arbeiten zwei Männer an einem Pithos, einem Speicherkrug, in der Mitte werden geformte Krüge zum Brennen gebracht, ganz rechts wird ein Brennofen befeuert. Der bekleidete Mann mit Stab ist wohl der Inhaber dieser Werkstatt, um 510 v. Chr.

Leiharbeiter an Unternehmer und vergrößerten so ihr Vermögen.

Die Sklaven wurden sehr unterschiedlich behandelt. Die schwersten Lebensbedingungen hatten sie als Arbeiter in großen Betrieben und vor allem etwa im Bergbau, wie den Silberminen bei Laurion (→ B 82.3). Arbeiteten sie dagegen in kleineren Werkstätten oder im Haushalt, konnten sie unter Umständen das persönliche Vertrauen ihrer Herren gewinnen. Manche wurden sogar Leiter einer Werkstatt und arbeiteten dann weitgehend unabhängig. Sie mussten ihrem Herrn lediglich einen festen Pachtzins zahlen. Dies bot einigen die Gelegenheit, eigenes Geld zu verdienen, sich freizukaufen und ein Leben als Freigelassener zu führen. Allerdings blieb dieser Fall die Ausnahme. Selbst wenn Sklaven nicht grausam behandelt wurden, blieb es ein Leben in Unfreiheit.

■ Handwerker und Bauern

Die Größe Athens ermöglichte es vielen Menschen, ihr Brot als Handwerker zu verdienen. Es gab in der Stadt viele Kunden, die es vorzogen, von Spezialisten angefertigte Waren zu kaufen. Durch den wachsenden Reichtum konnten auch immer mehr Athener diese teureren Produkte bezahlen. Die Bauarbeiten auf der Akropolis unter Perikles führten zu einem Aufschwung bei den Zimmerleuten, Bildhauern, Kupferschmieden und Steinmetzen. Besonders für seine Töpfer- und Metallwerkstätten war Athen berühmt.

Die Mehrzahl der Handwerksbetriebe beschäftigte nur wenige Arbeiter. Ein Betrieb mit etwa zwanzig Personen galt schon als groß. Häufig wohnten Eigentümer und Sklaven im selben Haus. Freie und Sklaven arbeiteten gemeinsam an der Herstellung der Produkte. Innerhalb einer Werkstatt wurde die Arbeit unter den Beschäftigten nach ihren speziellen Fähigkeiten aufgeteilt.

Die meisten Einwohner Attikas waren in der Landwirtschaft tätig. Auf ihren kleinen Höfen bauten Bauern Wein, Oliven und Feigen an, die neben Brot und Fisch als Grundnahrungsmittel dienten. Der Getreideanbau in Attika reichte aber nicht aus, um die gesamte Bevölkerung in der Stadt zu ernähren. Athen war deshalb auf die Einfuhr von Getreide aus den Schwarzmeergebieten und aus Kleinasien angewiesen. Die Bauern auf dem Lande konnten sich in der Regel selbst mit dem Nötigsten versorgen, dabei half die gesamte Familie mit. Auch einfache Möbel und Werkzeuge stellten sie selbst her. Sklaven waren nur auf den wenigen Großgütern der Adligen beschäftigt.

100.1 Arbeit in einer tiefen Tongrube. Die Arbeiter – Sklaven oder Freie – lösten den Ton mit Hacken von der Wand. Tontafel, um 580 v. Chr.

100.3 Blick in eine Schusterwerkstatt, Bild auf einer Amphore aus Athen, Anfang 5. Jahrhundert v. Chr.

100.2 Ein Bergwerkssklave. Abbildung auf einer Schale aus Attika, 480 v. Chr.

Q1 Sie arbeiteten für Athens Reichtum

a) *Metöken: Über die wirtschaftliche Bedeutung der Metöken schrieb der Historiker ➚Xenophon (428–354 v. Chr.):*

Die Metöken ernähren sich doch selbst und verschaffen der Stadt – ohne Lohn dafür zu nehmen – vielerlei Nutzen; ja, sie bringen dazu noch die Schutzgelder ein. Wir würden aber die Interessen der Metöken hinreichend fördern, wenn wir alles abschafften, was der Stadt doch nichts nutzt und die Metöken nur in ihrer Ehre kränken muss, darunter auch ihre Verpflichtung, mit den Bürgern zusammen als Hopliten zu Felde zu ziehen.

Xenophon, Über die Staatseinkünfte, 2, 1, vereinfacht.

b) *Sklaven: Die Arbeit der Bergwerkssklaven schildert der Historiker Diodorus Siculus (80–29 v. Chr.). Ihre Arbeitsbedingungen waren 400 Jahre zuvor ähnlich:*

Die Arbeiten erfolgen unter Aufsicht eines Facharbeiters, der den goldhaltigen Stein aussucht und ihn den Arbeitern zeigt. Die körperlich Starken brechen den Stein mit eisernen Hämmern und schlagen Gänge durch den Felsen, wo immer das Gold sie hinführen mag. Diese Leute nun, die in der Dunkelheit arbeiten müssen, tragen Lampen auf der Stirn. Die Steinblöcke, die sie brechen, werfen sie auf den Boden, und sie arbeiten ununterbrochen unter den strengen Augen und den Schlägen der Aufseher. Die Knaben gehen durch die Schächte in die Stollen, die durch das Aushauen des Felsens geschlagen werden, und tragen die Brocken heraus. Die Männer über 30 Jahre nehmen die Steine von ihnen und zerstampfen sie mit Eisenstößeln; dann zermalmen die Frauen und die älteren Männer die Steinbrocken und zerreiben sie in Mühlen, bis sie so fein wie Mehl sind.
Da die Sklaven nie die Gelegenheit haben, sich um sich selbst zu kümmern, und da sie keine Kleider haben, um ihre Blöße zu bedecken, kann niemand diese unglückseligen Menschen anschauen, ohne Mitleid zu empfinden. Sie arbeiten ohne Pause, bis sie auf Grund der schlechten Behandlung mitten in ihrem Leiden sterben.

Diodorus Siculus, 3, 12, 2–13, 2, vereinfacht.

c) *Handwerker:*

Die Berufe, die man als einfaches Handwerk [banausikai] bezeichnet, sind verschrieen und werden zu Recht in den Städten verachtet. Denn sie schwächen diejenigen, die arbeiten und sich darum kümmern, körperlich, indem sie sie zwingen zu sitzen und sich

101.1 Eine Schmiede, Bild auf einer Amphore aus Athen, Anfang 5. Jahrhundert v. Chr.

101.2 Bauern bei der Arbeit, Trinkschale aus dem 6. Jahrhundert, hergestellt in der Töpferwerkstatt des Nikosthenes.

drinnen im Schatten aufzuhalten, einige sogar, sich tagsüber am Feuer aufzuhalten. Wenn aber die Körper entkräftet sind, werden auch die Seelen viel schwächer. Diese handwerklichen Berufe lassen aber auch überhaupt keine Muße, sich um Freunde und die Stadt zu kümmern. Und in einigen Städten, namentlich in denen, die für gute Kriegsführung bekannt sind, ist es den Bürgern gar nicht erlaubt, ein so genanntes einfaches Handwerk auszuüben.

Xenophon, Über die Hauswirtschaft, 1, 1–14, vereinfacht.

d) *Bauern:*

Ferner ist die Landwirtschaft etwas Natürliches; denn von Natur aus beziehen alle Wesen ihre Nahrung von der Mutter, und so bezieht sie der Mensch von der Erde. Außerdem macht sie den menschlichen Körper nicht untauglich, wie es bei den unedlen handwerklichen Tätigkeiten der Fall ist.

Pseudo-Aristoteles, Hauswirtschaft, 1, 1343a30.

Q2 Der Philosoph Aristoteles (384–322 v. Chr.)

In dem am besten verwalteten Staat dürfen die Bürger weder das Leben eines Handwerkers noch das eines Kaufmanns führen, denn ein solches ist unedel und der Tugend zuwider. Auch Ackerbauern dürfen nicht Staatsbürger sein wollen, denn es bedarf voller Muße zur Ausbildung der Tugend und zur Besorgung der Staatsgeschäfte.

Aristoteles, Politik 7, 1328b37–1329a2, vereinfacht.

1. Vergleiche die Lage der Metöken mit derjenigen der Bürger. Fertige dazu eine Tabelle über ihre jeweilige politische Stellung und ihre wirtschaftliche Situation an (VT, Q 1a).

2. Beschreibe das Schicksal der Sklaven. Berücksichtige dabei, wie sie zu Sklaven wurden (VT, Q 1b, B 100.1 und 100.2).

3. Lies im Verfassertext über die Handwerker und Bauern nach. Welche Bedeutung hatten sie für die Wirtschaft Athens?

4. Wie beurteilen die Autoren Q 1c und Q 1d den Wert ihrer Arbeit?

5. Aristoteles kritisierte die Demokratie seiner Zeit. Fasse seine Meinung über das Verhältnis von Beruf und Politik zusammen. Was hätte ihm ein Athener erwidern können? (Q 2)

Das Fest der Athener

102.1 Ein Gott erhält ein Schaf und wohlriechende Öle als Opfer. Rechts der Altar, der immer im Freien vor dem Tempel stand. Links die Opfernden. Die Opferhandlung wird von Musik begleitet. Bemalte Holztafel, 540 v. Chr.

Athena hatte verschiedene Beinamen, die unterschiedliche Seiten der Göttin kennzeichneten. Der Haupttempel auf der Akropolis war der Athena Parthénos geweiht, der jungfräulichen Göttin Athene (parthénos = Jungfrau). Ein anderer Tempel verehrte sie als Athena Nike, als Siegesgöttin Athena (nike = Sieg)

Trimalchos war in froher Stimmung. Der Kaufmann aus Rhodos hatte in Athen gute Geschäfte gemacht und eine Bestellung für eine große Schiffsladung Zypressenholz erhalten. Zur Feier des Geschäftes erwies sich sein langjähriger Geschäftspartner als sehr gastfreundlich: Er lud ihn zum großen Panathenäen-Fest ein – dem prächtigsten Fest der Stadt Athen.

Mit dem Panathenäen-Fest feierten die Athener jedes Jahr die Geburt der Göttin Athena. Sie schützte die Stadt nicht nur nach außen, sondern sollte auch den inneren Frieden sichern. Außerdem galt sie als Förderin des Handwerks und der Künste – also eines wichtigen Wirtschaftszweiges. Damit sie Athen weiterhin wohl gesonnen blieb, opferten sie ihr! Alle vier Jahre wurden auch Wettkämpfe abgehalten. Die Sieger erhielten Öl von den heiligen Ölbäumen Athenas.

Der Festzug auf die Akropolis

Den Höhepunkt bildete der große Festzug. Bereits in der Nacht davor feierten junge Männer und Frauen mit Liedern und Tänzen die Göttin. Im Morgengrauen setzte sich der Zug dann in Bewegung. Sein Weg war genau vorgeschrieben: Vom Stadttor über die Agora, den Marktplatz von Athen, am Gerichtsgebäude vorbei bis zur Akropolis. Dort, am Tempel der Athena, dem Parthenon, endete der Zug (→ Karte B 103.2).

Trotz der frühen Stunde hatte es Trimalchos sich nicht nehmen lassen, als Zuschauer den Festzug anzusehen. An der Spitze des Zuges schritten die Oberbeamten der Stadt, gefolgt von den Bürgern. Ihnen schlossen sich junge Athener an, die sich in voller Bewaffnung zeigten. Mädchen trugen die Opfergeräte. Im Zentrum des Zuges liefen die Athener Bürgerinnen. Sie trugen das größte Geschenk für die Göttin, den neuen Mantel für Athene. Gemeinsam hatten sie ihn im vergangenen Jahr gewebt. Auch die Fremden, die sich auf der Halbinsel Attika niedergelassen hatten, durften an der Prozession teilnehmen. Den Schluss bildeten Knechte, die die zahlreichen Opfertiere mit sich führten.

Sobald der Zug an der Akropolis angekommen war, wurden auf den Altären der Athena Feuer angezündet. Der Zug bewegte sich nun durch das Tor der Propyläen an der Statue der Athena und der Nordseite des Parthenon vorbei zum Hauptaltar (→ Zeichnung B 91.1). Hier wurden viele Hunderte von Kühen, Schafen und Stieren geschlachtet. Fett, Haut und Knochen wurden als Opfer für die Göttin verbrannt, das Fleisch aber an die ärmere Bevölkerung verteilt. Bezahlt wurde das Fest von den Spenden der Reichen, für die dies eine Ehrenpflicht war.

103.1 Die Akropolis und der Parthenon-Tempel heute. Benannt ist der Tempel nach der Athena Parthenos.

Die Akropolis

Als Trimalchos dem Panathenäenzug zuschaute, im 5. Jahrhundert v. Chr., hatte die Akropolis schon eine lange Geschichte hinter sich. Ursprünglich hatte sie als Festungsanlage gedient. Ihre Lage auf einem Hochplateau und die gute Wasserversorgung hatten dies möglich gemacht. Seit der Mitte des 6. Jahrhunderts aber diente sie ausschließlich religiösen Zwecken.

Während der Perserkriege waren die Tempel zerstört worden und die Athener hatten sich geschworen, die Heiligtümer als Zeichen für die Gottlosigkeit der Perser nicht wiederaufzubauen. Aber dann stieg Athen zur Vormacht im Ägäischen Meer auf. Nun mehrten sich die Stimmen, die dafür waren, auf der Akropolis neue Tempel zu errichten. Besonders Perikles machte den Neubau zu seiner Sache. Er hatte dabei nicht nur die Verehrung der Athena im Sinn, sondern er wollte allen die Macht der Stadt vor Augen führen.

Die Macht Athens wird sichtbar

Davon zeugt der Tempel der Athena Nike. In ihm wurde Athena als Siegesgöttin verehrt. Er ist so angelegt, dass er bereits von weitem sichtbar ist. Als aber der Tempel fertig gestellt wurde, war Athen bereits in einen Krieg mit Sparta verwickelt, der den Niedergang der Stadt einleitete. Der Nike-Tempel, der heute auf der Akropolis steht, ist allerdings eine Rekonstruktion aus dem 19. Jahrhundert, denn das Original wurde 1687 zerstört.

Beeindruckend für den antiken Besucher muss auch das 9 m hohe Standbild der Athena gewesen sein, das 449 v. Chr. von dem Bildhauer Phidias errichtet worden war. Das Standbild war aus Bronze. Die Göttin war als Kämpferin dargestellt, sie trug Helm und Brustpanzer. Die vergoldete Spitze ihrer Lanze war bereits vom Meer her zu erkennen.

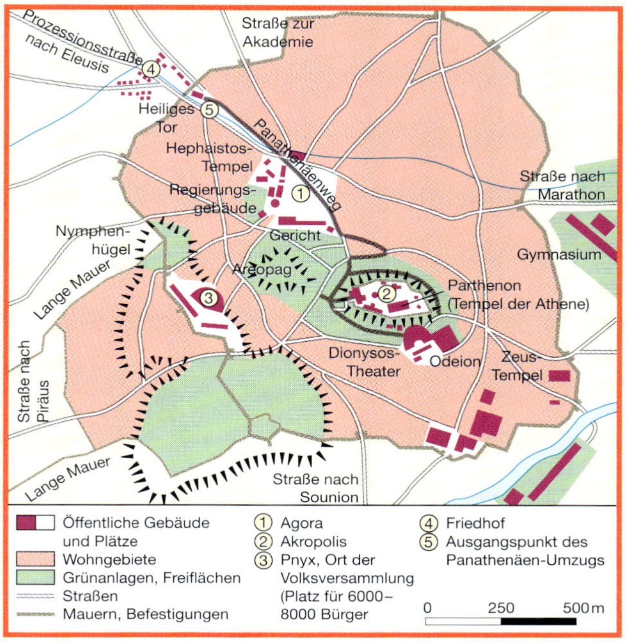

103.2 Stadtplan von Athen. Der Panathenäenzug begann im Nordwesten bei der Ziffer 5.

WERK

Griechische Tempel – Zeugen der Geschichte

104.1 Die Zeichnung rekonstruiert den Eingang des Parthenon-Tempels.

Der Tempel der Athena

Der Baumeister Phidias leitete auch den Bau des Parthenons, des Haupttempels der Athena. Er überragt die übrigen Gebäude der Akropolis. Seine Marmorsäulen sind fast zehneinhalb Meter hoch und haben einen Durchmesser von 1,9 m an der Basis und 1,45 m an der Spitze. In der Cella war eine große Statue der Athena aufgestellt. Diese wurde im Mittelalter nach Konstantinopel, dem heutigen Istanbul, gebracht und dort 1203 zerstört.

Auch der Parthenon-Tempel hat eine wechselvolle Geschichte. In christlicher Zeit wurde er als Kirche geweiht, nach der Eroberung Athens durch die Türken 1456 diente er als Moschee. In ein Pulvermagazin umgewandelt, flog das Dach bei einem Angriff der Venezianer auf Athen 1687 in die Luft. Erst nach der Gründung des griechischen Königreiches im 19. Jahrhundert wurden Teile des Parthenons renoviert. Zuvor waren aber viele Figuren, Steintafeln und andere Kunstwerke, die den Parthenon zierten, an das Britische Museum in London verkauft worden.

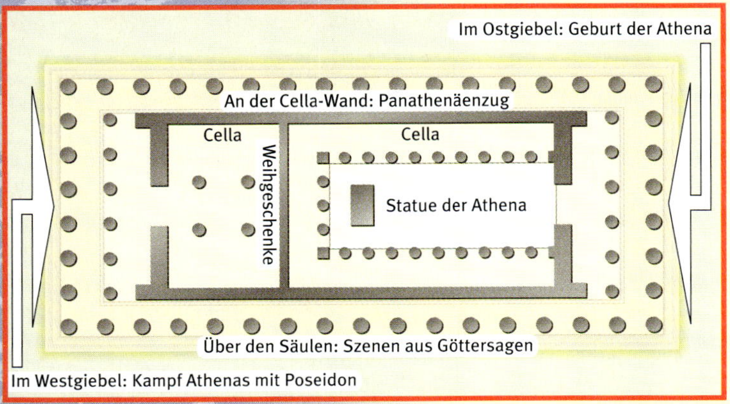

104.2 Der Grundriss des Parthenon. Die Themen, die auf dem Fries dargestellt sind, sind an ihrer jeweiligen Stelle in die Zeichnung eingetragen.

Der Tempelbau

Die meistfotografierten Bauwerke des antiken Griechenlands sind seine Tempel. Wie können wir diese stummen Zeugen zum Reden bringen? Sehen wir uns den Parthenon-Tempel in Athen (→ B 103.1 und Rekonstruktion B 91.1) noch genauer an. Da er nur in Teilen erhalten ist, müssen wir die zerstörten Teile ergänzen. Dabei helfen uns Kenntnisse über die Grundelemente griechischer Tempel.

Der Grundriss B 104.2 verschafft uns einen Überblick über den Tempel. Obwohl sein Inneres heute zerstört ist, ist es möglich, mit Hilfe der Überreste einen Plan anzufertigen. Schriftliche Quellen berichten, dass in der Cella, dem Hauptraum des Tempels, eine 12 m hohe, mit Gold und Elfenbein verkleidete Statue der Athena stand. Ihr Aussehen ist uns durch kleine Nachbildungen bekannt. An die Cella schloss sich der alterheiligste Raum für die Göttin an, in dem die Weihegeschenke für sie aufbewahrt wurden.

Die Bevölkerung durfte das prächtige Innere des Tempels, das Haus der Göttin, nicht betreten. Die Athener opferten ihrer Göttin am Altar außerhalb des Tempels, das Haus der Göttin, Hier feierten sie auch ihr Fest. (→ B 102.1)

105.1 *Aus dem Fries an der Cella-Wand des Parthenon. Männer mit Wasserkrügen und junge Reiter in der Prozession des Panathenäen-Festes.*

Der Schmuck des Tempels

Alte Bilder helfen uns den Schmuck des Tempels zu rekonstruieren. Noch vor der Zerstörung des Parthenon-Tempels im Jahre 1687 hatte der Franzose Jacques Carrey Zeichnungen von den Figuren der Giebel an der Ost- und Westfront des Tempels angefertigt. Diese Zeichnungen sind uns erhalten geblieben und werden in der Nationalbibliothek in Paris aufbewahrt. Die Giebelfronten waren der Göttin Athena gewidmet. Die Figuren am Ostgiebel zeigten die Geburt der Athena, der Westgiebel den Kampf zwischen Athena und Poseidon um das Land Attika.

Reliefs umgaben die gesamte Außenwand des Tempels oberhalb der Säulen, ein Fries schmückte die Außenwand der Cella (→ B 104.1). Teilweise befindet sich dieser Figurenschmuck noch an seiner originalen Stelle, einiges kann man im Britischen Museum in London betrachten, vieles ist zerstört. Bei der Rekonstruktion hilft dem Archäologen die Kenntnis der Geschichte, die die Bilder erzählen. Sie zeigen den Panathenäenzug und Szenen aus griechischen Sagen. Sie verweisen also auf die Göttin Athene und die religiösen Bräuche der Athener.

Indem wir die Überreste vor Ort und in Museen mit schriftlichen Quellen kombinieren, können wir die Steine des Parthenon-Tempels zum Reden bringen. Dies kann uns auch bei anderen Tempeln gelingen. Dabei kannst du dich von folgenden Fragen leiten lassen:

- Wo steht das Gebäude?
- Wie groß ist es?
- Wie sieht der Grundriss aus?
- Was stellen Bilder und Figuren innerhalb und außerhalb des Gebäudes dar? Geben sie Hinweise auf die Bedeutung des Gebäudes für die Nutzer?
- Wo kann man weitere Informationen über die Geschichte des Gebäudes oder fehlende Teile finden?

Vergleiche den Tempel mit einem anderen Gotteshaus, entweder mit einer Kirche, einer Moschee oder einer Synagoge. Welche Gemeinsamkeiten und Unterschiede gibt es?
Beachte Lage, Bauweise, Grundriss, innere und äußere Ausstattung: Was kannst du daraus folgern?

9. Der Bruderkampf der Griechen

106.1 Die Bündnisse im Krieg zwischen Athen und Sparta.

Athen beherrscht die Ägais

Die Athener hatten sich so tapfer und erfolgreich gegen die Perser verteidigt, dass sich viele griechische Städte unter Athens Schutz stellen wollten. Sie gründeten daher ein Bündnis, das bis zu 200 griechische Städte umfasste: den Delisch-Attischen Seebund. Seine Aufgabe sollte der Schutz vor den Persern und die Förderung des Handels sein. Die Bundesgenossen mussten Athen Schiffe stellen und jährlich eine große Summe an die Bundeskasse zahlen. Auf der Insel Delos tagte der Bundesrat, die höchste Versammlung des Bundes.

Die Mitglieder aber waren nur scheinbar gleichberechtigt. Denn Athen hatte den militärischen Oberbefehl über die gemeinsame Flotte und beaufsichtigte die Bundeskasse. Alle Mitglieder mussten Athens Münzsystem übernehmen und größere Prozesse in Athen führen. Wenn sich Widerstand regte, wurde er mit militärischen Mitteln unterdrückt. In unzuverlässige Städte wurden Athener Bürger als Besatzung geschickt. Die Mitglieder im Seebund waren zu schwach, um Athen erfolgreich Widerstand zu leisten.

Sparta und Athen ringen um die Vorherrschaft

Der Machtzuwachs Athens weckte bei seinen griechischen Nachbarn Misstrauen, insbesondere in Sparta. Als stärkste Polis eines Städtebundes auf der Peloponnes, des Peloponnesischen Bundes, wollte Sparta seinen Einfluss erhalten. Außerdem misstrauten die Spartiaten der politischen Ordnung Athens, die immer demokratischer zu werden schien. Denn sie selbst hielten an ihrer Ordnung fest und unterstützten überall in Griechenland die Adelsherrschaft. Als Athen 431 v. Chr. die Stadt Korinth angriff, die zum Peloponnesischen Bund gehörte, trat Sparta in den Krieg gegen Athen ein.

In diesen Krieg waren fast alle griechischen Städte verwickelt. Er war zugleich eine Auseinandersetzung um die richtige politische Ordnung der Polis.

Ein Krieg ohne Gnade

Beide Seiten führten den Krieg mit großer Grausamkeit. Die Soldaten zerstörten Häuser und Felder ihrer Gegner, besiegte Städte wurden dem Erdboden gleichgemacht, die männlichen Einwohner getötet und Frauen und Kinder in die Sklaverei verkauft. So fasste die Volksversammlung in Athen den Beschluss, die gesamte Oberschicht der Stadt Mytilene – etwa 1000 Männer – hinzurichten, weil die Stadt von Athen abgefallen war.

Der Machtkampf endete nach langen Kriegsjahren mit einer schweren Niederlage der Athener. Als sich die Spartaner mit finanzieller Unterstützung des Perserkönigs eine eigene Flotte bauten, gelang es ihnen, Athen zu besiegen.

Die Siegermacht Sparta diktierte Athen den Friedensvertrag. Die Stadt musste ihre Flotte fast vollständig abgeben und ihre Schutzmauern niederreißen. Die Adligen übernahmen unter dem Schutz der spartanischen Besatzung die Macht in Athen. Sparta schien der große Sieger zu sein. Aber weite Teile Griechenlands waren zerstört und die Griechenstädte Kleinasiens standen wieder unter persischer Herrschaft.

107.1 Ein Soldat verabschiedet sich von seiner Familie und vergießt ein Trankopfer für die Götter. Gefäß aus Athen, 430 v. Chr.

Q1 Ein Seereich

a) Die Athener rechtfertigen ihre Herrschaft

Wir haben die Herrschaft nicht an uns gerissen, sondern die Verbündeten haben sie uns angetragen, als sie dem Bund freiwillig beitraten. … Und als sich das Misstrauen gegen uns regte, als die ersten Bundesgenossen abfielen und sie mit Gewalt zur Treue gegen uns veranlasst werden mussten, sind wir nur für unsere Sicherheit eingetreten. Wer will uns übel nehmen, dass wir eine Herrschaft annahmen, die man uns angetragen hatte?

↗Thukydides, 1, 75, bearbeitet.

b) Streit in Athen:

Doch keine von Perikles' Staatshandlungen stieß auf so viel Kritik wie seine Bautätigkeit, deshalb musste er in der Volksversammlung die schärfsten Vorwürfe seiner Gegner über sich ergehen lassen.
„Schimpf und Schande", schrien sie, „ist über das Volk gekommen, da es die Bundesgelder, das Gemeingut aller Griechen, nach Athen geholt hat. Griechenland muss sehen, wie wir mit den Geldern, die es notgedrungen für den Krieg zusammengesteuert hat, unsere Stadt vergolden und herausputzen."
Perikles machte demgegenüber dem Volke klar, dass Athen den Bundesgenossen für seine Gelder keine Rechenschaft schuldig sei, da es den Krieg für sie führe und sie vor den Persern schütze.

↗Plutarch, Perikles, 12, bearbeitet.

Q2 Der Krieg erfasst ganz Griechenland

Der Historiker ↗Thukydides (→B 107.2) berichtet:

In den Poleis Griechenlands war die Bevölkerung zerstritten: Die Volksführer bemühten sich um Athens Eingreifen und die Adligen um das Spartas.
Solange noch Friede war, fehlte es an Vorwänden und an Gelegenheit, sie zu Hilfe zu rufen. Als aber der Krieg erklärt war und damit die Bündnisse mit anderen Städten für Athen und Sparta wichtig wurden, war für jeden geplanten Umsturz fremde Hilfe leicht zu erhalten. So konnte der Gegner geschwächt und eigene Bundesgenossen konnten hinzugewonnen werden.
Die führenden Männer in den Städten traten auf beiden Seiten mit bestechenden Parolen auf: Die einen sagten, sie seien Verfechter politischer Gleichberechtigung der Menge, die anderen behaupteten, sie unterstützten eine gemäßigte Herrschaft der Adligen. Und indem sie sich bemühten, einander mit allen Mitteln zu überwältigen, vollbrachten sie ohne Scheu die furchtbarsten Dinge und überboten sich dann noch in der Rache.

↗Thukydides, 3, 82, bearbeitet.

107.2 Der Athener Thukydides nahm als Stratege am Krieg teil. Wegen eines militärischen Misserfolgs verließ er Athen. Er schrieb eine Geschichte des Krieges.

1. Du bist Einwohner einer mit Athen verbündeten Stadt und kehrst von einer Reise nach Athen zurück. Berichte deinen Mitbürgern, wie man in Athen über den Seebund denkt. (Q 1)

2. Welche Folgen hatte der Krieg für Griechenland (VT und Q 2)?

10. Griechische Wurzeln europäischer Kultur

108.1 Das Theater in Epidauros auf der Peloponnes, das besterhaltene in Griechenland, bietet 14 000 Zuschauern Platz. Noch heute finden dort regelmäßig Theateraufführungen statt. Es wurde in unmittelbarer Nähe eines Heiligtums für den Gott der Heilkunst, Asklepios, errichtet. Auf dem Bild sind die Zuschauerränge, die runde Bühne, die Zugänge und Überreste des Bühnenhauses zu erkennen.

■ Theaterfeste in Athen

Eine ganze Stadt fünf Tage lang im Theater? Was uns heute unvorstellbar erscheint, war in Athen nichts Außergewöhnliches. Daher waren die Theater für eine sehr große Menschenmenge gebaut und eher heutigen Fußballstadien vergleichbar als unseren Schauspielhäusern. Theateraufführungen fanden in Athen nur zu bestimmten Zeiten statt, nämlich während des Festes zu Ehren des Dionysos, des Gottes der Fruchtbarkeit und des Weines. Hier traf sich die gesamte Polis, um unter der Leitung ihrer Beamten den Gott zu verehren. Eingeleitet wurden die Theaterfeste immer mit einer Opferprozession.

■ Tragödien und Komödien

Die Tragödiendichter ließen ihre Stücke in der griechischen Sagenwelt spielen. Die bekanntesten Dichter sind Aischylos, Sophokles und Euripides. Ihre Stücke werden heute noch aufgeführt, denn sie handeln von zeitlosen Problemen menschlichen Zusammenlebens, von Schuld, Verantwortung des Einzelnen, Bruderkrieg und Mord, aber auch von Mitmenschlichkeit, uneigennützigem Mitleid und Treue gegenüber göttlichen Geboten. Auch Probleme der Politik wurden zum Thema gemacht.

Bei der Komödie standen Spaß und ausgelassene Freude im Vordergrund. Alltägliche Geschichten oder politische Streitigkeiten der Athener boten Stoff für Komödien. Häufig waren auch bekannte Persönlichkeiten Zielscheibe des Spottes.

■ Freunde der Weisheit

Im 6. Jahrhundert v. Chr. begannen einige Griechen, die Lehren der Priester und die Sagen nicht mehr vorbehaltslos zu glauben. Sie suchten nach der Wahrheit. Solche Menschen, die versuchten, die Natur zu erklären, oder die dem menschlichen Leben einen vernünftigen Sinn geben wollten, nannten die Griechen „Freunde der Weisheit", auf Griechisch: Philosophen. Zu den bedeutendsten Philosophen im antiken Griechenland gehörte Sokrates (470–399 v. Chr.). Er stellte seinen Freunden Fragen: Was ist gut? Was ist gerecht? In Gesprächen wollte er seine Mitbürger zum Nachdenken über sich und die Grenzen ihres Wissens führen. Das sollte sie dazu anspornen, ihr Wissen zu vergrößern, um auch richtig handeln zu können.

Q1 Durch Fragen zur Erkenntnis

Sokrates spricht mit einem jungen Politiker:

Sokrates: Mein lieber Glaukon, du willst in unserem Staate eine leitende Stellung einnehmen?
Glaukon: Jawohl, mein lieber Sokrates.
S.: Beim Zeus, das ist sehr schön. Es ist dir doch klar, mein lieber Glaukon, dass du der Stadt nützlich sein musst, wenn du Einfluss gewinnen und von den Menschen geehrt werden willst? Sage mir nun, aus welchen Quellen hat die Stadt Einkünfte, und wie groß sind sie? Sicher hast du darüber nachgedacht, damit du sie vermehren kannst, wenn einige Einkünfte gering sind?
G.: Aber, beim Zeus, das habe ich nicht bedacht.
S.: Wenn du das versäumt hast, so nenne uns wenigstens die Ausgaben der Stadt. Offensichtlich überlegst du dir schon, die überflüssigen zu streichen?
G.: Nein, auch dafür habe ich mir noch keine Zeit genommen!
S.: Also werden wir wohl den Plan verschieben müssen, die Stadt reicher zu machen. Denn wie könnte jemand dafür sorgen, ohne die Ausgaben und Einkünfte zu kennen?
G.: Aber mein lieber Sokrates, es ist doch möglich, die Stadt auf Kosten der Feinde zu bereichern.
S.: Nenne mir also zuerst die Land- und Seemacht Athens, dann die der Feinde.
G.: Aber, beim Zeus, ich kann sie dir doch nicht aus dem Kopf nennen.

↗Xenophon, Erinnerungen an Sokrates, 3, 6, vereinfacht.

109.1 Ein griechischer Philosoph. Statue aus dem 3. Jahrhundert v. Chr.

M2 Das Schicksal des Sokrates

Viele Athener fühlten sich durch Sokrates' Fragen gestört. Als 70-Jähriger wurde er in Athen angeklagt. Seine Gegner warfen ihm vor, dass er die jungen Leute verunsichere und zur Gottlosigkeit verführe. Er wurde zum Tode verurteilt.
Sokrates hielt das Urteil für falsch. Freunde boten ihm an, eine Flucht zu organisieren. Er lehnte dies ab und erklärte, man müsse den Gesetzen des Staates gehorchen, in dem man lebe. So wurde er 399 v. Chr. durch einen Gifttrank hingerichtet.

1. Vergleiche das antike griechische Theater mit dem Theater von heute. Berücksichtige Gebäude, Rahmen und Themen. (VT)

2. Überlege, was Sokrates mit seinen Fragen erreichen wollte. (Q 1)

11. Ein Weltreich für das Griechentum – Alexander und der Hellenismus

110.1 Alexander greift den Perserkönig Dareios an. Auf dem Fußboden eines Hauses in Pompeji, das von Lava verschüttet worden war, haben Archäologen 1831 ein gewaltiges Mosaik (5,28 m x 3,13 m) gefunden. Es ist die Kopie eines verschollenen Wandbildes aus der Zeit um 300 v. Chr. Auf der linken Seite ist der Kopf Alexanders zu erkennen, rechts auf dem Streitwagen steht Dareios. Die langen Lanzen im Hintergrund gehören makedonischen Soldaten.

110.2 Philipp II., König von Makedonien. Goldmedaillon, um 340 v. Chr.

■ Am Anfang – Mord!

Ausgerechnet beim Hochzeitsfest seiner Tochter wurde Philipp II., König von Makedonien, ermordet. Sein Sohn Alexander handelte schnell. Er ließ alle Mitbewerber um den Thron umbringen und sich vom Heer sowie von den Adligen als König ausrufen. Denn in Makedonien besaßen diese Adligen großen politischen Einfluss; demokratisch regierte Poleis gab es hier nicht.

■ Das Erbe Philipps

Alexander, den man später „den Großen" nannte, übernahm von seinem Vater ein ausbaufähiges Erbe. Bereits Philipp II. hatte das makedonische Reich an der Nordgrenze Griechenlands auf Kosten der griechischen Poleis vergrößert, Edelmetalle gewonnen sowie Städte und Straßen gebaut. Am Königshof in Pella hatte er seine Gefolgsleute und deren Kinder für militärische und politische Aufgaben geschult. Mit den Söhnen anderer Adliger zusammen musste der junge Königssohn Sport treiben und sich militärisch ausbilden. Das Heer war nach dem Vorbild der griechischen Phalanx aufgebaut und bestens gedrillt, die Reitertruppen der jungen Adligen agierten schnell und wendig.

Auch das politische Geschäft hatte Alexander vom Vater erlernt. Der hatte die Uneinigkeit und Schwäche der griechischen Poleis genutzt und sich an die Spitze eines griechischen Städtebundes gesetzt. Nach Philipps Tod erkannten die meisten Städte Alexanders Vorherrschaft an und stellten ihm Truppenkontingente.

■ Der große Alexanderzug

Mit 14 000 Soldaten aus den Städten Griechenlands und 18 000 Makedonen, unterstützt von 5 500 Reitern, begann Alexander 334 v. Chr. einen Feldzug gegen das persische Reich, das einen großen Teil Westasiens beherrschte. Er wolle die Zerstörung der Akropolis in Athen durch Xerxes rächen, schrieb er an Dareios, den persischen Großkönig.

Über Troja, wo Alexander dem Achill opferte, zog er nach Süden und besiegte einen persischen General am Fluss Granikos. Die Städte an der Westküste Kleinasiens fielen ihm zu, so dass die mächtige persische Flotte keine Stützpunkte mehr besaß. Dareios selbst stellte sich ihm zum ersten Mal bei Issos entgegen, gab sich aber schnell geschlagen. Nun zog Alexander durch Syrien weiter nach Sü-

111.1 Der Feldzug Alexanders des Großen. Welche Staaten liegen heute im Gebiet des Alexanderreiches?

den. Die Einwohner der Handelsstadt Tyros, die lange Widerstand leisteten, bestrafte er grausam. In Ägypten an der Nilmündung erbaute er eine neue Stadt und nannte sie nach sich selbst „Alexandria“. Später gründete er noch ungefähr 30 weitere Städte dieses Namens. In Ägypten ließ er sich auch als Sohn des Sonnengottes Amun-Re feiern.

Die entscheidende Schlacht schlug Alexander bei Gaugamela in Mesopotamien. Das Heer des Dareios war zahlenmäßig deutlich überlegen. Doch wie immer stürzte Alexander sich an der Spitze seiner Reiter ins Kampfgetümmel und riss seine begeisterten Soldaten mit (→ B 110.1). Dareios gab vorschnell auf und wandte sich zur Flucht. Nun nannte Alexander sich selbst Großkönig und bezeichnete sich als Nachfolger des Dareios. Er eroberte die persischen Königsstädte Babylon und Susa; die Stadt Persepolis zerstörte er – angeblich als Rache für die Zerstörung Athens durch die Perser 480/479 v. Chr.

Bis zum Ende der Welt?

Im nächsten Jahr ergänzte Alexander sein Heer mit Persern und neuen Truppen aus Griechenland. Dann trieb er seine Soldaten durch wildes Gelände, Wüsten und Gebirge unter unsäglichen Strapazen und Kämpfen über 5 000 Kilometer weiter nach Osten bis zum Indus. Als er weiterziehen wollte, um den Okeanos, das Weltmeer, als das Ende der bekannten Welt zu erreichen, meuterten die Soldaten und zwangen ihn umzukehren. Mit 60 000 Mann machte er sich auf einen Wüstenmarsch, den nur 15 000 Soldaten überlebten. Zurück in Babylon plante Alexander einen nächsten Feldzug nach Arabien, doch er starb bei den Vorbereitungen 323 v. Chr. an einem Fieber. Er war 33 Jahre alt geworden.

Was kam nach Alexander?

Zu jung war Alexander, zu plötzlich sein Tod, als dass er auf die Frage, wer sein Nachfolger werden sollte, mehr sagen konnte als „der Beste“. Zunächst bekämpften sich seine Freunde und Generäle, bis sie sich schließlich auf die Gründung dreier Nachfolgereiche (auf Griechisch: Diadochenreiche) einigten: Das Reich der Ptolemäer um Ägypten, das der Seleukiden mit seinem Zentrum in Syrien und das Reich der Antigoniden, das von Makedonien aus regiert wurde. Griechenlands Poleis und Städtebünde aber verloren ihre frühere politische Selbstständigkeit endgültig. Die Reiche der Nachfolger Alexanders bestanden bis ungefähr 200 v. Chr. Dann übernahmen die Römer die Vorherrschaft im Mittelmeerraum.

111.2 Alexander als der mythische Held Herakles auf einer makedonischen Münze.

Ptolemaios, Seleukos und Antigonos waren Generäle Alexanders gewesen.

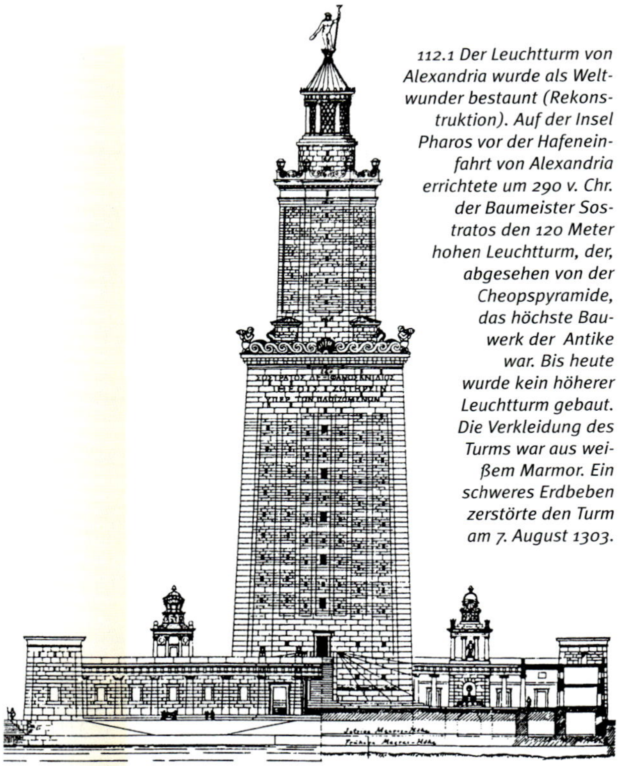

112.1 Der Leuchtturm von Alexandria wurde als Weltwunder bestaunt (Rekonstruktion). Auf der Insel Pharos vor der Hafeneinfahrt von Alexandria errichtete um 290 v. Chr. der Baumeister Sostratos den 120 Meter hohen Leuchtturm, der, abgesehen von der Cheopspyramide, das höchste Bauwerk der Antike war. Bis heute wurde kein höherer Leuchtturm gebaut. Die Verkleidung des Turms war aus weißem Marmor. Ein schweres Erdbeben zerstörte den Turm am 7. August 1303.

■ Der Hellenismus

Diese Periode vom 4. bis 1. Jahrhundert v. Chr. nennen wir ➚Hellenismus.

Mit den Eroberungen Alexanders brach eine neue Zeit für die Ausbreitung griechischer Kultur an. Bereits vor Alexander hatten sich viele Menschen im östlichen Mittelmeerraum an der griechischen Kultur orientiert. Jetzt wanderten viele Griechen in das Ptolemäerreich oder in das Seleukidenreich aus. Gleichzeitig übernahm die dortige Oberschicht griechische Sitten und fing an, Griechisch zu sprechen. Das Griechische wurde zur allgemeinen Verständigungssprache. Griechische Kultur prägte die gesamte damals bekannte zivilisierte Welt.

Die Philosophen entwickelten neue Lehren. Nicht mehr die Gemeinschaft der Bürger stand im Zentrum ihres Denkens, sondern sie betonten den Wert des einzelnen Menschen. Sein Lebensglück wollten sie mit ihren Lehren fördern. Die Menschen sollten sich von falschen Wünschen und Gefühlen befreien, um ein ruhiges und beschauliches Leben zu führen. Politik sollte den Einzelnen nicht übermäßig interessieren und in Unruhe versetzen.

■ Alexandria: Zentrum der Wissenschaften

Alexandria, die Neugründung am Nildelta, blühte als Hauptstadt des Ptolemäerreiches auf. Sie wurde zur Handelsmetropole zwischen dem Orient und Europa, zur Weltstadt. Berühmt war die Bibliothek von Alexandria. Die größten Gelehrten der damaligen Zeit waren hier versammelt. Sie konnten täglich miteinander diskutieren, sie experimentierten, forschten und unterrichteten. Jüdische Gelehrte übersetzten das Alte Testament ins Griechische: In Alexandria hatten sich nämlich viele Juden niedergelassen, für die die griechische Sprache immer wichtiger wurde.

Die Zusammenarbeit der Wissenschaftler förderte auch die Naturwissenschaften. Eratosthenes errechnete nach langen Sonnenbeobachtungen den Erdumfang und irrte sich dabei um nur 1 %. Solche Fortschritte in der Geographie und Astronomie halfen den Seefahrern.

Ktesibios verband bei seinen Erfindungen Nützliches und Vergnügliches. Seine Wasseruhr zeigte damals am zuverlässigsten die Zeit an, er fügte ihr noch pfeifende Vögel, Trompetenbläser und sich bewegende Figuren hinzu. Seine Doppelkolbenpumpe war in der Antike zum Be- und Entwässern von Ländereien weit verbreitet.

Q1 Alexander übernimmt Persisches

Der Geschichtsschreiber ➚Plutarch berichtet:

Alexander richtete sich in seiner Lebensweise immer mehr nach den Landesbräuchen und suchte diese auch den makedonischen Sitten anzunähern. Er war nämlich überzeugt, mit Hilfe einer solchen Verschmelzung seine Herrschaft eher auf Zuneigung als auf Gewalt stützen zu können, zumal wenn er einmal weit fort sein werde. Deshalb wählte er auch 30 000 persische Knaben aus und ließ sie in griechischer Sprache und griechischen Wissenschaften unterrichten sowie im Gebrauch der makedonischen Waffen ausbilden. Dazu gab er ihnen viele Lehrer.

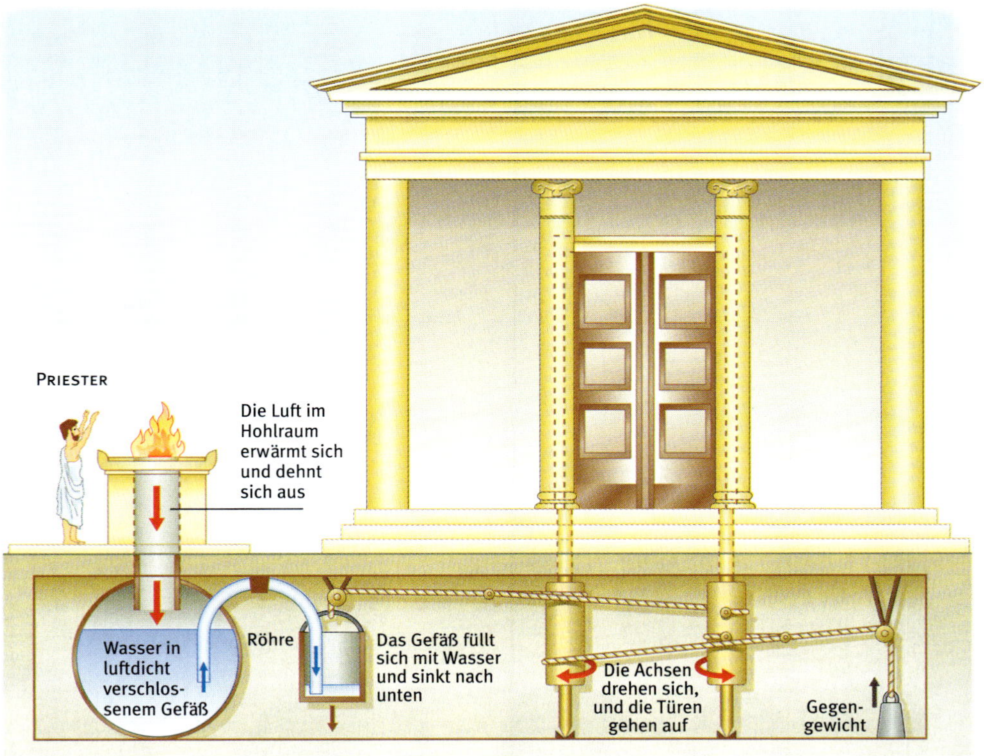

113.1 Der Ingenieur Heron erfand in Alexandria diesen Mechanismus, mit dem sich Tempeltüren wie von selbst öffneten. Dabei nutzte er die Entdeckung, dass sich erwärmte Luft ausdehnt und dadurch Druck erzeugt wird. Die Erbauer der Dampfmaschine nutzten 1700 Jahre später dasselbe Prinzip.

Auch seine Verbindung mit der Perserin Roxane geschah zwar aus Liebe, sie fügte sich aber ebenfalls in seine politischen Zielsetzungen ein. Die Barbaren wurden nämlich auf Grund dieser Ehe in ihrem Vertrauen bestärkt und fassten eine bewundernde Liebe zu Alexander.

Plutarch, Alexander 47, bearbeitet.

Q2 Wer ist Grieche, wer Barbar?

Alexander trug das Bewusstsein in sich, von den Göttern gekommen zu sein als Ordner und Friedensstifter für die Welt. Er versuchte, die Völker der Welt in einem einzigen Staat zu vereinen, als wenn er gleichsam in einem Becher der Freundschaft alle Lebensarten und Sitten, alle Hochzeitsbräuche und Gewohnheiten untereinander mischte.

Nach seinem Befehl sollten alle die Erde als ihr Vaterland und sein Lager als ihren Wohnort betrachten. Sie sollten die Guten und Anständigen als ihre Verwandten, aber die Schurken als Fremde ansehen. Er verbot, Griechen und Barbaren nach Kriegsmantel und Lederschild, nach Dolch und Obergewand zu unterscheiden, denn an der Tugend erkenne man die Griechen, die Barbaren an ihrer Verworfenheit. Kleidung, Speisen und Gebräuche aber sollten sich nicht unterscheiden.

Plutarch, Moralia 329B, bearbeitet.

1. Alexander wurde mit dem Beinamen „der Große“ bezeichnet. Suche Gründe hierfür.

2. Beschreibe wie der Türmechanismus funktioniert (B 113.1). Überlege, wozu die Priester diese Maschine nutzen konnten.

3. Notiere, was Plutarch (Q 1, Q 2) für das Bemerkenswerte und Neue an der Politik Alexanders und am Hellenismus hält.

Rom – die Stadt, die Bürger, das Weltreich

Der Pont du Gard. Ein mehr als 50 km langer Aquädukt leitete das Wasser von einer Quelle in den Bergen in die römische Provinzhauptstadt Nemausus, heute Nîmes, in Südfrankreich. Um einen Fluss zu überqueren, errichteten römische Baumeister eine Brücke, die 234 m lang und 49 m hoch ist.

Gladiatoren kämpfen im Amphitheater mit einem Bären, Mosaik aus einer römischen Villa bei Nennig (Saarland), um 250 n. Chr. Nicht weit von Nennig lag die Stadt Augusta Treverorum mit ihrem Amphitheater, in dem solche „Bärenhatzen“ abgehalten wurden.

rger, das Weltreich

Die „Gemma Augustea" ist ein Schmuckstück aus dem Besitz des Kaisers Augustus, 19 x 23 cm. Angefertigt wurde sie etwa 10 n. Chr.
Oben: In der Mitte erkennt man Augustus und Roma als Gott und Göttin auf einem Doppelsessel, umgeben von weiteren Göttern. Ganz rechts hält eine Göttin ein Füllhorn, das den Wohlstand Roms bedeutet. Sie empfangen Augustus' Stiefsohn Tiberius, der links von dem Kampfwagen steigt. Er ist eben von seinen Siegen in Pannonien oder Germanien zurückgekehrt.
Unten: Besiegte Barbaren flehen um Gnade, während sie in Gefangenschaft genommen werden.

Das „Colosseum". Dieses Amphitheater wurde unter Kaiser Vespasian 75–80 n. Chr. in Rom erbaut. Es hatte 50 000 Sitzplätze. Bei starker Sonne konnte man es mit Sonnensegeln abdecken. Hier fanden Gladiatorenspiele, Kämpfe mit wilden Tieren und sogar Seegefechte statt.

Orientierung in Zeit und Raum

116.1 Das Römische Reich in der Zeit des Augustus. Die weitere Entwicklung des Römischen Reiches: Karte B 155.1.

9. Jahrhundert v. Chr.	Latiner siedeln auf den „Sieben Hügeln".
ca. 500 v. Chr.	Die Römer verjagen die etruskischen Könige, Gründung der Republik.
500–287 v. Chr.	Ständekämpfe, 287 v. Chr. erhalten die Beschlüsse der Plebejer Gesetzeskraft.
272 v. Chr.	Die Römer beherrschen Italien.
218–201 v. Chr.	2. Krieg zwischen Rom und Karthago um die Herrschaft im westlichen Mittelmeer.
146 v. Chr.	Die Römer herrschen über den Mittelmeerraum.
133 v. Chr.	Landaufteilungsgesetz des Tiberius Gracchus.
104 v. Chr.	Heeresreform des Marius.
60 v. Chr.	Triumvirat von Caesar, Pompeius und Crassus.
49 v. Chr.	Caesar eröffnet den Bürgerkrieg gegen Pompeius.
44 v. Chr.	Caesar wird von Senatoren ermordet.
27 v. Chr.	Octavian, seit 27 v. Chr. Augustus genannt, wird Princeps; Ende der römischen Republik.
9 n. Chr.	Schlacht im Teutoburger Wald.
117 n. Chr.	Größte Ausdehnung des Römischen Reiches unter Kaiser Trajan.
212 n. Chr.	Alle freien Bewohner des Reiches erhalten das römische Bürgerrecht.
260 n. Chr.	Die Alamannen durchbrechen den Limes.
313 n. Chr.	Kaiser Konstantin gewährt Religionsfreiheit.
391 n. Chr.	Kaiser Theodosius verbietet die Verehrung der heidnischen Götter. Damit enden auch die Olympischen Spiele.
395 n. Chr.	Das Römische Reich wird in ein west- und oströmisches Reich geteilt.
476 n. Chr.	Absetzung des letzten weströmischen Kaisers Romulus „Augustulus".
493 n. Chr.	Theoderich errichtet ein Reich der Ostgoten in Italien.

Freizeitvergnügen im Römischen Reich

Der Römer ↗Seneca fuhr um 60 n. Chr. in den Badeort Baiae bei Neapel, um sich zu erholen. Von dort aus schrieb er einem Freund:
„Ich wohne direkt oberhalb der Thermen, der Badeanstalt. Von allen Seiten ist wirrer Lärm. Wenn die Kräftigeren trainieren und dabei die Hanteln schwingen, hört man ihr Stöhnen, Zischen und Keuchen. Stößt du auf einen Müßiggänger, der sich salben lässt, hörst du das Klatschen des Masseurs. Kommt noch ein Ballspieler hinzu, der wohl nicht spielen kann, ohne zu schreien, dann ist's geschehen. Nimm noch einen Zankteufel, einen ertappten Dieb und einen Sänger, nimm ferner noch die hinzu, die unter lautem Platschen ins Wasser springen! Denk dir noch einen Haarausraufer, der sich so lange mit schriller Stimme anbietet, bis er jemandem die Haare unter den Achseln ausreißt und also einen anderen schreien lässt. Nimm endlich die Kuchenverkäufer, Wurstverkäufer, die Kellner der Kneipen, dann ist es um die Erholung geschehen."

Seneca, Briefe 6, 56.

117.1 Mädchen beim tänzerischen Sport in einer Thermenanlage. Für Frauen und Männer gab es in der Antike getrennte Badeanstalten. Frauen, die als wohlerzogen gelten wollten, durften sich in der Öffentlichkeit aber nur vollständig angezogen zeigen. Mosaik aus Sizilien, 4. Jahrhundert n. Chr.

Auch in den eroberten Gebieten bauten die Römer Badeanlagen. Wie in den Thermen Italiens konnte man sich um 100 n. Chr. beispielsweise in Aquae, im heutigen Baden-Baden, massieren lassen, im Dampfbad schwitzen oder sich im Schwimmbad abkühlen.
Und die Tradition wird heute fortgesetzt: Die moderne Caracalla-Therme in Baden-Baden lädt Besucher ein; in einem Werbetext heißt es: „In der Caracalla-Therme kann man sich auf einer Woge des Wohlgefühls treiben lassen. ... Das Bad gibt Körper und Seele das wieder, was wir ihnen in der heutigen Zeit nur allzu oft vorenthalten: Ruhe und Entspannung."

1. *Vergleiche die Schilderung von Seneca mit dem Betrieb in einem Schwimm- oder Freizeitbad, das du kennst.*
2. *Stelle Vermutungen an: Warum wählte man wohl den antiken Namen „Caracalla-Therme" für das moderne Bad? (→ S. 141)*

1. In Rom gründet der Adel eine Republik

118.1 Die Kapitolinische Wölfin. Bronzeplastik eines etruskischen Künstlers, um 500 v. Chr. Die Zwillinge Romulus und Remus sind eine Zutat der Neuzeit nach dem Vorbild einer altrömischen Münze.

Die Gründung Roms

Der Sage nach gründeten die Zwillingsbrüder Romulus und Remus die Stadt Rom. Ihre Mutter war die Tochter des Königs der Stadt Alba Longa, Rhea Silvia. Ihr Onkel aber wollte selbst König werden. Als Rhea Silvia Zwillinge gebar, ließ er sie töten und setzte ihre Söhne aus. Eine Wölfin fand die Kinder und säugte sie, bis ein Hirte sie aufnahm. Als Romulus und Remus erwachsen waren, wollten sie dort, wo die Wölfin sie gefunden hatte, eine Stadt gründen. Aber sie gerieten in Streit darüber, wer König werden sollte. Ein göttliches Zeichen erwählte Romulus. Doch Remus akzeptierte diese Entscheidung nicht und forderte Romulus heraus. Da tötete Romulus seinen Bruder. Er gründete Rom und wurde der erste König der Stadt.

Die Stadt auf den sieben Hügeln

Dies berichtet die Sage. Archäologen haben Folgendes nachgewiesen: Im 9. Jahrhundert v. Chr. legte das Volk der Latiner auf den sieben Hügeln, die heute im Zentrum Roms liegen, eine Siedlung an. Der Ort war wegen der umliegenden Sümpfe leicht zu verteidigen, lag an der Kreuzung wichtiger Handelsstraßen, und der Fluss Tiber war bis zum Meer schiffbar. Seit dem 7. Jahrhundert v. Chr. herrschten etruskische Könige über die Bauern und Hirten am Tiber. Etwa um 500 v. Chr. verjagten die Römer unter der Führung der Adligen, der ↗Patrizier, die etruskischen Könige.

Ein Staat für alle Bürger?

Den Staat nannten die Römer nun ↗„res publica“, eine „Angelegenheit, die alle angeht“. Alle Bürger bildeten das Volk, den populus, von Rom, doch nur die adligen Römer, die Patrizier, besetzten die Ämter, sprachen Recht und entschieden in der Politik. Zu den Patriziern zählten nur wenige Familien, aber ihr umfangreicher Grundbesitz sicherte ihnen den entscheidenden Einfluss in der römischen Gesellschaft. Die große Mehrzahl der Römer, die Handwerker, Händler und die römischen Bauern des Umlandes, galten als ↗Plebejer, als bloße „Menge“.

Die Plebejer suchten Sicherheit und Schutz, indem sie sich als Klienten einem Patrizier, als Schutzherrn (Patron) anschlossen. Dieser lieh ihnen in Notzeiten Geld, vertrat sie vor Gericht oder beriet sie in geschäftlichen Dingen. Die Klienten mussten ihren Patron in der Öffentlichkeit begleiten und in der Volksversammlung für ihn stimmen. Frauen und Sklaven hatten wie bei den Griechen nicht das Recht, an politischen Entscheidungen mitzuwirken.

Alle freien Bürger Roms bildeten unter dem Kommando des Adels das römische Heer. Es eroberte in langwierigen Feldzügen schließlich ganz Mittel- und Süditalien.

Die Familie

In der römischen Familie besaß der Hausvater, der pater familias, unumschränkte Macht. Seine Angehörigen, auch die Erwachsenen, mussten ihm gehorchen. Bei schweren Vergehen konnte er sogar die Todesstrafe gegen sie aussprechen. Über Besitz und Vermögen der Familie bestimmte er allein.

Innerhalb des Hauses sorgte seine Frau, die mater familias, für den geregelten Ablauf des Haushalts und des Familienlebens. Sie musste selbst mitarbeiten, wenn Einkommen und Besitz den Kauf von ↗Sklaven oder den Lohn für Knechte und Mägde nicht zuließen. In vermögenden Familien hatte die Herrin des Hauses dagegen die Aufgabe, Gesinde und Sklaven anzuleiten und zu beaufsichtigen. Solange die Kinder klein waren, wurden sie von der Mutter erzogen. Mädchen verließen nach der Heirat ihre Familie und wurden in die Familie ihres Mannes aufgenommen. Söhne mit ihren Frauen und Kindern blieben in der Gewalt des Vaters bis zu dessen Tod.

Zur Familie gehörten auch Haus- und Feldsklaven. Während die Familie ihre Haussklaven manchmal so geliebt und geachtet hat, dass der pater familias sie mit der Freilassung belohnte, nahmen die Feldsklaven den niedrigsten Rang in der Familie ein.

Die Sitten der Vorfahren

Die Sitten und Lebensformen der Vorfahren (mos maiorum) bestimmten das Familienleben. Die Verehrung der Vorfahren nahm daher im römischen Alltagsleben einen wichtigen Platz ein. Die Bilder Verstorbener erhielten einen Ehrenplatz auf dem Hausaltar. Die

119.1 Die „familia" eines römischen Patriziers. Schaubild.

Nachkommen hatten den Ahnen nachzueifern oder sie gar zu übertreffen.

Ehrfurcht vor den Göttern

Die Römer waren überzeugt, dass die Götter das Handeln der Menschen bestimmten. Daher war es notwendig, ihren Willen und ihre Weisungen zu erkennen. Wer etwa wollte den Zorn der Götter auf sich laden? Die Ehrfurcht vor den Göttern (religio) war also überlebenswichtig. Von den Etruskern hatten die Römer den Brauch übernommen, im Vogelflug oder in den Eingeweiden der Opfertiere Vorzeichen für ihr Handeln oder ihre Zukunft zu entdecken. Es gab keine politische Entscheidung und keinen Krieg, ohne zuvor die Götter zu befragen. Wenn die Voraussage dem tatsächlichen Geschehen nicht entsprach, gaben sie nicht den Göttern die Schuld: Die Priester hatten die heilige Handlung nicht korrekt vollzogen. Das Opfer und die Vorhersage waren dann ungültig.

126.1 Grabmal eines vornehmen römischen Ehepaares: Lucius Vibius, seine Frau und ein Sohn (1. Jh. v. Chr.).

Q1 Die Verehrung der Vorfahren

Der Geschichtsschreiber Polybios lebte von 200 bis 120 v. Chr. Er verbrachte viele Jahre in Rom. Er berichtet:

a) Die Totenfeier:

Wenn in Rom ein angesehener Mann stirbt, wird sein Leichnam in sein Festgewand gekleidet und zum Marktplatz gebracht. Während das ganze Volk ringsherum steht, betritt sein Sohn oder ein anderer aus dem Volk die Rednertribüne und hält eine Rede. Er spricht über die guten Eigenschaften des Verstorbenen und über seine Taten. Dann beerdigen sie ihn mit den üblichen Zeremonien.

b) Die Verehrung des Toten:

Wenn die Familie den Toten beerdigt hat, stellt sie das Bild des Verstorbenen in einem hölzernen Schrank an der Stelle des Hauses auf, wo es am besten zu sehen ist. Dieses Bild ist eine Maske, die mit erstaunlicher Genauigkeit die Gesichtszüge des Toten wiedergibt. Den hölzernen Schrank öffnen die Angehörigen bei den großen Festen und sie schmücken die Masken darin, so schön sie können. Stirbt ein angesehenes Mitglied der Familie, so führen sie diese Masken im Trauerzug mit. Sie setzen sie dabei Personen auf, die an Größe und Gestalt den Verstorbenen ähnlich sind.

Polybios 6, 53 ff., vereinfacht.

Q2 Mann und Frau in der Ehe

Der Römer Marcus Porcius Cato (234–149 v. Chr.) soll gesagt haben:

Der Mann ist Richter über seine Frau. Seine Gewalt über sie ist ohne Zweifel unbeschränkt. Benimmt sich eine Frau nicht so, wie sich eine verheiratete Frau benehmen sollte, darf ihr Mann sie bestrafen. Betrügt eine Frau ihren Mann mit einem anderen Mann, darf ihr Mann sie ungestraft töten. Wenn aber der Mann seine Frau betrogen hat, verfügt die Frau keinesfalls über das Recht, den Mann auch nur anzutasten.

Aulus Gellius, Attische Nächte X, 23, gekürzt, bearb.

121.1 Standbild eines Römers mit den Büsten seiner Vorfahren (um Christi Geburt, Rom, Konservatorenpalast).

M3 Kinder

Ein moderner Historiker schreibt:

Gleich nach der Geburt fand ein für das Leben des Kindes entscheidender Akt statt: die Anerkennung durch den pater familias. Sie geschah durch eine symbolische Handlung, indem das Neugeborene auf die Erde gelegt wurde und der pater familias es aufhob. … Die Namengebung erfolgte bei Knaben am neunten, bei Mädchen am achten Tag nach der Geburt im Rahmen eines Familienfestes. … In den ersten Lebensjahren übernahmen – zumindest in wohlhabenden Familien – Ammen die praktischen Aufgaben der Ernährung und Erziehung.

H. Blank, Einführung in das Privatleben der Griechen und Römer, Darmstadt 1976, S. 103 f.

Q4 Der Triumphator in der Hütte

Der Grieche ↗Plutarch (46 – 120 n. Chr.) berichtet über Cato (vgl. Q 2) und Manius Curius Dentatus (gest. 270 v. Chr.):

In der Nähe zu Catos Gut lag ein Häuschen, wo einst Manius Curius Dentatus, der dreifache Triumphator, gewohnt hatte. Da ging er oft hin und betrachtete den geringen Umfang des Gutes und die Bescheidenheit der Wohnung. Er vergegenwärtigte sich, wie dieser Mann, der der Größte unter den Römern war, der die streitbarsten Völker unterworfen und Pyrrhos aus Italien verjagt hatte, nach drei Triumphen dieses Gütchen selbst umgrub und diese Hütte bewohnte. Hier war es, wo die Gesandten der Sabiner ihn trafen, wie er am Herde saß und Rüben kochte, und ihm eine große Geldsumme boten. Aber er schickte sie weg mit den Worten, wem ein solches Essen genüge, der brauche kein Geld. Rühmlicher schiene es ihm, die zu besiegen, die Geld hätten.

Plutarch, Cato der Ältere 2, gekürzt.

Triumphator: Wer als Feldherr eine wichtige Schlacht gewonnen hatte, durfte in der Stadt Rom in einem feierlichen Triumphzug zum Tempel des höchsten Staatsgottes Iuppiter ziehen.

Pyrrhos: einer der Nachfolger Alexanders des Großen, der Italien zu erobern versuchte. Er wurde von Curius Dentatus ebenso besiegt wie die Kelten (→ S. 36 ff. und die Karte 119.1) und die Sabiner, ein Volk der Italiker.

1. Beschreibe die einzelnen Teile der Totenfeier (Q 1 a).

2. Beschreibe, wie die Römer die Erinnerung an die Vorfahren wach hielten (Q 1 b). Überlege, warum die Toten so geehrt wurden.

3. Historiker bezeichnen die römische Gesellschaft als „vaterrechtlich" (patriarchalisch). Hältst du diese Bezeichnung für angemessen? Begründe deine Auffassung. (VT, B 119.1, Q 2 – M3)

4. Überlege, mit welcher Absicht Plutarch über die Lebensweise des Manius Curius Dentatus so ausführlich berichtet. (Q 4)

5. Stelle die Werte der Römer zusammen, die wichtig für ihre Einstellung zu Krieg und militärischem Erfolg sein können.

2. Die Plebejer kämpfen um Gleichberechtigung

122.1 Ein römischer Adliger. Rest einer Bronzestatue aus dem 3. Jahrhundert v. Chr (Kapitolinische Museen, Rom).

Kämpfe zwischen Patriziern und Plebejern

Die Spannung, die über Rom lag, war überall zu spüren. In den Straßen und auf dem Forum trafen sich die Männer zum Gespräch, das nicht selten mit einer Rauferei oder Schlägerei endete. Standen den Plebejern nicht endlich politische Rechte zu? Waren nicht die Patrizier auf die Plebejer angewiesen? Wer erkämpfte den Sieg für das römische Heer in der Schlacht – der plebejische Fußsoldat oder der patrizische Reiter?

Alle waffenfähigen Bürger vom 17. bis zum 46. Lebensjahr waren zum Wehrdienst verpflichtet. Das römische Heer zog fast jeden Sommer in den Krieg. Die Plebejer fanden es ungerecht, dass sie im Krieg zwar genauso wie die Patrizier ihr Leben riskierten, sonst aber kaum Rechte hatten: Die Plebejer durften keine höheren Ämter bekleiden und so auch nicht Senatoren werden. Im ↗Senat saßen nämlich nur ehemalige hohe Beamte. Dort aber fielen fast alle wichtigen politischen Beschlüsse. Bei den Wahlen zählten die Stimmen der ärmeren Plebejer kaum, da nach Vermögensklassen abgestimmt wurde. Auch sonst waren sie benachteiligt. So waren Ehen zwischen Plebejern und Patriziern verboten, viele Priesterämter waren Patriziern vorbehalten. Doch im Krieg waren die Patrizier auf die Plebejer angewiesen. Nun machten sie ihrer Unzufriedenheit Luft.

122.2 Römische Bürger bei der Abgabe ihrer Stimmtäfelchen in der Volksversammlung. Silbermünze, Ende 2. Jh. v. Chr.

Erfolge der Plebejer

494 v. Chr. wurde das Heer gerade zu einem neuen Feldzug einberufen, als die Plebejer sich entschlossen, diesmal den Heeresdienst zu verweigern. So zwangen sie die Patrizier zum Einlenken. Sie erhielten das Recht, eine eigene Volksversammlung abzuhalten, zu der kein Patrizier Zutritt hatte. In dieser Volksversammlung wurde nicht nach Vermögensklassen abgestimmt. So waren auch die ärmeren Plebejer an den politischen Entscheidungen beteiligt.

Die Volkstribunen leiteten diese Versammlung. Mit ihrem Veto (von lat. veto = ich verbiete) konnten sie jede Amtshandlung eines Beamten verhindern oder Einspruch gegen einen Beschluss des Senats einlegen. So schützten sie die plebejischen Bürger vor willkürlichen Entscheidungen. Sie galten als „unverletzlich", durch die Götter geschützt.

367 v. Chr. wurden die Plebejer auch für das höchste Staatsamt, das Konsulat, zugelassen. Da der Wahlkampf für die Ehrenämter kostspielig und eine Besoldung der Beamten nicht vorgesehen war, konnten aber nur vermögende Plebejer kandidieren. Im Jahr 287 v. Chr. endeten die Ständekämpfe: Beschlüsse der plebejischen Volksversammlung erhielten dieselbe Gültigkeit wie die vom ganzen Volk in der Heeresversammlung beschlossenen Gesetze.

Endlich gleichberechtigt?

Bereits zu Beginn dieser „Ständekämpfe" hatten sich die Plebejer um 450 v. Chr. weitere Rechte erkämpft: Die Heirat zwischen Plebejern und Adligen wurde erlaubt und die Prügelstrafe für römische Bürger abgeschafft. Todesurteile waren auf Antrag der Verurteilten vor der Volksversammlung zu prüfen. Die geltenden Gesetze wurden auf zwölf Tafeln eingraviert und auf dem Forum allgemein zugänglich aufgestellt. Dieses „Zwölftafelgesetz" galt für alle römischen Bürger, alle konnten es nachlesen und sich darauf berufen.

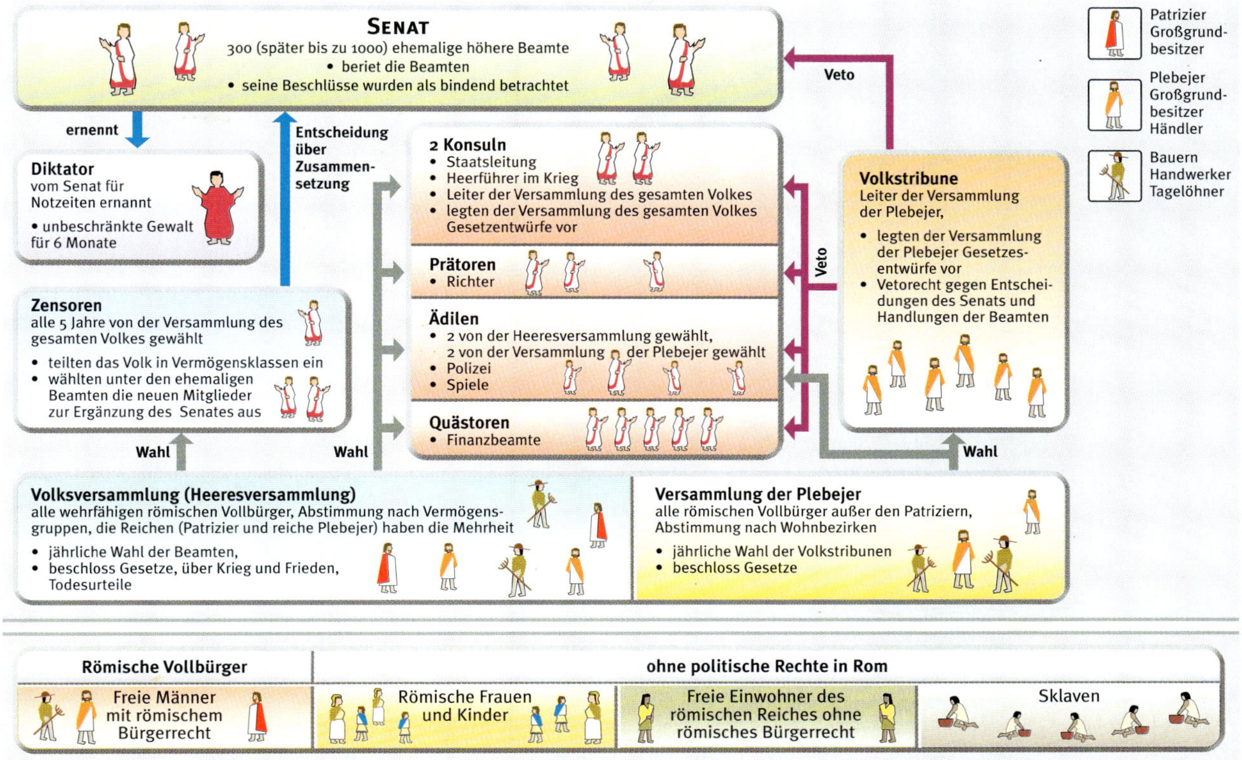

123.1 Das Schaubild zeigt die Verfassung der römischen Republik bei Abschluss der Ständekämpfe, 287 v. Chr. (vereinfacht).

Eine neue Verteilung der Macht?

Jeder ehrgeizige Mann konnte jetzt das Konsulat anstreben, sofern er über genügend Vermögen verfügte, um sich im Wahlkampf Wähler zu sichern. Er musste jedoch zuvor alle Ämter im „cursus honorum", der Ämterlaufbahn, bekleiden, die unter dem Konsulat standen. Für jedes Amt war ein Mindestalter vorgesehen. Jeder Beamte wurde nur für ein Jahr gewählt (Annuität) und hatte einen oder mehrere Kollegen (Kollegialität). Die Amtskollegen besaßen die gleiche Vollmacht und konnten durch ihren Einspruch jede Entscheidung eines Mitbeamten aufheben. Jeder Beamte hatte seinen bestimmten Aufgabenbereich zu verwalten. Diese Vorschriften sollten den Einzelnen hindern, seine Befugnisse zu missbrauchen und zu viel Macht zu erlangen.

Alle politischen Grundsatzentscheidungen fielen im ↗Senat. In den Senat kamen die ehemaligen höheren Beamten.

Seitdem auch die Plebejer zum Konsulat zugelassen wurden, konnten auch sie über die Ämterlaufbahn in den Stand der Senatoren aufrücken. Gemeinsam mit den Patriziern grenzten sie sich bald nach unten ab. Eine neue Führungsschicht entstand, die ↗Nobilität. Im gesellschaftlichen und politischen Leben in Rom war von nun an nicht mehr allein die adlige Herkunft entscheidend, sondern das Vermögen und politische Aktivitäten der Familie.

Die römischen Bürger hatten in den Volksversammlungen die Möglichkeit, sich am politischen Leben im Stadtstaat zu beteiligen und die Beamten zu wählen. Doch nach wie vor wurde in der Heeresversammlung nach Stimmgruppen abgestimmt, nicht nach Personen. Von den 193 Gruppen besetzten die Patrizier und reichen Plebejer allein 98. So konnten die ärmeren Plebejer leicht überstimmt werden, obwohl sie den größten Teil der römischen Bevölkerung ausmachten.

123.2 Bronzestatue des Aulus Metellus in der typischen Haltung eines Redners. 1. Jh. v. Chr. (Florenz, Archäologisches Museum).

124.1 Nach dem Ende der Ständekämpfe bauten die Römer der Göttin Concordia (= Eintracht) einen Tempel. Römische Münze mit einer Abbildung des Tempels: In der Mitte sieht man die Statue der sitzenden Göttin, die eine Spendenschale und ein Füllhorn in den Händen hält. Vor und auf dem Tempel standen Statuen weiterer Götter.

Q1

Die Volkstribunen

Der Grieche ↗Plutarch (46–120 n. Chr.) schrieb zur Rolle der Volkstribunen:

Warum hat der Volkstribun nicht dieselben Amtszeichen wie die übrigen Beamten? Etwa weil er überhaupt nicht Beamter ist? Tribunen legen ihr Amt nicht nieder, wenn ein Diktator ernannt ist; nein, die Tribunen bleiben allein im Amt. Das Tribunat ist eher etwas, das dem Amt entgegenzusetzen ist. Denn seine Befugnis besteht darin, der Gewalt der Beamten entgegenzutreten und ihre allzu große Befugnis zu beschneiden. Es ist Brauch, dass die Tür seines Hauses nie verschlossen ist Tag wie Nacht, wie ein Hafen und eine Zuflucht für alle, die der Hilfe bedürfen. Je mehr er aber in seinem Auftreten sich erniedrigt, umso mehr steigert sich seine Macht, und durch die Ehre, die man ihm zollt, wird seine Person hochheilig und unverletzlich.

Plutarch, Römische Fragen, 81 (283), bearb., gekürzt.

Q2

Aus dem Zwölftafelgesetz

Einzelne Bestimmungen (um 450 v. Chr.):

V.3 Wie jemand hinsichtlich seines Geldes und des Besitzes über eine Sache letztwillig bestimmt hat, so soll es rechtens sein.

VI.1 Wenn jemand Schulden aufnimmt und ein Kaufgeschäft vornimmt, so soll das rechtens sein, was er mündlich ausgehandelt hat.

VII.2 Errichtet jemand neben einem fremden Grundstück einen Zaun, darf er ihn nicht über die Grenze rücken. Bei einer Mauer muss er einen Fuß zurückbleiben, bei einem Haus aber muss er zwei Fuß Abstand wahren.

VIII.2 Wenn jemand einem andern ein Glied verstümmelt, soll der Täter das Gleiche erleiden, wenn er sich nicht gütlich mit dem andern einigt.

VIII.3 Wer mit der Hand oder dem Stock einem Freien einen Knochen gebrochen hat, muss sich zugunsten des verletzten Freien eine Strafe von 300 As, zugunsten eines verletzten Sklaven einer solchen von 150 As unterziehen.

IX.6 Niemand darf ohne Urteilsspruch getötet werden.

XII.5 Was immer das Volk zuletzt gutgeheißen hat, soll Recht und rechtskräftig sein.

R. Düll, Das Zwölftafelgesetz, 1959.

1. Stell dir vor, du bist ein Plebejer im Jahr 494 v. Chr. Gemeinsam mit anderen Plebejern hast du beschlossen, dass ihr dem Kriegsaufruf des Senats diesmal nicht Folge leisten werdet. Entwirf eine Rede, mit der du im Senat eure Forderungen vorbringen willst. (VT S. 122)

2. Nenne Merkmale, die die Volkstribunen von den anderen Beamten unterscheiden, und erkläre die Bedeutung dieser Unterschiede. (Q 1)

3. Welche Bestimmungen im Zwölftafelgesetz sind heute noch in ähnlicher Weise gültig? Welche hältst du für ungerecht ? (Q 2)

3. Vom Stadtstaat zur Herrschaft über den Mittelmeerraum

125.1 Ausdehnung des römischen Machtbereichs vom 1. römisch-karthagischen Krieg (264–241 v. Chr.) bis zum Erwerb der Provinz Asia (133 v. Chr.).

Rom wird Landmacht

Als Rom Republik wurde, war dieser Staat nicht größer als ein paar hundert Quadratkilometer. In zahlreichen Kriegen mit ihren Nachbarvölkern eroberten die Römer bis 272 v. Chr. den größten Teil Italiens. Hier lebten etwa drei Millionen Menschen. Ein Drittel von ihnen waren römische Bürger geworden, die anderen waren Bundesgenossen der Römer. Die Bundesgenossen verwalteten ihre Gemeinden selbstständig, mussten aber Kriegsdienst leisten.

Der Sieg über Hannibal – Rom wird Seemacht

Die größten See- und Handelsmächte waren in jener Zeit die Nachfolgereiche Alexanders des Großen im Osten und das karthagische Reich im westlichen Mittelmeerraum. Die Römer beherrschten nun alle wichtigen Küstenstädte Italiens. Um Konkurrenten um Handelsplätze auszuschalten und um ihre Herrschaft auszubauen, wollten die Römer auch die angrenzenden Meere kontrollieren. Dies führte zum Krieg mit den Karthagern (die Römer nannten sie auch Punier). Für den 1. Krieg gegen Karthago (264–241 v. Chr.) bauten die Römer eine Kriegsflotte auf und wurden zur Seemacht. Die Karthager verloren mit der Insel Sizilien einen wichtigen Getreidelieferanten und einen bedeutenden militärischen Stützpunkt an die Römer.

Ein Streit über die Abgrenzung der Interessen in Spanien löste erneut Krieg aus. Im Jahr 218 v. Chr. führte der punische Feldherr Hannibal ein starkes Heer aus Afrika durch Spanien und Südfrankreich und über die Alpen nach Oberitalien. Sogar Elefanten brachte er aus Afrika mit.

Bei Cannae boten die Römer 216 v. Chr. ihr bisher größtes Heer auf: rund 80 000 Soldaten. Die Karthager besiegten es vernichtend. 50 000 Soldaten fielen, alle Familien Roms hatten Tote zu beklagen. Die Römer sahen Hannibal schon vor den Mauern Roms stehen. Doch anders als Hannibal erwartet hatte, hielten die meisten Bundesgenossen

Die Römer nannten die Kriege gegen Karthago „Punische Kriege“. Die heutigen Historiker ziehen die Bezeichnung „römisch-karthagische Kriege“ vor, da sie damit auch die Sichtweise der Karthager berücksichtigen, nicht allein diejenige der Römer.

126.1 In diesem Roman erzählt ein heutiger Autor die Erlebnisse eines Jungen, der mit Hannibal über die Alpen nach Italien marschierte. Die Geschichte ist erfunden. Der Autor hat aber Quellen aus der Antike benutzt.

Rom die Treue. So konnten die Römer neue Truppen ausheben. Sie änderten ihre Kriegstaktik: Sie zwangen Hannibal und sein Heer, ihre Kräfte in langen Märschen und Einzelgefechten abzunutzen. Zugleich griffen römische Heere Karthago in Nordafrika an und zwangen Hannibal so, Italien aufzugeben. Im Jahre 202 v. Chr. besiegte der römische Feldherr Publius Cornelius Scipio das karthagische Heer bei Zama in Nordafrika. Karthago musste 201 v. Chr. Frieden schließen.

Der Senator Cato beendete jede seiner Reden im Senat mit dem Satz: „Im Übrigen meine ich, dass Karthago zerstört werden muss."

Doch die Römer wollten die Niederlage von Cannae nicht vergessen. 149 v. Chr. segelte ein römisches Heer nach Afrika. Die Römer verlangten von den Karthagern, sich zu unterwerfen und ihre Stadt aufzugeben. Die Karthager lehnten dies ab. Nach dreijähriger Belagerung eroberten die Römer 146 v. Chr. Karthago. Sie zerstörten es, alle Bewohner wurden versklavt. Rom war zur Großmacht im Mittelmeerraum aufgestiegen.

Die Kehrseite des Erfolgs

Allein in der Schlacht bei Cannae waren rund 50 000 römische Soldaten gefallen. In den ärmeren Familien waren wegen des Krieges nicht genug Arbeitskräfte da, um die Felder zu bestellen oder abzuernten. Die Frauen waren überlastet und lebten in materieller Not. Die Familien verschuldeten sich; häufig eigneten sich Großgrundbesitzer ihr Land an.

Herrschaftssicherung durch Provinzen

Nach dem 1. römisch-karthagischen Krieg machten die Römer Sizilien 241 v. Chr. zur ersten ↗Provinz in ihrem Herrschaftsbereich. Sie änderten so die Formen der Herrschaftssicherung: Die Sizilianer wurden nicht Bundesgenossen, sondern ein römischer Beamter führte als Statthalter Roms die Verwaltung, war Richter und befehligte die römischen Besatzungstruppen. So verfuhren die Römer überall, wo sie die direkte Herrschaft übernahmen.

Die Provinzbewohner leisteten durch Steuern und Abgaben einen wichtigen Beitrag zum Staatshaushalt. Sie mussten den zehnten Teil ihrer Ernteerträge abliefern oder Geld zahlen. Daneben waren Abgaben zu entrichten: Zölle, Erbschaftssteuer und Abgaben für den Verkauf von Sklaven und Handelswaren. Die rücksichtslose Ausbeutung der Provinzbewohner sah kaum ein Römer als Unrecht an. Nicht selten bereicherten sich auch die Statthalter, wenn sie sich für ihre politische Karriere hoch verschuldet hatten.

126.2 Hannibal. Marmorporträt aus Rom, 2. Jh. v. Chr.

127.1 „Roma“ und die Götter: Iuppiter, der höchste römische Staatsgott, und die Siegesgöttin Victoria als Wagenlenkerin auf einem Viergespann. Rückseite einer römischen Münze.

127.2 Kriegselefant. Etruskischer Tonteller, 3. Jh. v. Chr. (Rom, Villa Giulia). Hannibal setzte Kriegselefanten ein. Sie verbreiteten anfangs Schrecken, waren jedoch nicht kriegsentscheidend.

Q1

Eine römische Kriegserklärung

Der römische Geschichtsschreiber Titus Livius (59 v. Chr. – 17 n. Chr.):

Wird dem Gesandten nicht ausgeliefert, was er fordert, so künde er binnen 33 Tagen den Krieg mit folgenden Worten an: „Höre, Iuppiter, und du, Ianus Quirinius, all ihr Götter! Ich rufe euch zu Zeugen auf, dass dieses Volk (er nennt den Namen) ungerecht ist und seinen Verpflichtungen nicht nachkommt. Darüber werden wir im Senat beraten, wie wir zu unserem Recht kommen.“ Mit diesen Worten kehrt der Bote nach Rom zur Beratung zurück.

Livius, Römische Geschichte I, 32, 6.

Q2

Reaktion auf eine römische Kriegserklärung

Livius legt dem karthagischen Feldherrn Hannibal folgende Worte in den Mund:

Das grausame und überhebliche Volk der Römer nimmt alles in Besitz und unterwirft alles seiner willkürlichen Entscheidung. Mit wem wir Krieg, mit wem wir Frieden haben dürfen, das zu befehlen steht offenbar nur ihnen zu. Es schließt uns zwischen Bergen und Flüssen ein, die wir nicht überschreiten sollen, und es hält die von ihm festgelegten Grenzen selbst nicht ein. … Reicht es nicht, dass Rom mir meine angestammten Provinzen geraubt hat? Will Rom mir auch noch Spanien nehmen? Wenn ich dort weggehe, dann gehst du, Rom, nach Afrika.

Livius, Römische Geschichte, 41, 43 f. bearb., gekürzt.

Q3

Die Folgen der Niederlage von Cannae

Livius beschreibt die Folgen der Schlacht bei Cannae (216 v. Chr.):

Wie viel schwerer als alle bisherigen Niederlagen die Katastrophe von Cannae gewesen ist, geht daraus hervor, dass einige Bundesgenossen, die bis zu diesem Zeitpunkt treu zu Rom gestanden hatten, jetzt abzufallen begannen.
Und doch erschütterten diese Niederlagen und der Abfall der Bundesgenossen die Römer so wenig, dass nirgends von Frieden die Rede war … Als der Konsul Gaius Terentius Varro nach der furchtbaren Niederlage, die er größtenteils selbst verschuldet hatte, zurückkehrte, gingen ihm viele Bürger aller Stände entgegen und dankten ihm, dass er die Hoffnung auf den Fortbestand des Staates nicht aufgegeben habe; als karthagischer Feldherr dagegen wäre er den schwersten Strafen nicht entgangen.

Livius, Römische Geschichte 42, 61,10–15, gekürzt.

angestammte Provinzen Karthagos: Sizilien, Sardinien, Korsika

Ianus Quirinius: doppelgesichtiger römischer Gott des Beginnens

Gaius Terentius Varro führte am Tag der Schlacht den Befehl, sein Mitkonsul, der die Schlacht vermeiden wollte, fiel.

128.1 Römische Soldaten; Steinrelief, 1. Jh. n. Chr.

Q4 Die Ziele der Römer

a) Der römische Anwalt, Staatsmann und Schriftsteller Marcus Tullius ↗Cicero (106–43 v. Chr.) erklärt:

Aber so viel ist gewiss, dass, solange das römische Volk seine Herrschaft durch Wohltaten und nicht durch Ungerechtigkeit aufrechterhielt, die Kriege entweder im Interesse der Bundesgenossen oder um den Bestand des Reiches geführt wurden. Die Kriege selbst hatten ein mildes oder ein wenigstens nicht härteres Ende, als es aus der Situation notwendig war. Der Senat war Schutz- und Zufluchtsort für Könige, Völker und Stämme; unsere Beamten suchten ihren größten Ruhm besonders darin zu erwerben, dass sie die Provinzen und die Bundesgenossen mit Gerechtigkeit und mit Verlässlichkeit in Schutz nahmen. Deshalb konnte zutreffender von einer Schutzherrschaft (patrocinium) als von einer Gewaltherrschaft (imperium) über den Erdkreis gesprochen werden.

Cicero, Über die Pflichten, II, 26–27.

b) König Mithradates von Pontos in Kleinasien (120–63 v. Chr.) kämpfte gegen die Römer. Der römische Historiker Gaius ↗Sallustius Crispus (86–34 v. Chr.) überliefert einen Brief, den der König angeblich an den König eines benachbarten Reiches geschrieben hat. In Wahrheit hat Sallust den Brief selbst verfasst:

Die Römer haben ein einziges und uraltes Motiv dafür, mit allen Nationen und Völkern und Königen Krieg anzufangen: unermessliche Begierde nach Herrschaft und Reichtum. ... Oder weißt du nicht, dass alles, was sie von Anfang an besitzen, nur durch Raub gewonnen ist, ihre Häuser, ihre Gattinnen, ihre Äcker, ihr Reich: zusammengelaufenes Volk in alter Zeit, das sind sie, ohne Heimat, ohne Ahnen, geschaffen zum Verderben des Erdkreises?
Nichts Menschliches, nichts Göttliches hindert sie daran, Bundesgenossen und Freunde, ob nah oder fern, ob schwach oder mächtig, an sich zu ziehen und zu vernichten und alles, was ihnen noch nicht versklavt ist, vor allem die Königreiche, als ihre Feinde anzusehen ... Dadurch, dass sie Krieg an Krieg reihen, sind sie groß geworden, und so werden sie alles vernichten oder selbst zu Grunde gehen.

Sallust, Historien IV, 69, gekürzt.

1. Sieh dir die Karte 125.1 genau an. Lege eine Tabelle an, in die du den Zeitpunkt und die Namen der von den Römern eroberten Gebiete einträgst. Zu welchen Staaten gehören die Gebiete heute?

2. Welche Möglichkeiten hatte ein gegnerisches Volk, auf eine Kriegserklärung von Rom zu reagieren? (Q 1, Q 2)

3. Verfasse ein Interview mit dem Konsul Gaius Terentius Varro, in dem er zur Situation nach der Schlacht von Cannae Stellung nimmt. (Q 3)

4. Cicero und Sallust äußern sich zum Zweck römischer Kriegführung und zu den Motiven römischer Eroberungen. Vergleiche ihre Aussagen und bewerte sie. (Q 4 a/b)

4. Die Republik im Bürgerkrieg

129.1 Ein römischer Bauer zieht zum Markt. Relief aus dem 1. Jh. v. Chr. (München, Glyptothek).

Die Kriege verändern Rom und Italien

Die Römer hatten viel Land erobert. Ein Teil dieses Landes erklärte der Senat zum „ager publicus", zum Land in öffentlichem Besitz. Er verpachtete es an römische Bürger. Die Großgrundbesitzer brachten immer größere Teile davon in ihren Besitz. Den Kleinbauern dagegen gelang es kaum, den eigenen Hof zu erhalten. Ihre verlassenen Höfe kauften die Großgrundbesitzer zu günstigem Preis auf und ließen sie durch ↗Sklaven bewirtschaften. Da immer mehr Kriegsgefangene als Sklaven nach Italien verkauft wurden, standen Arbeitskräfte in überreichem Maß zur Verfügung. Sie führten ein hartes Leben als Feldsklaven auf den großen Gütern.

Die Provinzen belieferten Rom mit billigem Getreide. Der Anbau von Korn in Italien lohnte sich daher kaum mehr. Die Großgrundbesitzer ersetzten den Getreideanbau durch Weidewirtschaft oder Obst- und Weinanbau. Doch viele arme Bauern hatten kein Geld, um diese Umstellung zu bezahlen, und mussten ihr Bauerngut aufgeben. Sie zogen nach Rom, um dort bessere Lebensbedingungen zu finden, waren aber bald enttäuscht. Sie stießen auf die Konkurrenz der wachsenden Zahl von Sklavinnen und Sklaven, die in den Haushalten der Reichen und in den Handwerksbetrieben arbeiteten. So vermehrten sie die Masse der Besitzlosen, der ↗Proletarier, in Rom.

Proletarier (von lat. proles = Nachkomme): jemand, der außer Kindern nichts besitzt

Reformer ohne Erfolg – Tiberius und Gaius Gracchus

133 v. Chr. wurde die Krise offenkundig. Kornlieferungen blieben aus; in Rom drohte Hungersnot. Da zu wenige Bürger über das für den Militärdienst vorgeschriebene Mindesteinkommen verfügten und sich selbst ausrüsten konnten, war es schwierig, Truppen auszuheben.

Der Volkstribun Tiberius Gracchus legte daher ein Gesetz vor, das den Besitz von öffentlichem Land begrenzte. Wer mehr Land in seinen Besitz gebracht hatte, sollte es wieder zurückgeben. Es sollte dann an besitzlose römische Bürger verteilt werden. Sie sollten wieder genügend Land besitzen, um ihre Familien zu ernähren und ihre militärische Ausrüstung zu bezahlen.

Dagegen regte sich der Widerstand der Großgrundbesitzer. Um die Durchführung dieses Gesetzes zu verhindern, veranlassten sie einen anderen Volkstribunen, sein Veto einzulegen. Tiberius Gracchus ließ ihn in der Volks-

130.1 Ausgediente römische Soldaten, Veteranen, scheiden aus dem Dienst aus und erhalten kleine Bauerngüter zugeteilt. Marius hatte die Versorgung der entlassenen Soldaten durchgesetzt. Marmorrelief, 1. Jh. v. Chr. (Paris, Louvre).

versammlung absetzen. Dieses Vorgehen war gesetzwidrig. Da seine Amtszeit ablief, entschloss er sich, seine Wiederwahl als Volkstribun zu betreiben. Auch das war gegen das Gesetz. Eine Senatorengruppe griff zur Gewalt. Sie ließen Tiberius Gracchus und viele seiner Anhänger töten. Gaius Gracchus, der die Politik seines Bruders fortsetzte, erlitt das gleiche Schicksal.

Eine Heeresform soll die Republik retten

Wie konnte der innere Frieden wiederhergestellt werden? Zwei politische Interessengruppen gaben darauf unterschiedliche Antworten: die ↗Optimaten und die ↗Popularen. Die Optimaten bekannten sich zur Herrschaft des Senats. Auch ihre Gegner, die Popularen, gehörten der ↗Nobilität an. Sie gaben vor, sich für die berechtigten Interessen des Volkes einzusetzen. Sie suchten ihre Politik durch die Volksversammlung durchzusetzen.

Optimaten (von lat. optimus = der Beste): Politiker, die mit Unterstützung des Senats und mit Hilfe von Senatsbeschlüssen regieren.

Popularen (von lat. populus = das Volk): Politiker, die regieren, indem sie auf Volksversammlungen Gesetze beschließen lassen. Sie brauchen daher die Unterstützung des Volkes.

Die Probleme blieben drängend. Da immer weniger Bauern in der Lage waren, für ihre Kriegsausrüstung die nötigen Mittel aufzubringen, leitete der Konsul Marius, ein Anhänger der popularen Richtung, eine Heeresreform (104 v. Chr.) ein. Er wandelte das römische Bürgerheer in eine Berufsarmee um. 16 Dienstjahre sicherten den Soldaten einen Anspruch auf Versorgung. Der Senat musste das Land bewilligen. Aber nur ein starker Feldherr konnte im Senat diese Bewilligung durchsetzen. Treu waren die Soldaten daher weniger der Republik als ihrem Feldherrn. Der Heerführer besaß ein ihm verpflichtetes und schlagkräftiges Heer, das er auch im Kampf um politischen Einfluss in Rom einsetzen konnte.

Ehrgeizige Feldherren rivalisieren um die Macht

Durch sein Ansehen als Feldherr und die Heeresreform war Marius zum führenden Politiker der Popularen aufgestiegen. Ein anderer Feldherr, Lucius Cornelius Sulla, setzte sich für die politischen Ziele der Optimaten ein. Als der Senat Sulla 88 v. Chr. mit der Führung eines Krieges beauftragte, entzog die Volksversammlung ihm den Oberbefehl und übertrug ihn auf Marius. Sulla besetzte darauf mit seinen Truppen Rom. Römische Bürger kämpften gegen römische Bürger. Nach seinem Sieg ließ Sulla sich vom Senat zum ↗Diktator ernennen und seine politischen Gegner töten. 40 Senatoren und um die 2 000 weitere Personen fielen dem Terror zum Opfer. Ihren Besitz ließ er an die ausgedienten Soldaten, die Veteranen, verteilen.

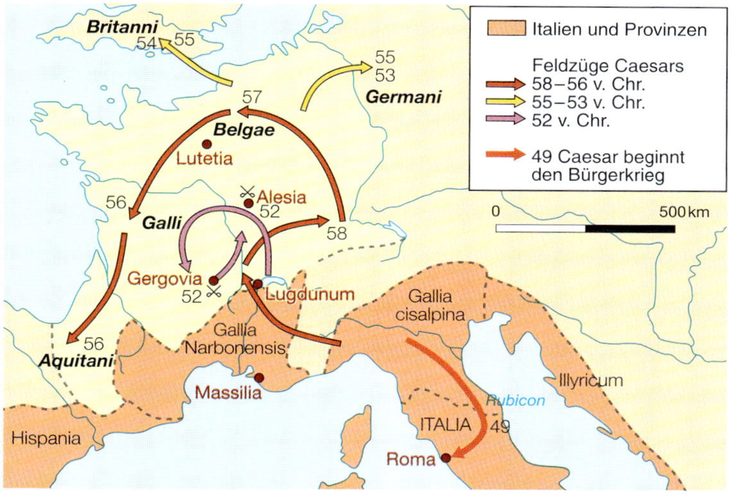

131.1 Caesars Eroberungen in Gallien: Links: die Feldzüge von 58–50 v. Chr. Rechts: gefangene Gallier werden in einem Triumphzug durch Rom gefahren.

Pompeius gegen Caesar – Bürgerkrieg im Römischen Reich

Im Jahre 60 v. Chr. trafen sich drei einflussreiche römische Politiker: Gnaeus Pompeius, Marcus Licinius Crassus und Gaius Julius Caesar. Sie vereinbarten, dass „in der Politik nichts unternommen werden sollte, was einem von den dreien missfalle“. Sie beschlossen, sich gegenseitig zu unterstützen. 59. v. Chr. wurde Caesar mit Hilfe seiner Freunde zum Konsul gewählt und erhielt danach das Kommando an der Grenze zu Gallien. Er eroberte ganz Gallien, ohne dass ihm der Senat den Auftrag dazu gegeben hatte. In Rom lieferten sich unterdessen Anhänger der Popularen und Optimaten blutige Straßenkämpfe.

Der Senat befürchtete, Caesar werde nun von Gallien nach Rom marschieren und die Macht an sich reißen. Er entzog ihm 50 v. Chr. das Kommando, verkündete den Ausnahmezustand in Italien und beauftragte Pompeius, den früheren Freund Caesars, die Republik gegen Caesar zu verteidigen.

Caesar entließ seine Truppen aber nicht. 49 v. Chr. besetzte Caesar mit seinem Heer Italien. Pompeius floh mit vielen Senatoren nach Griechenland. Im Folgejahr unterlag das Heer des Pompeius den Truppen Caesars. Noch bis 45 v. Chr. führte Caesar in Gallien, Spanien, Ägypten, Kleinasien und Nordafrika Krieg gegen die Pompeianer.

Alleinherrschaft Caesars – das Ende der Republik?

Caesar festigte seine Macht, indem er sich eine Fülle von Ämtern übertragen ließ: Er war mehrfach Konsul, Diktator auf Zeit, schließlich Diktator auf Lebenszeit, Zensor und Pontifex Maximus. Damit sicherte er sich den Oberbefehl über die Truppen und die Verfügungsgewalt über die Staatskasse. Gleichzeitig überwachte er als Zensor die Zusammensetzung des Senats.

Pontifex Maximus (lat.): oberster römischer Priester für die Verehrung der Staatsgötter

Caesar bemühte sich, die Gegner des Bürgerkrieges miteinander zu versöhnen. Die Veteranen erhielten Land. Zunehmende Bautätigkeit in Rom sicherte den Proletariern Arbeit und Brot. Aber er machte sich auch Feinde im Senat, weil er viele seiner Anhänger zu Senatoren machte. Die alten Senatoren verloren so an Einfluss, Caesars Macht jedoch stieg.

Sein öffentliches Auftreten, bei dem er sich wie ein Gott verehren ließ, erbitterte viele Senatoren. Während eines Festes am 15. Februar 44 v. Chr. reichte ein Anhänger ihm das Königsdiadem. Caesar nahm es nicht an, weil die etruskischen Könige des alten Rom als Tyrannen galten. Aber der Aufsehen erregende Vorgang bestärkte einige Senatoren in ihrer Vermutung, Caesar wolle König werden. An den Iden des März, am 15.3.44 v. Chr., ermordete ihn eine Gruppe von Senatoren während einer Senatssitzung.

132.1 Karl Theodor von Piloty (1826–1866) las fast 2000 Jahre später antike Berichte über die Ermordung Caesars durch Senatoren und malte die Szene. So ein Gemälde nennt man ein Historienbild. Die Senatoren hatten sich Caesar mit Bittschriften genähert und zogen, als sie um ihn standen, Messer aus ihren Gewändern, mit denen sie ihn erstachen.

Q1 „Die Herren der Welt …“

↗Plutarch lässt Tiberius Gracchus sein Ackergesetz begründen:

Die wilden Tiere, die Italien bevölkern, haben ihre Höhlen und kennen ihre Lagerstätte, ihren Schlupfwinkel. Die Männer aber, die für Italien kämpfen und sterben, haben nichts als Luft und Licht; unstet, ohne Haus und ohne Heim, ziehen sie mit Weib und Kind im Land umher.
Die Feldherren lügen, wenn sie in der Schlacht ihre Soldaten aufrufen, Gräber und Heiligtümer gegen die Feinde zu verteidigen. Denn keiner von diesen armen Römern hat einen Altar von seinen Vätern geerbt, kein Grabmal seiner Ahnen. Für Wohlleben und Reichtum anderer setzen sie im Krieg ihr Leben ein. Herren der Welt werden sie genannt: in Wirklichkeit gehört kein Krümchen Erde ihnen zu eigen.

Plutarch, Tiberius Gracchus 8 f.

Q2 Caesar bereitet sich vor

↗Plutarch berichtet:

Caesar schuf sich in den gallischen Kriegen seine politische Macht. Während man meinte, er schlüge sich in fernen Landen weit von Rom mit Belgern, Sueben und Britanniern herum, verstand er es mit seiner politischen Begabung doch, in politischen Dingen mitten im Volk heimlich gegen Pompeius zu arbeiten. …
Er schuf sich in seinem Heer eine unwiderstehliche, furchtbare Macht. Gold und Silber und andere kostbare Beute, wie sie ihm in seinen zahlreichen Kämpfen in die Hände fallen musste, schickte er nach Rom. So wagte er hier und da Bestechungen, unterstützte die Ädilen, Prätoren und Konsuln und ihre Frauen bei ihren Ausgaben und schuf sich immer neue Freunde.

Plutarch, Pompeius 51.

imperator (lat.) = Befehlshaber, Feldherr, insbes. siegreicher Feldherr, der einen Triumph feiert; später = Kaiser

Q3 Caesars Milde

↗Cassius Dio, Senator und hoher römischer Beamter, schrieb um 230 n. Chr.:

In großen Gegensatz zu der Grausamkeit Sullas trat Caesar dadurch, dass er von Beschuldigungen gegen seine überlebenden Feinde im Bürgerkrieg absah. Er gewährte ihnen Straffreiheit und ließ sie sogar zu höheren Ehrenämtern aufsteigen. Er erstattete den Witwen der Gefallenen die Mitgift zurück, ihren Kindern gab er einen Teil des väterlichen Besitzes zurück. … Dazu erhöhte er seinen Ruhm dadurch, dass er auch Karthago wieder aufbauen ließ. Auch viele andere Städte innerhalb und außerhalb Italiens ließ er wieder aufbauen und neu gründen.

Cassius Dio 43, 44.

Q4 Was wird aus der Republik?

a) Der römische Schriftsteller ↗Sueton (75–150 n. Chr.) berichtet:

Caesar nahm übertriebene Ehren an: die ständige Wiederwahl zum Konsul, die Diktatur und Zensur auf Lebenszeit, außerdem die Titel „imperator“ und „Vater des Vaterlandes“, ein Standbild neben den Statuen der Könige und einen Thron im Theater. Darüber hinaus duldete er auch Ehrungen, die Menschen nicht angemessen sind: einen goldenen Sessel im Senat und Gericht, Bilder neben den Götterstatuen, die Benen-

133.1 Curia Iulia, der von Caesar begonnene Neubau des Senatshauses am Forum. Inschrift: Imp[erator] Caesar (Münze, um 30 v. Chr.).

133.2 Tempel der Göttin Clementia Caesaris („Milde Caesars") (Münze aus dem Jahr 44 v. Chr.).

133.3 Die Iden des März (EID MAR), 15. III. 44 v. Chr. Zwischen den Dolchen die Freigelassenenmütze (Münze der Caesarmörder 43/42 v. Chr.).

Betrachte die drei Münzen genau. Welche politische Wirkung sollten sie erzielen?

133.4 Gaius Julius Caesar. Diese Porträtbüste aus Marmor wurde noch zu Caesars Lebzeiten angefertigt. Heute kann man sie im Archäologischen Nationalmuseum von Neapel besichtigen.

nung eines Monats nach seinem Namen. Er nahm und vergab auch Auszeichnungen, wie er wollte.

Er äußerte in aller Öffentlichkeit, die Verfassung sei ein Nichts; Sulla habe sich wie ein Anfänger benommen, als er die Diktatur niederlegte. Die Leute müssten von nun mit ihren Äußerungen vorsichtig sein und seine Worte wie Gesetze achten. Als die Senatoren ihm weitere Ehren übertragen wollten, empfing er sie im Sitzen und zog so ihren Hass auf sich.

Sueton, Caesar 76 ff. bearb., gekürzt.

b) Marcus Tullius ↗Cicero (106–43 v. Chr.), ein Zeitgenosse Caesars:

Caesar hatte durch Gladiatorenspiele, Bauten, Spenden und Bewirtungen die unerfahrene Menge beschwichtigt, hatte seine Leute durch Belohnungen, seine Gegner durch den Schein der Milde an sich gekettet. Kurz und gut, er hatte nachgerade das freie Volk teils durch Furcht, teils durch Nachgiebigkeit an den Zustand der Knechtschaft gewöhnt.

Cicero, Oratio Philippica II, 45–46, gekürzt.

1. Wie beschreibt Tiberius Gracchus das Schicksal vieler einfacher Römer? (Q 1, vgl. B 129.1) – Was will er mit der Rede erreichen?
2. Mit welchen Mitteln sicherte Caesar seine Machtstellung und baute sie aus? (Q 2)
3. Überlege, warum Caesar seine Gegner mit „Milde" behandelte? Hatte er das Recht dazu? (Q 3)
4. Welches Verhalten Caesars gab seinen Feinden Anlass zu seiner Ermordung? (VT, Q 4)
5. Schreibe einen Nachruf auf Caesar. Überlege zuerst, an welche Bevölkerungsgruppe in Rom oder in der Provinz du dich wenden willst. (vgl. Q 4)

5. Octavian – Caesar – Augustus – der Übergang zur Kaiserzeit

134.1 Römisches Kriegsschiff mit Soldaten. Relief von einem Denkmal für Antonius, den Rivalen des Octavian/Augustus. Das mit einem Krokodil geschmückte Schiff gehörte zu der ägyptischen Flotte des Antonius. Das Denkmal wurde 37 v. Chr. in der Nähe von Rom (Praeneste) errichtet. 31 v. Chr. unterlag Antonius dem Octavian/Augustus.

134.2 Vier Priester opfern, begleitet von Flötenmusik, den Hausgöttern des Augustus. Altar aus Rom, 2. n. Chr. Solche Altäre ließ Augustus ab 6 v. Chr. überall in Rom aufstellen. Hier verehrten vor allem einfache Leute den Kaiser.

■ Caesar: Vom Namen zum Titel

Toga = römisches Obergewand (→ B 164.1)

Kurie = Versammlungsraum des römischen Senats

Mit feierlichen Mienen, gekleidet in die Toga mit dem breiten roten Purpurstreifen, versammelten sich am 16. Januar des Jahres 27 v. Chr. zahlreiche römische Senatoren in der Kurie. Nur wenige von ihnen hatten 17 Jahre zuvor persönlich miterlebt, wie Julius Caesar ermordet worden war, weil er zu mächtig wurde. Die meisten Zeugen der Tat waren tot, andere aus dem Senat ausgestoßen worden. Aber alle Anwesenden erinnerten sich an das, was seither geschehen war. Sie erinnerten sich an Bürgerkriege; sie erinnerten sich an zahlreiche Männer, die ermordet worden waren, weil die neuen Machthaber in Rom sie fürchteten, hassten oder es auf ihr Geld abgesehen hatten.

Nach Caesars Ermordung hatten bald dessen Neffe und Adoptivsohn Octavian sowie dessen Freunde Antonius und Lepidus die Macht an sich gerissen. Doch aus den Verbündeten wurden bald Gegner. Wieder floss Blut. Vielleicht war Octavian geschickter als Antonius, vielleicht hatte er auch nur mehr Glück. Jedenfalls gewannen seine Soldaten und Feldherren im Jahr 31 v. Chr. den Krieg gegen Antonius. Jetzt gab es niemanden mehr im Römischen Reich, der Octavian, gerade 32 Jahre alt, herausfordern konnte.

Caesar, gesprochen: Kaisar

Nach über einem Jahrhundert der Aufstände und Bürgerkriege waren die Römer froh über das Ende des Blutvergießens. Aber es gab auch besorgte Fragen. Hatte nicht Octavian inzwischen ebenso viel Macht wie damals Caesar? War es nicht unerhört, dass der 36-Jährige im Jahr 27 v. Chr. schon zum siebten Mal Konsul war, obwohl man für dieses Amt eigentlich mindestens 40 Jahre alt sein sollte?

Und dann die Sensation! Vor wenigen Tagen hatte Octavian freiwillig seinen Rücktritt angeboten. In der Senatssitzung heute sollten sich die Senatoren dazu äußern. Darum die gespannte Erwartung.

Ehe Octavian das Wort ergreifen konnte, schlug ein Senator vor, ihn „Princeps“ zu nennen. Das war kein Amt wie „Konsul“ oder „Diktator“, es bedeutete einfach „der Erste“. Octavian nahm das Angebot dankend an, eine Abstimmung fand nicht statt. Zusätzlich erhielt der Princeps den Beinamen Augustus, das heißt „der Erhabene“. So war aus Octavianus zuerst Caesar und dann Caesar Augustus geworden. Unter seinen Nachfolgern entwickelte sich der Name Caesar zum Titel. Im Deutschen wurde aus „Caesar“ das Wort „Kaiser“. Mit Augustus beginnt die römische „Kaiserzeit“.

135.1 Ausschnitt von einem Relief des Friedensaltars (Ara Pacis), geweiht im Jahr 9 v. Chr.

Ein alter Name für eine neue Ordnung

Dem Namen nach war die alte Republik wiederhergestellt. Es wurden jährlich Beamte gewählt, es gab Senatssitzungen und Volksversammlungen. Der Princeps wollte bei alldem, wie er selbst schreibt, nur der „primus inter pares“ sein, der „Erste unter Gleichen“. Aber wenn er sich für oder gegen etwas aussprach, konnte er sicher sein, dass man sich seiner Meinung anschließen würde.

Der Kaiser sorgte noch auf andere Weise dafür, dass niemand so mächtig wurde, dass er einen neuen Bürgerkrieg wagen konnte. Er ließ sich die Vollmachten eines Tribuns übertragen. So konnte er, wenn er wollte, jede Maßnahme widerrufen, die einer der jährlich gewählten Beamten getroffen hatte.

Die Beamten und Heerführer in den Provinzen an der Reichsgrenze, wo Legionen standen, ließ er nicht mehr wählen. Die ernannte er selbst. Oft entstammten sie nicht mehr den alten Adelsfamilien, sondern waren aufgestiegen, weil sie besonders tüchtig waren. Sie waren dem Kaiser für ihre Karriere dankbar und ihm treu ergeben. Die alten Ämter verloren an Bedeutung. Sie brachten Ehre, aber keine wahre Macht.

Ein Altar für den Frieden

Augustus sorgte dafür, dass seine Leistungen überall bekannt wurden. Er förderte Dichter wie Horaz und Vergil. Diese feierten dafür in ihren Werken seine Politik. Er ließ die Tore des Janustempels schließen, die in Kriegszeiten offen standen, zum dritten Mal erst, wie er selbst stolz sagte, in der römischen Geschichte. Auf dem nach dem römischen Kriegsgott benannten Marsfeld ließ er im Jahr 9 v. Chr. einen „Altar für den Frieden“ (Ara Pacis) weihen.

Die Nachfolger des Augustus

Augustus starb im Jahre 14 n. Chr. Ihm folgten sein Stiefsohn Tiberius (14–37), sein Urenkel Caligula (37–41), dessen Onkel Claudius (41–54) und Nero (54–68), ein Ur-Ur-Enkel des Augustus. Caligula und Nero starben gewaltsam, als sich die Palastwachen gegen ihre Herrschaft auflehnten. Aber auch, als nach Nero kein Nachkomme des Augustus mehr da war, der Kaiser werden konnte, entstand die alte Republik nicht neu. Von jetzt an setzte sich in der Regel der mächtigste Heerführer als Kaiser durch, wenn die Nachfolge des Kaisers nicht zu dessen Lebzeiten schon geregelt war.

136.1 Statue des Augustus. Sie ist 19 v. Chr. entstanden. Der bewaffnete Augustus ist barfuß. Das soll an Götterstatuen erinnern: Nur Götter wurden in Rom nackt dargestellt. Betrachte dazu B 137.1.

Q1 Augustus über sich selbst

Kurz vor seinem Tode ließ Augustus einen lateinischen und griechischen Bericht seiner Taten anfertigen. Dieser wurde, in Stein gehauen, an verschiedenen Stellen im Reich aufgestellt. Am besten erhalten ist eine Fassung, die man in Ankara gefunden hat:

In meinem sechsten und siebten Konsulat habe ich, nachdem ich das Feuer der Bürgerkriege gelöscht hatte und mit Zustimmung aller die gesamte Gewalt in Händen hatte, die Macht im Staat abgetreten und wieder in die Hände des Senates und des Volkes gelegt.

Für dieses Verdienst erhielt ich durch Senatsbeschluss den Namen Augustus, und von Staats wegen wurden die Türpfosten meines Hauses mit Lorbeer geschmückt, wurde über meiner Haustür ein Bürgerkranz befestigt. Im Senatsgebäude wurde ein goldener Schild aufgestellt. Darauf steht geschrieben, dass der Senat und das Volk mir diesen wegen meiner Tapferkeit und Milde, meiner Gerechtigkeit und meinem Pflichtgefühl geschenkt haben.

Nach diesem Zeitpunkt genoss ich höheres Ansehen als jeder andere, besaß aber von Rechts wegen nicht mehr Macht als die Übrigen, die in einem hohen Amt meine Kollegen waren.

Tatenbericht des Augustus, Kap. 34.

Q2 Das Ende der Republik

Der Historiker und Senator ➚ Tacitus schrieb um das Jahr 100 n. Chr. über Augustus:

Sobald Augustus das Militär mit Geschenken, das Volk durch Getreidespenden, alle miteinander durch die Annehmlichkeit einer Friedenszeit für sich gewonnen hatte, erhob er allmählich höher sein Haupt und zog die Befugnisse des Senats, der Staatsverwaltung und der Gesetzgebung an sich.

Dabei fand er keine Gegner, da die tatkräftigsten Männer auf den Schlachtfeldern geblieben oder den öffentlichen Verfolgungen zum Opfer gefallen waren. Die übrig gebliebenen Angehörigen der Nobilität ordneten sich bereitwillig unter und stiegen dafür umso höher an Reichtum und Ehren. Ja, sie zogen die sichere Gegenwart einer gefahrvollen Vergangenheit vor. …

Die Staatsämter hatten noch die gleichen Bezeichnungen, aber die Staatsform hatte sich gewandelt. … Die Gleichheit der Staatsbürger war beseitigt, und alle schauten nur noch auf die Befehle des Princeps.

Tacitus, Annalen 1, 2.

Q3 Eine starke Frau

Auf einer teilweise erhaltenen Inschrift dankt ein ungenannter vornehmer Römer seiner verstorbenen Frau für das, was sie für ihn tat, als ihm nach Caesars Tod die neuen Machthaber nach dem Leben trachteten:

Als wir vor der drohenden Gefahr gewarnt wurden, hast du nicht zugelassen, dass ich blindlings ins Verderben lief! Du verschafftest mir einen sicheren Zufluchtsort. Wenn ich das alles erzählen wollte, ich fände kein Ende.
Und doch stand das Schlimmste noch bevor. Als Octavian, noch nicht zurück in Rom, großzügig entschieden hatte, mir meine Rechte wiederzugeben, begabst du dich zu seinem Kollegen, um ihn zu bitten, mich in meinen früheren Stand einzusetzen.
Du warfst dich ihm zu Füßen. Er erkannte den Gnadenerlass von Octavian nicht an. Er ließ dich nach Sklavenart wegschleppen. Du hattest den Körper voll blauer Flecken, wurdest schändlich beleidigt und grausam verwundet, und doch verkündetest du laut, was Octavian entschieden hatte. Was kann ich mehr über deine Verdienste sagen als das, was ich auf dein Grab schreiben ließ:
Du hast mir das Leben gerettet.

Aus der so genannten Laudatio Turiae.

1. Betrachte die Statue B 136.1 mit B 137.1 und lies Q 1: Was wollte Augustus von sich selbst überliefert wissen?

2. Wie beurteilt Tacitus die Ursachen und Folgen der Alleinherrschaft (Q 2)?

3. Gib mit eigenen Worten wieder, was der Senator und seine Ehefrau erlebt haben. Wie standen sie wohl zu Augustus? (Q 3)

4. Lies noch einmal die Charakterisierung Caesars durch Sueton und Cicero nach (S. 132/133, Q 4). Vergleiche Sie mit der Darstellung des Augustus durch Tacitus (S. 136, Q 2). Welche Gemeinsamkeiten siehst du? Was hatte sich seit Caesars Zeit verändert?

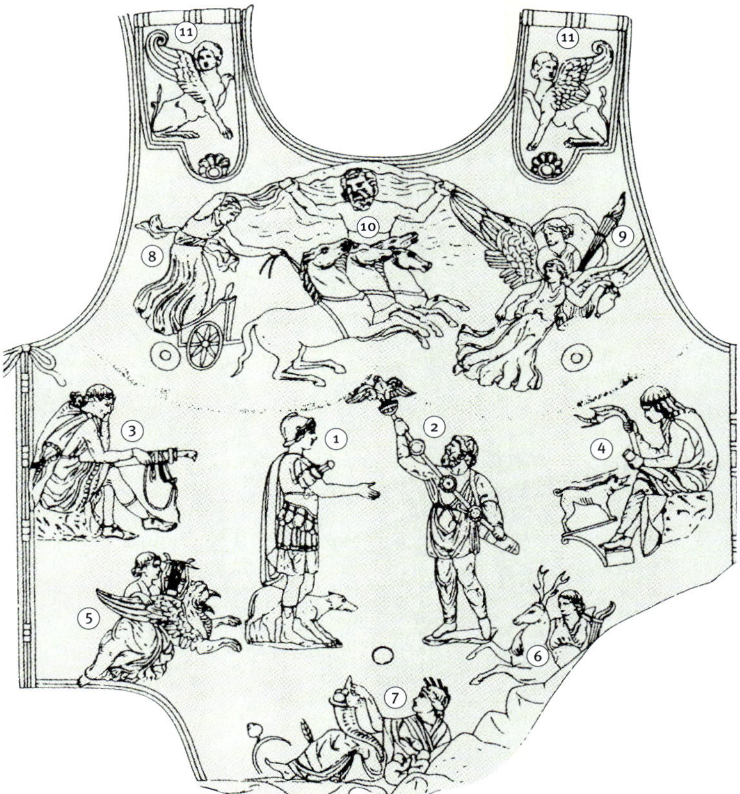

137.1 Die Darstellungen auf dem Brustpanzer des Augustus (→ B 136.1) werden von Archäologen so gedeutet:
- *(1) Römischer Feldherr*
- *(2) König der Parther, eines asiatischen Volkes. Bei eine Niederlage gegen die Parther hatten die Römer 53 v. Chr. ihre Feldzeichen verloren, was als große Schande betrachtet wurde. 20 v. Chr. wurden die Feldzeichen ohne Kampf zurückgegeben. Augustus feierte dies als großen Erfolg.*
- *(3) Trauernde Frau mit Schwert: Das Land Hispania. Nordspanien war soeben von Rom erobert worden.*
- *(4) Trauernde Frau mit leerer Schwertscheide: Gallia. Caesar, der Adoptivvater des Octavian/Augustus hatte Gallien erobert.*
- *(5)(6) Der Gott Apoll, und die Göttin Diana, deren Hilfe Octavian/Augustus in den Schlachten gegen seine Rivalen erbeten hatte.*
- *(7) Die Erdgöttin Tellus galt als die Göttin des Goldenen Zeitalters, dessen Wiederkehr Octavian/Augustus wiederzubringen vorgab.*
- *(8)(9) Der Sonnengott Sol mit seinem Viergespann und die Göttin der Morgenröte zeigen das Heranbrechen eines neuen Zeitalters an.*
- *(10) Der Himmelsgott Saturn*
- *(11) Sphinxen: Darstellung des eroberten Ägypten oder Bewacher des neuen Zeitalters*

6. Rom – Politik, Alltag und Spiele im Zentrum der Welt

138.1 Das Forum Romanum in der Kaiserzeit (Rekonstruktion des westlichen Teils). Von links nach rechts: Basilika Julia (A), Tempel des Saturn (B), Tempel des Vespasian (Kaiser 69–79 n. Chr.)(C), Tempel der Concordia (D), Triumphbogen des Septimius Severus (Kaiser 193–211 n. Chr.)(E), im Vordergrund in der Mitte die Rostra (Rednertribüne), benannt nach den Schnäbeln erbeuteter Schiffe, die dort angebracht waren (F). Links oben: Tempel auf dem Kapitol.

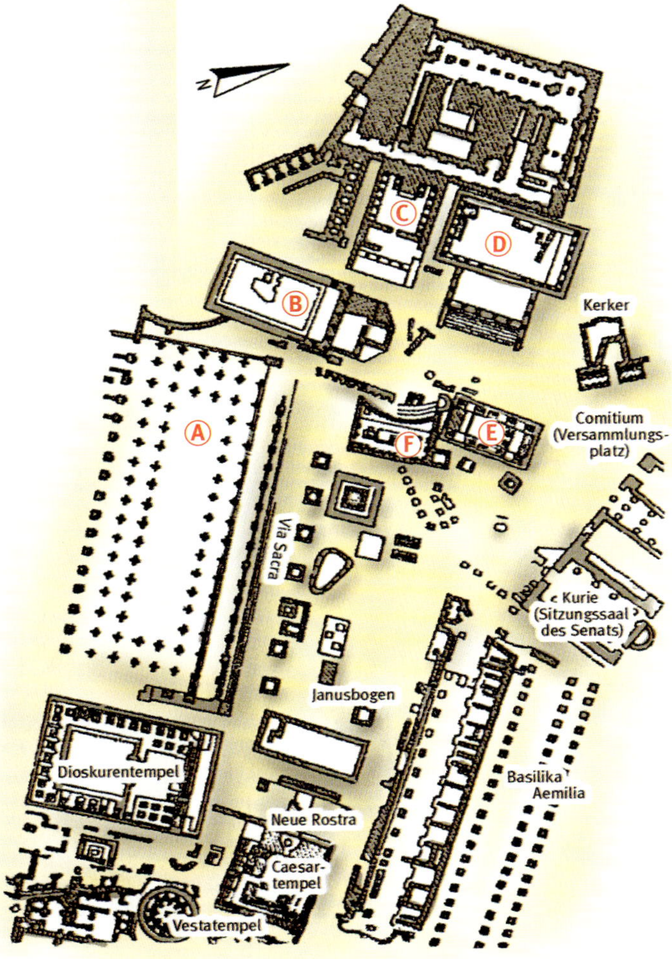

138.2 Lageplan des älteren, westlichen Teils des Forums.

■ Markt und Machtzentrum – das Forum Romanum

Ursprünglich wurde das Forum, ein Platz von 60 mal 90 m, als Markt- und Versammlungsplatz genutzt. Seine Bedeutung ging allerdings bald weit darüber hinaus. In den Basiliken (Hallen) wurde Gericht gehalten, hier wurde Politik gemacht und es wurden Entscheidungen getroffen, die Schicksale von Völkern entschieden. Im Lauf der Zeit füllte sich das Forum mit Bauten, die zeigen sollten, dass Rom unbesiegbar war. Siegreiche Feldherrn zogen im Triumph über das Forum zum Kapitol hinauf und wurden von der Menge gefeiert. Vom Forum gingen auch die acht Fernstraßen aus, die Rom mit den Provinzen verbanden.

Die politisch wichtigsten Schauplätze waren hier gelegen: Auf dem Versammlungsplatz (Comitium) fanden die frühesten Volksversammlungen statt. Von der Rednertribüne aus warben Politiker um Zustimmung für ihre Vorhaben, hier waren auch die zwölf Tafeln mit den wichtigsten Gesetzen Roms angebracht. In der Kurie daneben tagten die Senatoren. Ihr Ansehen war groß und ihre Beschlüsse galten wie Gesetze. In der Kaiserzeit verlor das Forum seine politische Bedeutung. Die Kaiser gestalteten das Forum mit Marmorbauten zu einer Stätte festlicher Repräsentation aus.

139.1 Blick auf die heute sichtbaren Reste des Forums.

Q1

Alltag auf dem Forum

Der römische Dichter Plautus (gest. 184 v. Chr.) beschreibt in einer Komödie das Treiben der Leute auf dem Forum:

Du siehst dort, auf der Comitiumsfläche, wo die Richter sitzen und die Redner von der Tribüne aus sprechen, die Meineidigen, die Lügner und die Prahler, unten auf dem Platz, die Anwälte, die streitenden Parteien und die Zeugen.

Bei den alten und neuen Läden vor den Basiliken siehst du die Wucherer und die Makler; auf dem untersten Forum die ernsthaften und ehrbaren Leute, die sich ruhig unterhalten; im mittleren Teil, beim Kanal, das Gesindel, die Schmarotzer, die von den Reichen ein Trinkgeld erwarten, die Schnattermäuler und die Betrunkenen; auf dem oberen Teil die Klatschmäuler und die Lästerzungen; …

Überall aber sind die Scharen der Müßiggänger und Strolche, die „forenses", die falsche Nachrichten verbreiten und eingebildet über die Handlungen des Staates zu Gericht sitzen. …

Und neben ihnen die Einfältigen und Gläubigen, die auf das Forum gehen, um zu sehen, wo der Regen aus Blut oder Milch wirklich fiel oder welche Spuren ein riesiger Bienenschwarm hinterließ, der sich dort niedersetzte. Sie ziehen dann frohe oder betrübliche Vorhersagen aus diesen Vorhersagen oder aber aus anderen Zeichen, etwa wenn ein Regenbogen oder drei Sonnen über dem Saturntempel auftauchen, eine Schar Geier sich auf dem Concordiatempel niederlässt oder eine Eule dort eindringt.

Plautus, Curculio v. 121 ff., gekürzt, bearb.

1. Vergleiche die Rekonstruktion und das heutige Aussehen des Forums (B 138.1, 139.1) Suche den Standpunkt des Zeichners auf dem Plan (B 138.2).

2. Stelle aus dem Plan und den Abbildungen die Gebäude zusammen, die jeweils dem gleichen Zweck (Politik, Religion, …) dienten. (B 138.1–139.1)

3. Welche Gruppen halten sich auf dem Forum auf und wie charakterisiert Plautus sie? Warum kamen sie zum Forum? (Q 1)

4. Beschreibe in einem Brief einen Spaziergang über das Forum der Kaiserzeit.

140.1 Gladiatoren kämpfen im Amphitheater von Rom gegen Löwen. Ein Gladiator liegt am Boden. Links: Zuschauer auf den Rängen, rechts auf einer Säule eine Kaiserstatue.

Das Colosseum

In unserer Zeit verbringen viele Menschen ihre Freizeit in Fußballstadien, bei Musicals oder Popkonzerten. Die Römer kannten solche Vergnügungen auch. Sie veranstalteten z. B. große Pferderennen, die sie von den Griechen übernommen hatten. Sie führten aber auch Spiele auf, die uns befremden. Einer der Schauplätze dafür war das Amphitheater, das im Mittelalter wegen seiner Ausmaße den Namen „Colosseum" erhielt. Fertig gestellt wurde es im Jahre 80 n. Chr. Straßen mussten zuvor auf sechs Meter verbreitert werden, um die über 100 000 Kubikmeter Steine heranfahren zu können. Die Einweihungsfeiern allein dauerten 100 Tage.

→ S. 115 unten

Gladiator: von lat. gladius = (kurzes) Schwert

Unternehmer, die eine Truppe von Gladiatoren unterhielten und trainierten, organisierten in den Arenen der Amphitheater blutige Kampfspiele. In Rom veranstalteten die Kaiser solche Spiele. In ihren Ställen hielten sie Herden wilder Tiere aus allen Teilen des Römischen Reiches. Die Kämpfer, häufig Sklaven oder Kriegsgefangene, lebten in Kasernen und wurden dort ausgebildet. Die Gladiatoren übten sich in unterschiedlichen Kampfesweisen. Die „Thraker" z. B. kämpften mit einem kurzen Krummdolch und schützten sich mit einem Helm, einem kurzen Schild und Beinschienen. Andere Kämpfer verwendeten Netze, um sie über ihre Gegner zu werfen.

Ein Tag im Colosseum

Die Zuschauer kamen aus allen Schichten. Der Kaiser hatte seine eigene Loge, die Senatoren und die anderen vornehmen Gruppen saßen in seiner Nähe. Die übrigen römischen Bürger saßen in den Rängen, getrennt von den Frauen und den Sklaven. Die Arena fasste insgesamt 50 000 Zuschauer. Das Programm verlief nach einem festen Plan. Vormittags wurden Hunderte von Tieren gejagt oder aufeinander gehetzt. Bei der Einweihungsfeier des Colosseums wurden in kurzer Zeit 5 000 Tiere getötet. Nachmittags fanden die Gladiatorenspiele statt. Meist kämpften die Gegner, bis einer aufgab. Das Publikum entschied, ob der Unterlegene begnadigt oder vom Sieger getötet wurde. Am späten Nachmittag bewirtete der Kaiser die Anwesenden, dazu wurde ein unblutiges Unterhaltungsprogramm aufgeführt. Zum Abschluss senkten Jongleure einen Ring aus brennenden Fackeln in die abendliche Arena.

141.1 Ein Pferderennen, Mosaik, 3. Jahrhundert n. Chr.

141.2 Eine Theateraufführung. Komödien waren in Rom beliebt. Mosaik, 1. Jh. n. Chr.

Mehr als Badeanstalten: die Thermen

Die Spiele in den Arenen waren der Höhepunkt der Festtage, die Thermen der Ort für die alltäglichen Vergnügen. Die ersten Badeanstalten wurden von reichen Bürgern zu allgemeiner Nutzung gebaut. Später überboten sich die Kaiser mit immer prächtigeren Bauten. Sie wurden zu einem der wichtigsten Treffpunkte im Alltag. Der Eintritt war frei oder sehr billig, so dass jeder in die Thermen gehen konnte. Das Angebot ging weit über das Baden und die Körperpflege hinaus und erinnert an heutige Freizeitparks. Man fand dort Sportplätze, Gärten, Imbissstände, Ruheräume und Bibliotheken. (→ S. 117).

Spiele und Brot für Rom

Warum nahmen die römischen Herrscher diese Veranstaltungen selbst in die Hand? Möglicherweise benutzten sie diese, um das Volk zu unterhalten und zu beeindrucken. Das Volk sollte die Kaiser verehren und ihre Herrschaft bejahen. Aus demselben Grund importierten die Kaiser auf Staatskosten Getreide und verteilten es an die Stadtbevölkerung: Denn nichts fürchteten die Kaiser mehr, als Unruhen in der Hauptstadt. Diese hätten auf den Palast übergreifen können – und sie hätten die Inszenierung gestört, auf die alle Kaiser Wert legten: Die Eintracht zwischen Herrscher und Volk.

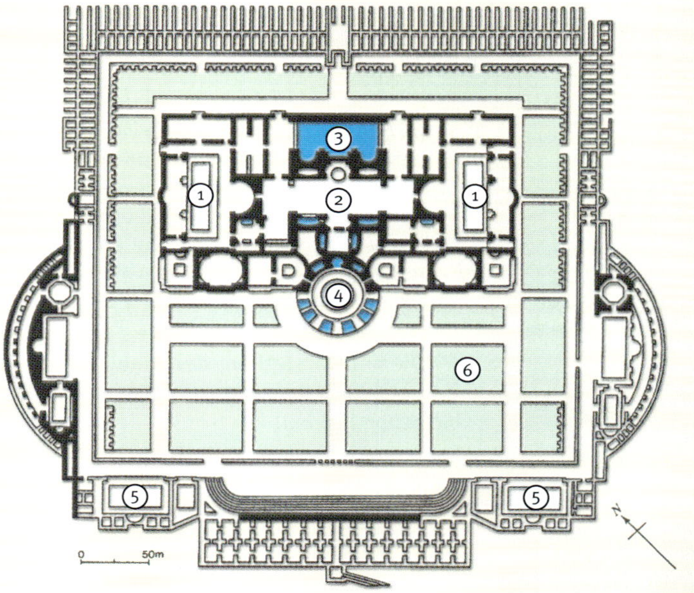

141.3 Grundriss der Thermen des Kaisers Caracalla (212–217 n. Chr.) in Rom.

① Gymnasium (Sportraum)
② Frigidarium (Kaltbad)
③ Schwimmbad im Freien
④ Caldarium (Warmbad)
⑤ Bibliothek
⑥ Gärten

Thermen: von griech. thermos = warm, heiß

1. Schildere den Ablauf einer Veranstaltung im Colosseum (B 140.1, VT) oder einen Besuch in den Thermen (B 141.3, S. 117; VT).

2. Warum besuchten Römer Amphitheater und Thermen? Vergleiche mit den heutigen Freizeitgewohnheiten.

Im Augenblick des Todes

„Es gibt keine Götter mehr, und dies ist die ewig dauernde und letzte Nacht für die Welt!“, so riefen in Misenum, 38 km von Pompeji entfernt, die Menschen in Todesangst, als die Ausläufer des Vesuvausbruches am 24./25. August 79 n. Chr. die Hafenstadt erreichten.

Über die Ereignisse in Pompeji selbst gibt es keine schriftlichen Nachrichten, nur die archäologischen Befunde. Mehrere Wellen von Gesteinshagel, Asche, Bimsstein und Gaswolken erschlugen, begruben und erstickten die Pompejaner teils auf der Flucht, teils in ihren Häusern, bis der Vulkankegel einbrach. Das schrieb Plinius der Jüngere in einem Brief an den Geschichtsschreiber Tacitus.

Im Haus des Fauns hatte die Hausherrin Armreifen, Ringe, Haarnadeln und Goldmünzen zusammengerafft und wurde vom einstürzenden Dach erschlagen. – Die Eigentümer des Hauses der Pansa warfen auf der Flucht eine Bronzestatue des Bacchus in ein Kupfergefäß im Garten; vier Mieterinnen erstickten im Hause. – Auf der Türschwelle des Hauses des Diomedes starben der Hausherr mit 10 Goldstücken und 28 Silbermünzen im Leinenbeutel und ein Sklave, der die Wegzehrung trug, während die goldgeschmückte Hausherrin, ihr Baby, die Tochter, der Sohn und vierzehn Sklavinnen und Sklaven in einem Vorratsgewölbe zwischen Weinamphoren erstickten, den Kopf mit Tüchern verhüllt. – In der Ringerhalle starben ein Chirurg mit seiner Instrumententasche und ein Ringer mit seiner Ölflasche und zwei Striegeln. – In einer Bäckerei brach ein herabstürzender Boden zwei Maultieren das Rückgrat, die eine Mühle angetrieben hatten. – In der Gladiatorenkaserne erstickten zwei angekettete Gefangene und 63 Personen, die mit einer reich geschmückten Pompejanerin in einigen Zimmern Zuflucht gesucht hatten ... Von über 10 000 Personen überlebte kaum eine einzige.

142.2 Eine Straße in Pompeji – ohne Wagenrillen, da sie für Fuhrwerke gesperrt war. Vorne links einer von 43 öffentlichen Brunnen Pompejis, die meist an Straßenkreuzungen lagen und durch Wasserleitungen versorgt wurden.

142.1 Paquius Proculus und seine Ehefrau. Wandgemälde aus einer Villa in Pompeji. Sie trägt einen Griffel und eine wachsbestrichene Schreibtafel, er eine Papyrusrolle (Archäologisches Nationalmuseum, Neapel).

„Hier wohnt das Glück“, „Dies ist ein gesegneter Ort“, so lauten Inschriften an Pompejis Wänden. Die Stadt, die als Schutzgöttin Venus, die Göttin der Liebe, und den Weingott Bacchus verehrte, lebte vor allem vom Weinbau und Weinhandel – der „Vesuvinum“ war berühmt. Der Stadtadel und einige aufgestiegene Familien von Freigelassenen bestimmten das politische Leben und die Geschäftswelt. Ob Angehörige der Oberschicht ihre Gewinne in der Landwirtschaft, als Bankiers, Kaufleute oder Bauunternehmer erzielten, sie legten sie in Grundbesitz im Umland an, bauten luxuriöse Häuser und häuften Gold, Schmuck und Kunstwerke an. Manche von ihnen werden im heißen August 79 n. Chr. in ihren Villen am Meer gewesen sein. Bauhandwerker und Tagelöhner bauten währenddessen die 62 n. Chr. schon einmal vom Vesuv stark zerstörte Stadt weiter auf; Sklavinnen und Sklaven betreuten die Stadthäuser und brachten auf dem Lande die Ernte ein. Spinnerinnen, Weber, Gastwirte, Bäcker, Müller, Schlachter, Kleinhändlerinnen und Fuhrleute wohnten in Obergeschosszimmern zur Miete und aßen in Imbissständen (Thermopolium) an den Straßen.

143.1 In der Nähe Pompejis, in Boscoreale, wurde unter einem Acker die vom Vesuvausbruch verschüttete Villa Regina ausgegraben. Hier fand sich dieser Weinkeller, der von einem Säulenhof umgeben war.

143.2 Getreidemühlen einer Bäckerei in Pompeji. Die drehbaren Oberteile auf konischen Untersätzen zeigen Öffnungen für die Balken, mit denen Maulesel oder Sklaven die Mühlen bewegten.

143.3 Ein für Pompeji typischer Brotlaib, dessen Form sich unter der Vulkanasche des Vesuvs erhalten hat.

Q1 Inschriften aus Pompeji

1. 20 Gladiatorenpaare kämpfen in Puteoli vom 17. bis 20. März. Es werden wilde Tiere und Ringer da sein.
2. Im Besitztum der Iulia Felix, der Tochter des Spurius, sind vom 30. August an von besten Kreisen besuchte Thermen, Läden, Zwischenstöcke und Appartements im ersten Stock für fünf Jahre zu vermieten.
3. O Wirt, dass du für deine Tricks zahlen mögest. Uns verkaufst du Wasser und den Wein behältst du für dich.
4. Die blökende Herde hat doch den Proculus zum Ädilen gewählt, obwohl dafür doch eigentlich die Würde der Rechtschaffenen und der Respekt vor dem Amt erforderlich gewesen wäre.
5. Wasch dir mit dem Wasser die Füße, ein Diener wird sie dir trocknen. Leg auf deinen Platz ein Tuch und mach keine Flecken auf unser Leinentischtuch.

Nr. 5: aus einem Speisezimmer.

Q2 Eine Menüfolge

Der Dichter ↗Juvenal (Ende 1., Anfang 2. Jh. n. Chr.) schrieb an einen Freund:

Hier ist das Menü. Es wird nichts kosten: Das zarteste Zicklein werden die Herden von Tibur liefern. Es hat noch kein Gras gekaut, nicht an jungen Weidensprösslingen geknabbert, es hat mehr Milch noch als Blut.

Bergspargel, wie ihn die Bäuerin nach getaner Spinnarbeit erntete, dann dicke Eier, noch warm vom Heunest, und die Hühner, die sie legten.

Gelagerte Weintrauben, doch frisch, als seien sie gerade gepflückt, Birnen aus Signia, Äpfel, die wie die herrlichsten Früchte aus Picenum duften.

Juvenal, Satiren, 11, 64–76, gekürzt.

1. Stelle aus den Texten, Quellen und Abbildungen des Kapitels Aussagen über das Alltagsleben zusammen. Ordne sie nach Lebensbereichen/Situationen: z. B. Essen, Unterhaltung …
2. Erkläre, warum der Vulkanausbruch – so grausam er für die damaligen Menschen war – für die Archäologie einen Glücksfall darstellt.
3. Vergleiche die damaligen Essgewohnheiten mit denen in heutiger Zeit.

7. Die römische Gesellschaft in der Kaiserzeit

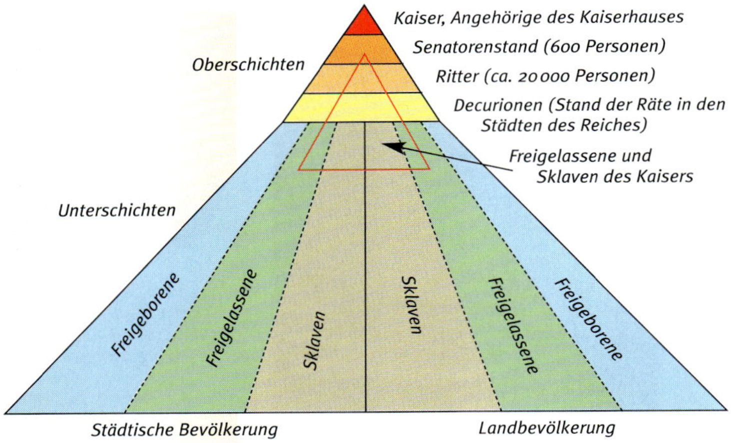

144.1 Gesellschaftliche Schichten in der Kaiserzeit.

▪ „Vom Tellerwäscher zum Millionär ...?"

Ist das nur ein schöner Wunschtraum oder ist ein solcher Aufstieg tatsächlich möglich? In unserer Zeit gibt es gelegentlich solche Fälle, aber auch in der römischen Gesellschaft? Bestimmte hier nicht die soziale Herkunft zugleich die Lebenschancen eines Menschen? Das trifft zu, aber nicht immer.

▪ Zwei Lebensläufe

Gaius Suetonius Tranquillus wurde ungefähr im Jahr 70 n. Chr. in Hippo Regius, im heutigen Algerien, geboren. Er stammt wahrscheinlich aus dem lokalen Adel, der in allen römischen Provinzen wichtige Rollen in der Provinzverwaltung einnahm. Sueton hatte neben der römischen Schulbildung auch die griechische erfahren, wie es typisch war für die jungen Leute aus der vornehmen Schicht. Er wollte in Rom Karriere machen. Ohne Beziehungen zu der kleinen Oberschicht der Senatoren (600 Männer) und Ritter (ca. 20 000 Männer) ging das freilich nicht.

144.2 Römischer Sklave. Statue aus dem 1. Jahrhundert n. Chr.

Der junge Sueton hatte Glück. Er wurde von einem solchen hoch gestellten und einflussreichen Politiker, der zugleich ein bedeutender Schriftsteller war, unterstützt: Plinius der Jüngere half ihm, in Rom als Rechtsanwalt Fuß zu fassen. Plinius nahm Sueton zu Gastmählern bei anderen wichtigen Leuten mit. Er wurde damit in die „höchsten Kreise" und schließlich auch am Kaiserhof eingeführt. Dort leitete er zunächst die kaiserlichen Bibliotheken und später das Büro des Kaisers. Er hatte Zugang zur kaiserlichen Familie und zu den Archiven der Kaiser: Dies ermöglichte es ihm, später eine Geschichte der Kaiser zu schreiben, die spannende Informationen auch zum Privatleben der Kaiser überliefert.

Eine Karriere ganz anderer Art beschrieb der Schriftsteller Petronius in seinem Buch „Das Gastmahl des Trimalchio": Trimalchio kommt als kleines Kind als Sklave nach Rom und wird dort von einem reichen Mann gekauft. In dessen Haushalt übernimmt er verantwortungsvolle Aufgaben. Da sein Besitzer kinderlos bleibt, wird Trimalchio freigelassen und beerbt seinen ehemaligen Herrn. Auf diese Weise gelangt der ehemalige Sklave in den Besitz eines gewaltigen Vermögens. Er erwirbt damit große Ländereien, die er geschickt bewirtschaften lässt. Durch Wuchergeschäfte kann er seinen Besitz noch weiter vermehren.

▪ Aufstieg war möglich

In der römischen Gesellschaft gab es einerseits eine streng abgestufte Rangordnung (→ B 144.1), andererseits konnten die Schranken, die die einzelnen Gruppen voneinander trennten, gelegentlich durchbrochen werden. Außerdem wurden die römische Gesellschaft und vor allem die Stadt Rom selbst durch zahllose Zuwanderer aus den Provinzen geradezu überschwemmt, wie manche alteingesessenen Römer klagten. Diese Menschen brachten nicht nur ihre Qualifikationen mit, sondern auch ihre Lebensweisen, ihre Kulte und Religionen.

Allerdings mussten diese Menschen, wenn sie sich in der römischen Gesellschaft behaupten wollten, die römischen Sitten weitgehend übernehmen. Familien und ganzen Gemeinden, die die Bereitschaft dazu zeigten, gaben die Römer das römische Bürgerrecht. Wenn sich die Neubürger im Militär oder in der Verwaltung auszeichneten, konnten sie in die höchsten Ämter aufsteigen. Vor allem Familien aus den Oberschichten der eroberten Provinzen nutzten diese Möglichkeit, an der Herrschaft des Reiches teilzuhaben.

145.1 Ein Haussklave bedient bei Tisch. Marmorrelief aus Rom, 2. Jahrhundert n. Chr.

145.2 Arbeit in einer Kelterei: Sklaven treten im Takt Weintrauben. Marmorrelief, 2. Jahrhundert n. Chr.

Sklaven in Rom

Wie wurde man zum Sklaven? Nach damaliger Vorstellung hatte der Sieger eines Krieges das Recht, den Besiegten zu töten oder ihn und seine Angehörigen in Besitz zu nehmen. Auf diese Weise gerieten Hunderttausende Menschen in die Sklaverei. Der römische Feldherr Aemilius Paullus versklavte bei der Eroberung Griechenlands im Jahr 168 v. Chr. 150 000 Menschen. Kriegsgefangene wurden auf den Sklavenmärkten verkauft. Die Märkte wurden darüber hinaus von Seeräubern mit Gefangenen versorgt. Der Marktwert der Menschen bestimmte sich nach Alter, Schönheit, Körperkraft oder fachlichen Qualifikationen.

Sklaven arbeiteten – wenn sie Glück hatten – in Haushalten, als Ärzte oder Lehrer oder gar in der staatlichen Verwaltung. Wenn es das Unglück wollte, wurden sie auf den riesigen Ländereien der Senatoren oder Ritter ohne Rücksicht ausgebeutet; am schlimmsten war die Arbeit in Bergwerken.

Gab es Hoffnung?

Sklaven konnten heiraten, Kinder von Sklaven wurden allerdings ihrerseits Sklaven. Die mutwillige Tötung eines Sklaven galt als von den Göttern verbotener Mord. Insofern wurden Sklaven also durchaus als Menschen angesehen. Hoffnungen auf ein Leben in Freiheit konnten sich aber nur wenige machen: Sklaven, die im Haus oder in der Verwaltung arbeiteten, wurden nicht selten freigelassen. Der Freilassungsvertrag sah aber meist vor, dass der Herr von dem Freigelassenen noch bestimmte Dienste fordern konnte. In Rom wurden die Freigelassenen römischer Bürger auch römische Bürger. Dennoch blieb ihr Ansehen in der Regel gering; die Gesellschaft ließ es sie spüren, dass sie ehemalige Sklaven waren. Doch ihren Kindern standen offiziell alle städtischen und staatlichen Ämter offen. Kinder von Freigelassenen finden sich unter den Stadträten im römischen Reich, unter den Rittern und sogar unter den Senatoren.

Feldsklaven konnten keine Hoffnung auf Freilassung hegen. Häufig hassten sie ihre Peiniger erbittert. Sie setzten sich bisweilen zur Wehr: Sie zerstörten den Besitz ihrer Herrn, begingen Attentate. Wurden sie gefasst, mussten sie mit dem Schlimmsten rechnen. Auch Flucht und Fluchtversuche wurden brutal bestraft.

145.3 Freilassung zweier Sklaven. Marmorrelief. Der Sklave setzte eine Filzkappe auf und musste sich niederknien, während ihn ein Beamter mit einem Stab berührte. Die Zeremonie sollte deutlich machen, dass er trotz seiner Freilassung noch Pflichten hatte.

146.1 Modell eines mehrstöckigen Mietblocks nach Überresten aus Ostia. Im Erdgeschoss waren Läden, jeweils mit Lagerraum und einem Wohnraum des Kaufmanns. In den Obergeschossen befanden sich zahlreiche Einraumwohnungen von je ca. 15 m² mit einem Fenster und – manchmal – einem Balkon. So wohnte die überwiegende Mehrzahl der Menschen in den Städten.

Häuser der Reichen und Mietshausblocks

Die wohlhabenden Familien wohnten in großzügigen Häusern. Innenhöfe sorgten für Licht. Malereien an den Wänden, Mosaiken auf den Böden und geschickt platzierte Statuen schmückten die Räume. Durch das Ostium (Eingang) an der Straßenseite betrat man das Atrium, eine Halle mit rechteckiger Dachöffnung mit einem Becken für das Regenwasser. Dann gelangte man ins Tablinum, den Gemeinschaftsraum für die Familie und Empfangsraum für Gäste. Von dort konnte man ins Peristyl, einen als Garten gestalteten Säulenhof, blicken. Links und rechts von dieser Hauptachse lagen Wohn-, Ruhe- und Schlafräume, das Triklinium (Speiseraum) und die Küche. Die links und rechts des Eingangs an der Straße gelegenen Räume waren als Ladenlokale oder kleine Werkstätten vermietet. In den meist kleinen Verschlägen des Obergeschosses lebten die Haussklavinnen und -sklaven oder auch Mieter.

Die Handwerker, Einzelhändler und Tagelöhner wohnten und arbeiteten in mehrstöckigen Mietshäusern – Mehrfamilienhäuser würden wir sie heute nennen. Manchmal lebten ganze Familien in einem Raum.

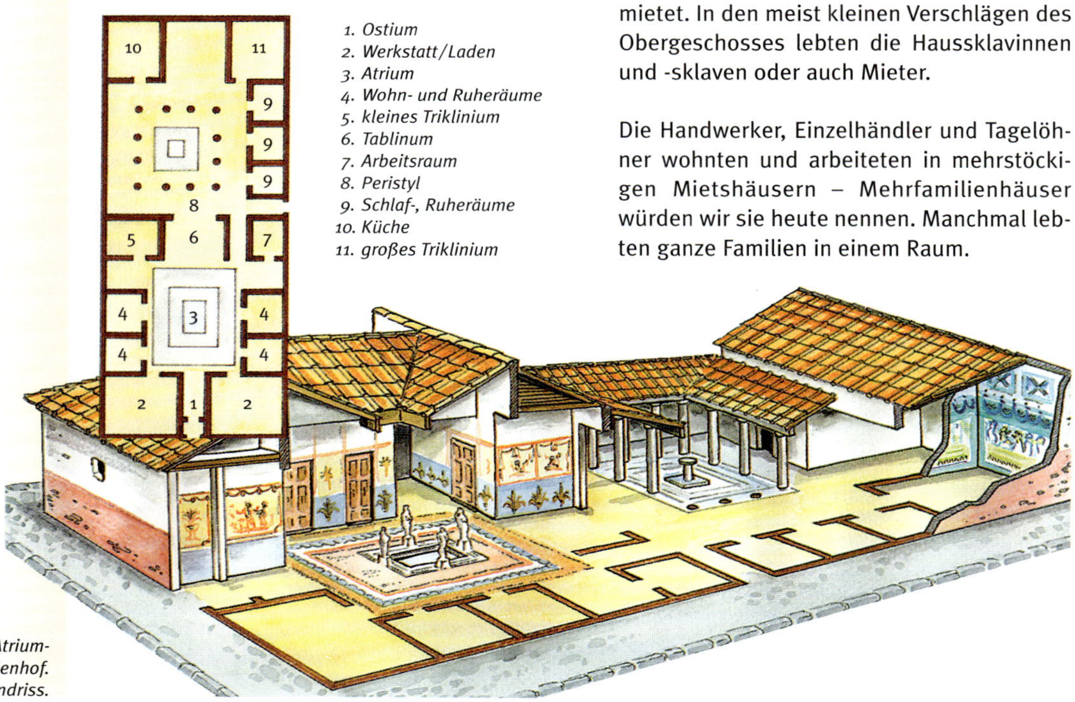

1. Ostium
2. Werkstatt/Laden
3. Atrium
4. Wohn- und Ruheräume
5. kleines Triklinium
6. Tablinum
7. Arbeitsraum
8. Peristyl
9. Schlaf-, Ruheräume
10. Küche
11. großes Triklinium

146.2 Römisches Atriumhaus mit Säulenhof. Schnitt und Grundriss.

Q1 Ein Sklavenleben

a) Archäologen haben einen Vertrag aus der römischen Kaiserzeit (185 n. Chr.) gefunden.

Ophelia, die Besitzerin eines Sklavenmädchens, und der Weber Lukis vereinbaren: Ophelia gibt dem Lukis ihr Sklavenmädchen Thermouthion auf vier Jahre in die Lehre des Weberhandwerks. Sie wird für die Ausbildungsdauer Nahrung und Kleidung des Sklavenmädchens bezahlen und es dem Weber Lukis täglich von Sonnenaufgang bis Sonnenuntergang schicken, damit das Mädchen alle ihr aufgetragenen Arbeiten ausführt.
Dafür erhält ihre Herrin Ophelia im ersten Jahr 8 Silberdrachmen pro Monat, im zweiten Jahr 12 Silberdrachmen, im dritten 16 Silberdrachmen und im vierten 20 Silberdrachmen.
Das Sklavenmädchen soll im Jahr für Festtage 18 arbeitsfreie Tage erhalten.

Papyrus Oxy. 1647, gekürzt.

b) Der römische Philosoph ↗Seneca (4 v. Chr. – 65 n. Chr.) schrieb über die Sklaverei:

Bedenke, mein Freund, dass der Mensch, den du deinen Sklaven nennst, den gleichen Ursprung hat wie du, dass sich über ihm derselbe Himmel wölbt, dass er die gleiche Luft atmet, dass ihm das gleiche Leben, der gleiche Tod beschieden ist.

Seneca, Moralische Briefe 47.

Q2 Grabinschrift eines Freigelassenen

Publius Decimus Eros Merula, Freigelassener des Publius, klinischer Arzt, Augenarzt, Priester im Kaiserkult. Für seine Freilassung zahlte er 50000 Sesterzen, für das Priesteramt zu Ehren des Augustus 2000 Sesterzen an die Gemeinde; für die Aufstellung von Statuen um den Herkules-Tempel spendete er 30000 Sesterzen, für die Pflasterung von Straßen zahlte er 37000 Sesterzen an die Gemeindekasse.
Am Tage vor seinem Tod hinterließ er ein Vermögen von 500000 Sesterzen.

(Der Tagelohn eines Handwerkers betrug ca. 4 Sesterzen.)
K.-W. Weeber, Alltag im Alten Rom, 1995, S. 160.

Q3 Eine Empfehlung

↗Plinius, der auch Sueton gefördert hatte (→ S. 144), setzt sich in diesem Brief für einen Bekannten aus Sagunt, einer Stadt in der Provinz Spanien, ein.

Gaius Plinius grüßt seinen Freund Priscus! Du hast das Kommando über eine große Armee, was dir die Möglichkeit gibt, viel Gutes zu tun und deine Freunde zu fördern. Nun will ich dich um einen Gefallen für einen von meinen Freunden bitten, Voconius Romanus.
Sein Vater war Ritter. Seine Mutter kommt aus einer der besten Familien hier in Spanien. Er selber war kürzlich erst oberster Priester des Kaiserkultes in Spanien.
Wir haben zusammen studiert, wir sind enge Freunde; er begleitete mich in Rom und hier in Spanien. Es gibt keinen treueren Freund und keinen angenehmeren Gesellschafter als ihn.
Er hat eine wundervolle Ausdrucksweise und ein sehr gewinnendes Auftreten. Sein Verstand ist scharf, er ist witzig und angenehm und kann sehr gut vor Gericht verhandeln. Er schreibt auch geschliffenes Latein.
Kürzlich habe ich ihm von Trajan, dem besten Kaiser, eine Auszeichnung verschafft, die dieser nur selten verleiht. Ich möchte ihn gern weiter fördern und empfehle ihn dir daher.
Bitte nimm ihn in deine Freundschaft auf und gib ihm einen Posten, den du für geeignet hältst.
Lebe wohl!

Voconius Romanus erhielt einen Offiziersposten im Heer des Priscus. Wie Voconius Romanus kamen auch Plinius und der Kaiser Trajan (→ B 148.2) aus Spanien. Der Adressat des Briefes Priscus stammte aus Italien.

Plinius, Briefe 2, 13 gekürzt.

147.1 Auf dem Weg zum Sklavenmarkt: Relief auf dem Grab eines Sklavenhändlers, Andernach, 2. Jahrhundert n. Chr.

148.1 Ein „echtes“ altrömisches Ehepaar vornehmer Abkunft? Vergleiche die Abbildung auf S. 120.1. Marcus Gratidius Libanus und Chrite waren Freigelassene aus der Zeit des Augustus, die zu Ansehen und Vermögen gelangt waren.

148.2 Trajan kam aus Italica (heute Sevilla) in Spanien. Sein Vater war um 55 n. Chr. in den Senat aufgestiegen, Trajan wurde 98 n. Chr. Kaiser.

Q4 Ein Bevölkerungsgemisch

a) Der Historiker ↗Tacitus überliefert die Äußerung eines Senators im Jahr 56 n. Chr.:

Die Angehörigen des Freigelassenenstandes sind weit und breit zu finden. Aus ihm setzen sich in der Regel die Gemeinderäte, die Bediensteten der Beamten und die Priester, ja sogar in der Hauptstadt ausgehobene Kohorten zusammen. Die meisten Ritter, sehr viele Senatoren leiten ihre Abstammung nicht von woanders her. Wenn man die Abkömmlinge der Freigelassenen aussondert, wird sich deutlich ein Mangel an Freigeborenen zeigen.

Tacitus, Annalen 13, 27.

b) ↗Juvenal schrieb um 100 n. Chr.:

Griechen von überall her streben zu uns nach Rom und dort sind sie dann bald die Herren. Der Grieche hat jeden Beruf, den du dir vorstellen kannst, zu uns gebracht: Sprachlehrer, Redner, Feldmesser, Maler, Einsalber, Wahrsager, Seiltänzer, Arzt, Zauberer – ein hungriges Griechlein kann alles; es wird in seiner Not sogar zum Himmel hinaufsteigen. Jetzt tragen sie sogar schon den Purpur der Senatoren – und da soll ich nicht flüchten? So einer hat bessere Chancen als ich, mit wichtigen Geschäften beauftragt zu werden. … Wir können nicht mehr mithalten. Kein Römer hat noch irgendetwas zu sagen.

Juvenal, 3. Satire.

1. Schreibe einen Bericht über einen Tag im Leben von Thermoution. Welche Erwartungen für die Zukunft könnte sie äußern? (Q 1 a)
2. Diskutiert: Kann man Q 1 b als Kritik an der Sklaverei betrachten?
3. Was wollte der Freigelassene in Q 2 über sich mitteilen? Was können wir heute aus der Inschrift ableiten?
4. Plinius stellt seinen Freund gut dar, um ihm eine Stelle zu verschaffen. Notiere was offenbar nützlich war, um Karriere zu machen. (Q 3)
5. In der Gesellschaft der Kaiserzeit gab es Risse und Spannungen. Suche nach Ursachen für diese Konflikte (Q 4).

8. Ostia – Handelszentrum im Römischen Reich

Ostia – der Hafen Roms

Archäologen haben Ostia freigelegt: Forum, Tempel, Thermen und Amphitheater. Im Geschäftszentrum beeindruckt noch heute eine Säulenhalle, die den Platz der Handelsgesellschaften (Korporationen) umgibt. Im Boden sind zahlreiche Mosaiken erkennbar. Als Aushängeschilder ehemaliger Läden und Büros geben sie Auskunft über die Herkunft der Geschäftsinhaber und die Art ihrer Geschäfte (→ B 149.1). Plätze sind zu sehen, auf denen Händler, Spediteure und Reeder zusammentrafen. In der Nähe liegen die Werkstätten der Handwerker, Gaststätten und Versammlungsorte. Hektik, Lärm und vielfältige Aktivitäten – das für einen Hafen typische Treiben lässt sich nur noch erahnen.

Ostia war schon in der Republik ein bedeutender Militär- und Handelshafen. In der Kaiserzeit zählte Ostia etwa 80 000 Einwohner, von denen viele Ausländer waren. Im Stadtzentrum lagen die Büros von etwa 70 Handelsvertretungen aus der ganzen Welt. Den Hafen von Ostia verband eine breite Straße mit dem römischen Stadtzentrum.

149.1 Das frühere Geschäftszentrum der Hafenstadt Ostia: Der viereckige Platz war auf drei Seiten von einer Säulenhalle umgeben. Hier befanden sich die Büros der Handelshäuser und Schifffahrtslinien. Die Spezialisierung der einzelnen Büros war auf den Mosaikböden des Bürgersteigs dargestellt.

Ostia – Knotenpunkt des Fernhandels

Rom entwickelte sich langsam zur Millionenstadt. Ihre Bewohner mussten mit Brot versorgt werden. Ostia belieferte Rom und Italien vor allem mit Getreide aus den Provinzen. Die wichtigsten Exportgüter aus Italien waren Wolle, Fleisch, Öl und Wein. Größerer Gewinn ließ sich jedoch mit Luxuswaren wie Edelsteinen, Parfüm, Elfenbein, Seide, Duftstoffen und Gewürzen machen. Die Nachfrage vermögender Römer und Römerinnen nach Luxusartikeln stieg.

Der Fernhandel benötigte ein sicheres Transport- und Informationsnetz. Straßen und Brücken, ursprünglich als schnelle Verbindungslinien für den Aufmarsch der Legionen geplant, standen nun auch den Händlern zur Verfügung. Soldaten sorgten regelmäßig für ihre Sicherheit und gute Befahrbarkeit. Mit Meilensteinen markiert und stabilen Befestigungen versehen verband dieses Straßensystem Rom mit allen Teilen des Reiches.

Alle Massengüter wurden nicht über Land, sondern mit Schiffen auf dem Meer und schiffbaren Flüssen befördert. Ostia war das Zentrum einer gut organisierten Schifffahrt. Personen und Waren wurden auf festen Routen regelmäßig befördert – bis nach Indien und China. Die wichtigste Schifffahrtsroute im Westen machte entlang der nordafrikanischen, spanischen und gallischen Küste die nördlichen Provinzen schnell erreichbar. Für die Sicherheit der Seewege vor Seeräubern sorgte die römische Flotte.

Die Sicherheit des Handels

Die Pax Augusta gewährleistete jedem Händler Sicherheit. Auch brauchte er keine Zölle zu bezahlen; mit Latein im Westen und Griechisch im Osten konnte er sich verständigen. Fremdwährungen brauchte er nicht zu beschaffen, denn römisches Geld wurde überall akzeptiert – auch außerhalb des Reiches. Hielt ein Händler sich nicht an Absprachen oder Verträge, betrog er etwa, dann konnte der Betrogene überall vor Gericht sein Recht nach römischen Gesetzen einklagen.

Pax Augusta = der Frieden im Inneren des Reiches

150.1 Lebensmittelhändlerin. Relief aus Ostia, 2. Jahrhundert n. Chr.

150.2 Beladen eines Getreideschiffes unter Aufsicht eines kaiserlichen Beamten. Fresko vom Grabmal eines Schiffseigentümers in Ostia.

150.3 Der Getreideabmesser. Schwarz-Weiß-Mosaik vom Lokal der Innung der Getreideabmesser in Ostia.

Q1 Ohne Sichel und Pflug: Brot und Wein für die Römer

Der römische Gelehrte Varro (116–27 v. Chr.) begründet den Import von Nahrungsmitteln:

Unsere großen Vorfahren haben nicht ohne Grund die römischen Bauern höher gestellt als die Städter. … Jetzt aber haben sich fast alle Familienväter in der Stadt verkrochen, haben Sichel und Pflug zurückgelassen und möchten die Hände lieber im Theater und im Zirkus als bei der Aussaat und im Weinberg bewegen. Und wir mieten Leute, die uns das Getreide herbeischaffen, und wir werden aus Afrika und Sardinien satt, und mit Schiffen bergen wir die Weinernte aus Kos und Chios.

Varro, Über die Landwirtschaft 2, Praef. 1. 3.

Q2 Hundertfacher Gewinn

Der römische Gelehrte Plinius der Ältere (23–79 n. Chr.) berichtet über den Fernhandel:

Alljährlich segelten Schiffe nach Indien, die wegen der großen Seeräubergefahr von Pfeilschützen begleitet wurden. …
Das Geschäft ist lohnend: Indien zieht jedes Jahr 50 Millionen Sesterzen aus unserem Reich und liefert dafür Waren, die bei uns den hundertfachen Preis einbringen.

Plinius d. Ä., Naturgeschichte 6, 101.

Q3 Mehr zur See als auf dem Lande?

Der römische Dichter ↗Juvenal (etwa 60–140 n. Chr.) schildert Seefahrt und Handel in einem satirischen Gedicht:

Sieh die Häfen und die von Kielen erfüllte See! Fast sind schon mehr Menschen dort als auf dem Lande. Wohin auch immer die Hoffnung auf Gewinn ruft, kommen die Geschwader, sie durchziehen nicht nur die griechische Inselwelt und die afrikanischen Gewässer, sondern sie lassen auch Gibraltar weit hinter sich und hören die in der Flut versinkende Sonne zischen.

Juvenal, Satiren 14, 287 ff.

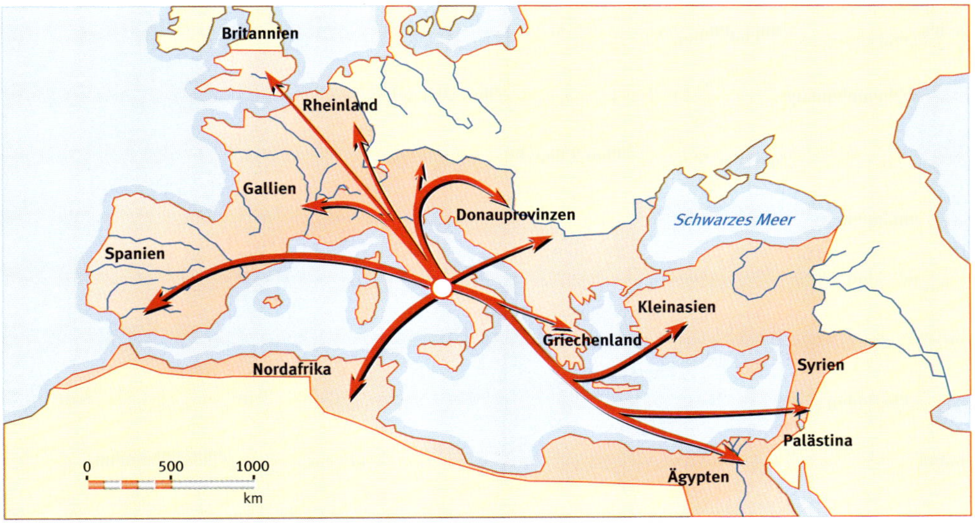

151.1 Der Handel mit Wein und Öl um 5 n. Chr.

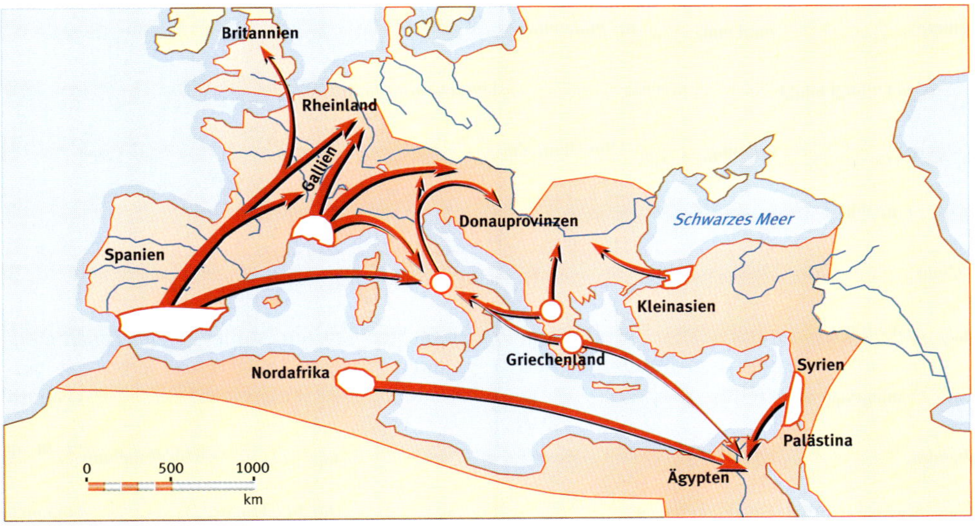

151.2 Der Handel mit Wein und Öl um 150 n. Chr.

151.3 Im Laden eines Tuchhändlers. Relief (Uffizien, Florenz).

1. Informiere dich auf der Werkstattseite (S. 153.1), mit welchen Waren im Römischen Reich gehandelt wurde und woher sie kamen. Unterscheide dabei nach Arten der gehandelten Güter.

2. Was hat sich gegenüber der Zeit der früheren Republik in der Wirtschaftsweise der Kaiserzeit grundlegend gewandelt? (Q 1–3; B 150.2–151.2)

Wo war das noch gleich? – Arbeit mit Geschichtskarten

152.1 Heutige Grenzen und Hauptstädte der Staaten, die auf dem Boden oder im Umfeld des ehemaligen Römischen Reiches liegen.

Das Angebot an Karten ist groß. Es gibt Karten für den Seefahrer, den Autofahrer und den Wanderer, das Wetter …

Auch Historiker arbeiten mit Karten. Im Geschichtsunterricht seid auch ihr schon Karten begegnet: Wandkarten, Karten im Geschichtsatlas, Karten im Geschichtsbuch, vielleicht habt ihr auch den Geographieatlas im Geschichtsunterricht herangezogen.

Geschichtskarten stellen dar, wie Ereignisse (Schlachten, Bündnisse, …), Entwicklungen (Ausbreitung des Menschen, der Landwirtschaft, Eroberungen, …), Staaten, Stämme, Kulturen, Handel, Gewerbe im geschichtlichen Raum einander zugeordnet sind und aufeinander wirken. Karten beziehen sich auf eine bestimmte Zeit der Vergangenheit. Du kannst im Buch viele Beispiele finden und du kannst Beziehungen zwischen den Karten feststellen. Eine Folge mehrerer Karten zeigt eine Entwicklung über einen größeren Zeitraum, z. B. die Karten zum Römischen Reich.

Geschichtskarten stellen viele Zusammenhänge anschaulicher dar als Texte, sie verwenden aber eine „Zeichensprache“, die entschlüsselt werden muss. Ein Pfeil, eine Flächenfarbe, eine Schraffur, eine Grenzlinie oder ein Grenzband, die Form eines Stadtsymbols, die Art der Schrift von Namen und Texteintragungen können bei unterschiedlichen Kartenthemen jeweils Verschiedenes bedeuten. Daher sieh dir die Kartenlegende, ihre Farben und Symbole immer genau an. Sie helfen dir bei der Aufschlüsselung der Informationen, die die Karte enthält. Sonst „wanderst“ du durch die Karte, „kommst aber nicht an“!

Du kannst in folgenden Arbeitsschritten vorgehen:

1. Schau dir zuerst die Unterschrift der historischen Karte an. Sie gibt das Thema der Karte an. Dann weißt du, worüber dich die Karte informiert.

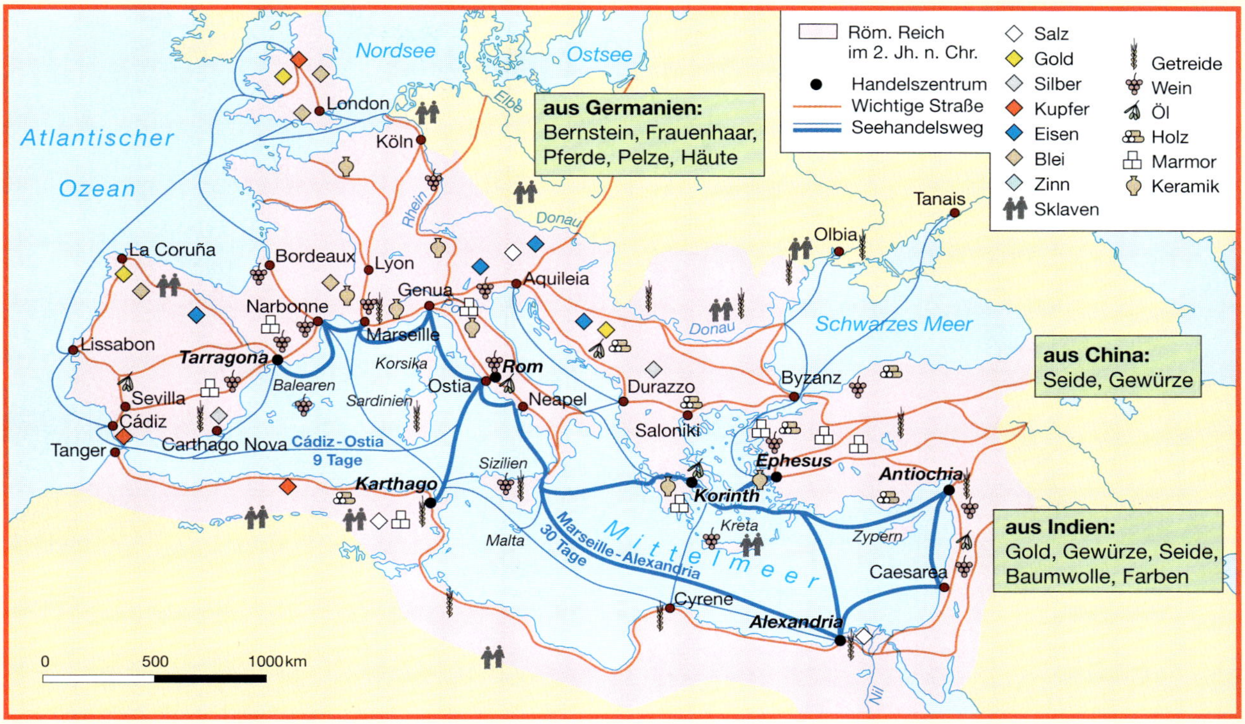

153.1 Handel und Wirtschaft im Römischen Reich der Kaiserzeit des 2. und 3. Jahrhunderts n. Chr.

2. Stelle fest, wie die Karte zeitlich eingeordnet ist: Bezieht sie sich auf ein bestimmtes Jahr, auf einen kurzen oder langen Zeitabschnitt, werden in ihr Zeitstufen unterschieden?

3. Mache dich vertraut mit der Legende, ihren Farben und Symbolen. Jedes Zeichen hat eine besondere Bedeutung.

4. Suche einige der Symbole auf der Karte und orientiere dich. Es ist oft hilfreich, den Geographie-Atlas griffbereit zu haben! Zur Vertiefung bietet eine entsprechende Karte aus dem Geschichtsatlas eine Fülle zusätzlicher Informationen.

Über „Handel und Wirtschaft in der römischen Kaiserzeit im 2. und 3. Jahrhundert n. Chr." informiert dich die Karte 153.1. „Auf den ersten Blick" sind zu erkennen: Handelsgüter, Handelswege und Handelszentren. Die Legende hilft dir, die Karte im Einzelnen zu deuten.

1. Verfertige mit Hilfe von Transparentpapier Auszüge aus der Karte 153.1: Übertrage: Von woher und auf welchen Wegen wurden a) Grundnahrungsmittel, b) Baumaterialien, c) Edelmetalle, d) Sklaven, e) … nach Ostia importiert? Aus welchen heutigen Ländern kamen die Waren? (Karte 152.1)

2. Handelsschiffe legten wie Reisewagen bis zu 120 km am Tag zurück. Vergleiche den Seeweg und den Landweg von London nach Ostia. Welcher Weg war für einen Gütertransport vorteilhafter?

3. Ein Ehepaar aus Caesarea plant ein Fest. Die Dame wünscht sich Bernsteinschmuck, ihr Mann Wein aus Bordeaux. Wie viel früher müssen sie ihr Fest planen, wenn beides erst importiert werden muss?

9. Spuren der Römer auf drei Kontinenten

154.1 Amphitheater in Italica. In dieser Stadt wurden die römischen Kaiser Trajan und Hadrian geboren. Das Amphitheater hatte 25 000 Sitzplätze und war eines der größten der römischen Welt. Unter der Arena befinden sich Versorgungsgänge und Lagerräume.

154.2 Bogen des Caracalla in Volubilis. Der Blick geht über das Forum in die weite Ebene vor der Stadt.

154.4 Bibliothek in Ephesus. Gestiftet zu Ehren des Senators Celsus, der viel Geld zum Erwerb von Büchern ausgegeben hatte. Die Stadt Ephesus existierte bei der Eroberung durch die Römer bereits seit über 500 Jahren; zur Zeit Hadrians hatte sie etwa 200 000 Einwohner und galt als die „erste und größte Stadt Asiens“.

154.3 Links: Aquädukt nach Caesarea. Länge: 8 km. Das Wasser wurde vom Berg Karmel in die Stadt geführt.

155.1 Das Römische Reich zur Zeit des Kaisers Trajan, 117 n. Chr.

1. Ermittle mit Hilfe eines Atlasses, in welchen heutigen Ländern die abgebildeten Überreste römischer Bauwerke zu finden sind.
Stelle fest, welchen Zwecken diese Bauwerke dienten.

2. Ermittle und notiere:
a) Welche römischen Provinznamen finden sich in den Namen von heutigen Staaten wieder?
b) Welche römischen Provinznamen kommen zwar auch heute noch vor, haben aber eine andere Bedeutung?
c) Welche heutigen Staaten liegen auf dem Gebiet des Römischen Reichs
– ganz,
– zu einem großen Teil,
– mit einem kleinen Gebiet?

3. Finde die heutigen Namen einiger in der Karte eingetragenen römischen Städte heraus. Kennst du noch weitere römische Städte?

155.2 Mosaikboden aus Rottweil, Bild des Sängers Orpheus aus einer griechischen Sage. Das Fußbodenmosaik gehörte zu einer Badeanlage, die ungefähr 115 n. Chr. in der römischen Kleinstadt Municipium Arae Flaviae gebaut wurde.

155.3 Reste eines römischen Dorfes vor dem Limeskastell Saalburg bei Bad Homburg. Um 120 n. Chr. errichtet.

10. Erobern und schützen? – Römische Legionäre in den Provinzen

156.1 Befestigtes römisches Truppenlager (Rekonstruktionszeichnung). Außerhalb der Lager entstanden häufig Dörfer oder Kleinstädte.

■ Von der Eroberung zur Sicherung

Im Jahr 9. n. Chr. Drei römische Legionen unter ihrem Feldherrn Varus mit unzähligen Wagen und Lasttieren, mit Frauen und Kindern – einige Tausend Menschen – schlagen sich durch die undurchdringlichen Wälder des Weserberglands. Ihre germanischen Hilfstruppen unter dem bewährten Arminius haben sich für kurze Zeit entfernt; um die Gegend zu sichern, wie sie sagen. Niemand argwöhnt Böses. Weit auseinander gezogen bewegen sich die Römer durch das Gelände. Da beginnt es heftig zu regnen und zu stürmen. Und genau in diesem Moment dringen von allen Seiten bewaffnete Germanen auf die Römer ein. Drei Tage lang dauert der Kampf.

156.2 Römische Soldaten beim Straßenbau in der Provinz.

Der römische Historiker Cassius Dio erzählt von der größten Niederlage, an die sich die Römer erinnern konnten: In der Gegend von Kalkriese beim heutigen Osnabrück besiegten germanische Krieger unter dem Cheruskerfürsten Arminius drei römische Legionen. Tausende Soldaten verloren ihr Leben oder gerieten in germanische Gefangenschaft; Varus nahm sich das Leben. Auch wenn die Römer bei den Rachefeldzügen der folgenden Jahre erfolgreich gegen die Germanen kämpften, so beendete doch Kaiser Tiberius, der Nachfolger des Augustus, die weitere Eroberung rechtsrheinischer Gebiete.

An anderen Grenzen aber gingen die Kriege weiter. Im Verlauf des 1. Jahrhunderts eroberten die Römer noch Gebiete auf dem Balkan oder in Kleinasien; auch Britannien wurde römische Provinz. Das ↗Imperium Romanum hatte beim Tod des Kaisers Trajan (117 n. Chr.) seine größte Ausdehnung erreicht. Fortan konzentrierten sich die Römer darauf, das Reich zu erhalten und die Grenzen zu schützen. Dies gelang vor allem dort gut, wo Meere, Wüsten oder große Flüsse wie der Rhein und die Donau natürliche Grenzen bildeten. Wo die Natur als Grenzschutz nicht ausreichte, errichteten die Römer einen aufwändigen Grenzwall, den so genannten Limes (→ S. 160–161). Heute noch gut erkennbar sind Reste des Hadrianswalls in Nordengland und des Limes in Süddeutschland.

■ Die Legionäre kommen

Als zu Beginn des ersten Jahrhunderts n. Chr. mehrere Legionen nach Germanien verlegt wurden, kamen Soldaten aus allen Teilen des Reichs an den Rhein. Die meisten stammten aus Gebieten, die schon länger zum Römischen Reich gehörten, denn alle Legionäre mussten das römische Bürgerrecht besitzen.

157.1 Ein kaiserlicher Reisewagen konnte an einem Tag auf guten Straßen bis zu 120 km zurücklegen.

Wenn nach zwanzig Jahren ihre Dienstzeit endete, blieben viele Legionäre in der Provinz und heirateten einheimische Frauen.

Hilfstruppen des Heeres kamen dagegen oft aus Gebieten, die noch nicht lange von den Römern erobert worden waren. Diese Soldaten waren Spezialisten in bestimmten Waffengattungen, die es bei den Römern ursprünglich nicht gegeben hatte, wie beispielsweise Steineschleuderer oder Speerwerfer. Während ihrer Zeit als Soldaten lernten sie die Kommandosprache Latein, viele nahmen die römische Lebensweise an. Sie nutzten Badeanlagen bei den Kastellen, aßen römische Speisen, tranken Wein. Nach ihrer Entlassung aus dem Heer erhielten sie häufig das römische Bürgerrecht für sich und ihre Familien.

Von der übrigen Provinzbevölkerung unterschieden sich die Soldaten vor allem durch ihre Sprache und ihren Lebensstil. In den Abfallhalden der Lager finden wir zum Beispiel Schalen von Austern, Scherben von Gefäßen aus Gallien und Amphoren mit Öl oder Wein aus Spanien oder Griechenland.

Zu den zahlreichen Neuerungen, die das römische Militär mit sich brachte, gehörten auch Versorgungseinrichtungen für kranke oder verwundete Soldaten (die Lazarette). Zur Genesung wurden die Legionäre zu den heißen Quellen nach Aquae Granii (Aachen) oder Aquae (Baden-Baden) in Kur geschickt.

Die Legionäre brauchen Verkehrswege

Eine Armee, die ein weites Land beherrschen will, muss sich möglichst schnell bewegen können. Auch alle Versorgungsgüter, seien es Lebensmittel, Waffen oder Baumaterial zum Bau der Militärlager, müssen schnell und zuverlässig transportiert werden. Der wichtigste Transportweg im römischen Germanien waren der Rhein und die Donau mit ihren Nebenflüssen. Die römische Kriegsflotte war in Köln stationiert. Die Schiffe hatten Segel, flussaufwärts wurden sie gerudert oder von Pferden, die am Ufer entlangliefen, gezogen.

Die Römer überzogen ihr Reich mit einem dichten Straßennetz von ca. 80 000 km Länge. In regelmäßigen Abständen entstanden Rasthäuser und Pferdestationen, wo man Zugtiere wechseln und die Fuhrwerke warten und reparieren konnte. Bei den Rasthäusern befanden sich manchmal Polizeistationen, die für die Sicherheit auf den Straßen sorgten.

Ein eindrucksvolles Zeugnis römischer Ingenieurskunst sind die Brücken. Von Grabungen ist die auf 19 steinernen Pfeilern ruhende Rheinbrücke bei Köln bekannt. Sie war über 400 m lang, die Breite betrug etwa 10 m. Auch an anderen Stellen gab es solche Brücken. Noch im 16. Jahrhundert konnte man beispielsweise am Hochrhein bei Kaiseraugst die Pfeiler „einer gewaltigen steinen Brucken“ sehen.

158.1 Im Jahr 12 v. Chr. wurde Drusus, der Sohn des Augustus, nach Germanien geschickt. Er führte große Feldzüge gegen die Germanen zwischen Rhein und Elbe (→ Karte B 161.1). Vermutlich sollte er auch die Einrichtung einer Provinz Germanien vorbereiten. Ihre Hauptstadt sollte bei der heutigen Stadt Gießen liegen. Dort haben Archäologen im Dorf Waldgirmes 1996 die Reste einer Stadt gefunden, die in dieser Zeit angelegt wurde. Hier die Rekonstruktion des Forums, das 40 m x 44 m groß war. In der Mitte des Forums wurden die Reste einer vergoldeten Reiterstatue des Augustus gefunden. Die Vernichtung der Legionen des Varus setzte den Plänen des Augustus ein Ende, auch die Stadt wurde aufgegeben.

Q1 Warum wehrten sich die Germanen?

a) Velleius Paterculus, selbst Offizier unter Augustus, berichtet:

Quinctilius Varus war ein freundlicher Mann, an bequemes Lagerleben gewöhnt. Als er Oberbefehlshaber in Germanien wurde, dachte er, durch das römische Recht – nicht durch das Schwert – könnten die Menschen dort lammfromm gemacht werden. Die Germanen sind aber ein Volk von geborenen Lügnern. Sie schleppten einander vor Gericht und bedankten sich dann dafür, dass das römische Recht ihren Streitigkeiten ein Ende gemacht hätte. Dadurch wiegten sie Varus in Sorglosigkeit. Arminius, ein junger, intelligenter Germane, der früher auf unserer Seite gekämpft hatte, machte sich die Arglosigkeit unseres Feldherrn zunutze, und so wurde die tapferste Armee von allen vernichtet.

b) Florus, ein Historiker des 2. Jahrhunderts:

Es ist schwieriger, eine Provinz zu halten, als sie zu erobern. Die Germanen waren nämlich zwar besiegt, aber nicht gebändigt. Sie verabscheuten die Gier und den Hochmut des Quinctilius Varus. Unter Führung des Arminius griffen sie zu den Waffen, als sie erkannten, dass die Richtersprüche des Quinctilius noch grausamer als das römische Heer waren. Sie überfielen den Ahnungslosen, als er wieder vor Gericht lud, und überwältigten drei Legionen.

c) ↗Cassius Dio berichtet um 200 n. Chr. über die Vorgeschichte der Schlacht:

Nach der Eroberung Germaniens passten sich die Barbaren den neuen Sitten an. Sie gewöhnten sich an Märkte und trafen sich in friedlichen Versammlungen. Doch hatten sie ihre alten Gewohnheiten und ihre einstige Macht nicht vergessen. Als Varus Statthalter der Provinz Germanien wurde, trieb er von ihnen Steuern ein. Eine derartige Behandlung wollten sich diese aber nicht gefallen lassen.
Sie empörten sich nicht öffentlich, da sie sahen, dass viele römische Truppen am Rhein standen. Stattdessen nahmen sie Varus bei sich auf, taten so, als wollten sie alle erteilen Befehle ausführen. Dann lockten sie Quinctilius weit weg vom Rhein, griffen ihn und seine Truppen inmitten dichter Wälder an und richteten schreckliche Verheerungen an.

a) Velleius Paterculus 2, 117. b) Florus 1, 29–34. c) Cassius Dio 56, 18.

158.2 Zwei römische Legionäre, Relief aus Mainz, 1. Jh. n. Chr.

159.1 Maske eines römischen Gesichtshelms, der in Kalkriese gefunden wurde.

159.2 Ein Legionär trug auf dem Marsch etwa 40 kg mit sich: Rüstung (9 kg), Bewaffnung und Verpflegung. Eine Legion legte an einem Marschtag etwa 25 km zurück. Danach mussten die Legionäre ein befestigtes Lager aufbauen und ihr Essen selbst zubereiten. Dazu mahlten sie die mitgebrachten Weizenkörner, wofür kleine Mühlsteine mittransportiert wurden. Aus dem Mehl kochten sie sich einen Brei. Die Legionäre führten aber nicht nur Krieg – in den festen Legionslagern haben Archäologen auch Ziegeleien und Schmieden gefunden. Allein für die Waffen einer Legion waren 38 Tonnen Roheisen nötig.

Q2 Roms Aufgabe?

Der römische Dichter Vergil beschrieb unter Augustus in einem Werk die Zukunft Roms:

Du Römer, denke daran, machtvoll die Völker zu beherrschen – dies ist deine Aufgabe: Ordne mit Gesetzen den Frieden, schone die Unterworfenen und kämpfe die Rebellen nieder.

Vergil, Aeneis 6, 851–854.

M3 Die Varus-Schlacht – Erkenntnisse der Archäologen

Erst vor wenigen Jahren gelang es Archäologen, den mutmaßlichen Ort der Varus-Schlacht zu ermitteln. Die wenigen römischen Berichte über deren Verlauf halfen ihnen bei ihren Ausgrabungen.

Der Osnabrücker Forscher Wolfgang Schlüter hat bei Kalkriese ein 30 Quadratmeter großes Gebiet untersucht, und ein Archäologen-Team beförderte ein ungeheures Durcheinander von Pferde- und Menschenknochen, römische Werkzeuge, Schnallen von Schienenpanzern, Pfeilspitzen, ein chirurgisches Besteck, eine Gesichtsmaske und ein Maultierskelett ans Tageslicht. Unter den Funden waren auch zahlreiche Münzen, von denen keine später als 9 n. Chr. geprägt wurde. „Die Größe des Fundplatzes in Verbindung mit der Funddichte lassen vermuten, dass hier ein größeres Heer, das wesentlich mehr als 2000 bis 3000 Mann umfasste, vernichtend geschlagen wurde“, erklärte Wolfgang Schlüter.

M. Weiner, Der Ort der Schlacht, P. M. History 5, 1999, S. 44, bearbeitet.

1. Arbeite Gemeinsamkeiten und Unterschiede der drei Berichte in Q 1 heraus und stelle sie in einer Tabelle dar. Vergleiche: Wie werden die Römer dargestellt? Wie werden die Germanen charakterisiert? Wie wird das römische Vorgehen in Germanien beschrieben? Welche Ereignisse erbittern die Germanen?

2. Formuliere aus Sicht eines Germanen eine Antwort auf die Denkweise der Römer, die in Q 2 deutlich wird. Rechtfertige den Angriff auf die Römer.

3. Erkläre, warum Archäologen das Ausgrabungsgelände von Kalkriese für den Ort der Schlacht halten (M 3).

159.3 Römische Münze des Kaisers Augustus. Die Vorderseite trägt einen Prägestempel des Feldherrn Varus. Solche Prägungen wurden beim Dienstantritt an die Soldaten verteilt. Sie sind die jüngsten Münzen, die bei Kalkriese gefunden wurden.

Die Grenze des Reiches – der Limes

160.1 Der obergermanische Limes mit Graben, Wall und Holztürmen, um 100 n. Chr. (die Holztürme wurden um 130 n. Chr. durch Steintürme ersetzt).

160.2 Der rätische Limes mit Steintürmen und Steinmauer, um 200 n. Chr.

Der Limes – ein Kontrollposten

Der Limes, die Grenze zwischen dem Römischen Reich und dem Gebiet der Germanen, zieht sich über 550 km vom Mittelrhein bis zur Donau quer durch Süddeutschland. An vielen Stellen kann man noch heute Reste der Grenzbefestigung erkennen. An einigen Stellen – bei Rainau, bei Aalen oder bei Butzbach etwa – sind Wachtürme und Teile des Limes rekonstruiert worden. In Aalen wird die Ausgrabung des größten römischen Reiterkastells in Germanien in einem Freigelände und einem Museum präsentiert. Mit der Saalburg im Taunus wurde sogar ein gesamtes Limeskastell aus Stein wieder aufgebaut, so dass Besucher sich das Leben zur Zeit der Römer vorstellen können.

Allerdings: Wer sich ausmalt, wie groß gewachsene Germanen mit Kriegsgeheul gegen die Grenzmauer anstürmten, der liegt falsch. Der Limes war kein Verteidigungswall, der das Land umgab wie die Befestigungsmauer eine mittelalterliche Burg. Er markierte die Grenze und diente vor allem der Kontrolle der Menschen, die sie passieren wollten. Wenn wirklich einmal Germanen angriffen, dann bot ihnen der Limes wenig Widerstand, konnte die Angreifer höchstens aufhalten, bis die alarmierten Grenztruppen herbeigeeilt waren.

Die Zeichnungen 160.1 bis 160.3 wurden nach Ausgrabungsbefunden und Rekonstruktionen angefertigt.

Gegen Ende des 3. Jahrhunderts häuften sich Angriffe germanischer Völker, besonders der Alamannen, auf den Limes. Daher entschlossen sich die Kaiser, die Grenze bis zu Rhein, Donau und Iller zurückzunehmen. Manche Legionäre, die sich in Südwestdeutschland angesiedelt hatten, und Provinzbewohner aber blieben. So bestimmte die römische Lebensform noch eine Zeit lang die ehemalige Provinz.

160.3 Querschnitt durch einen Wachturm.

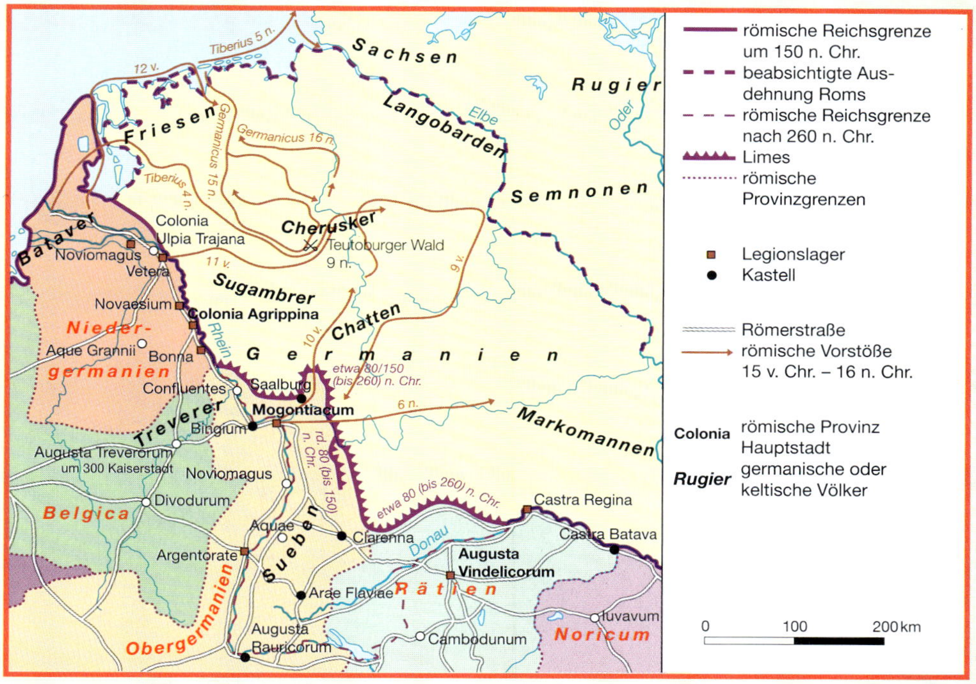

161.1 Das römische Germanien.

161.2 Der Eingang zum wieder aufgebauten Limeskastell Saalburg.

1. Beschreibe die unterschiedliche Gestaltung des Limes. (Obergermanien und Rätien waren zwei Provinzen)

2. Erläutere die Aufgaben des Limes für die Römer.

3. Stelle dir vor: Du bist ein aus Italien stammender Legionär, der an den Limes versetzt wurde. Erzähle in einem Brief deiner Freundin in Italien vom Leben als Soldat in Germanien.

4. Recherchiere im Internet unter dem Stichwort „Limes“. Berichte über deine Ergebnisse. Bewerte dabei auch Aufmachung und Informationsgehalt der Einträge.

5. Diskutiert, was Jugendliche eures Alters in einem Limesmuseum besonders interessieren könnte. Was sollte ein Museum heutzutage bieten?

11. Das Leben in den Provinzen verändert sich

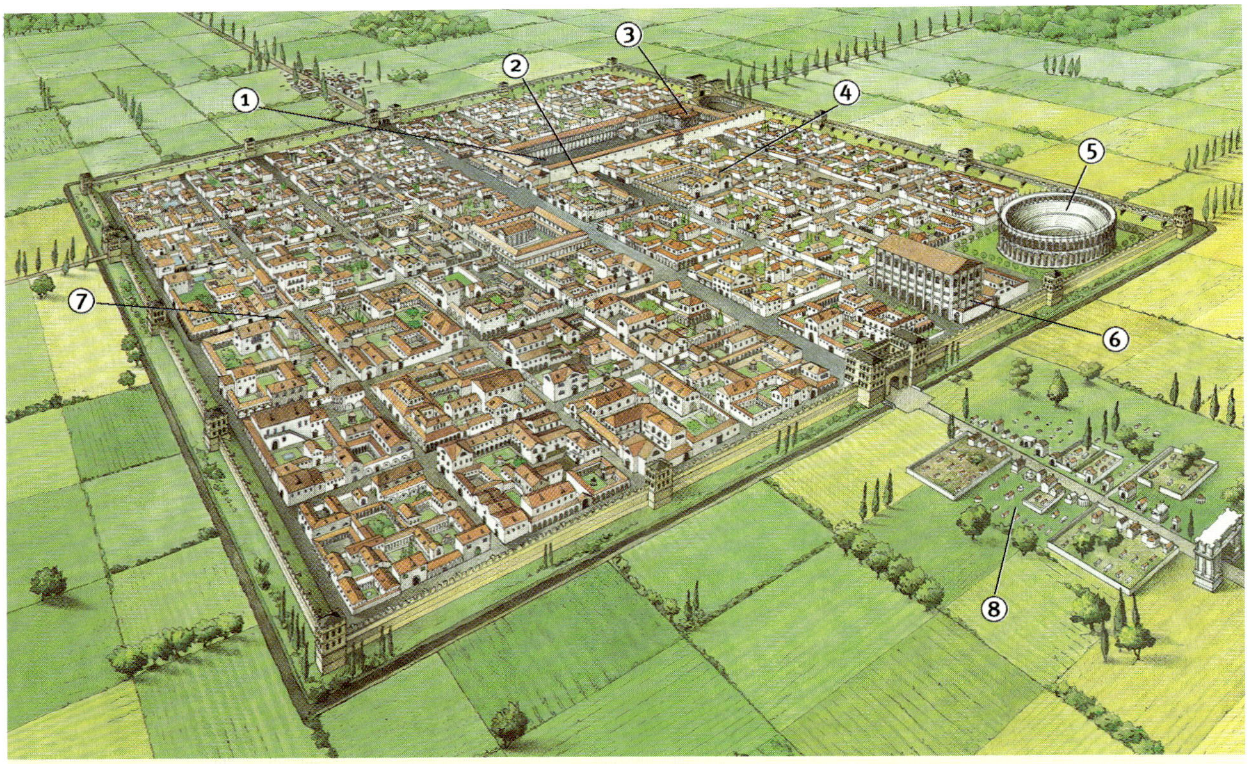

① Forum ② Rathaus ③ Tempel für die römischen Götter und den Kaiser ④ Thermen ⑤ Amphitheater ⑥ Theater ⑦ Tempel für die einheimischen Götter ⑧ Friedhof

162.1 Augusta Praetoria Salassorum. Diese Stadt liegt am Fuße der Westalpen und heißt heute Aosta. Sie wurde als Kolonie im Jahre 24 v. Chr. von Augustus gegründet und gilt als Musterbeispiel römischer Stadtplanung (Rekonstruktionszeichnung).

Städte entstehen

„Germanien macht mit seinen Wäldern einen unheimlichen, mit seinen Sümpfen einen widerwärtigen Eindruck. ... Die Völker der Germanen wohnen nicht in Städten; das ist überall bekannt. ... Vereinzelt und ungeordnet bauen sie ihre Wohnsitze, wie eine Quelle, ein Feld, ein Gehölz ihnen eben gefällt."

So beschreibt der römische Geschichtsschreiber Tacitus Germanien. Die Provinzen im östlichen Mittelmeerraum dagegen blickten auf Jahrhunderte oder gar Jahrtausende städtischen Lebens zurück.

Wollten die Römer die dünn besiedelten ↗Provinzen Mittel- oder Nordwesteuropas auf Dauer beherrschen, mussten sie die Bewohner einerseits militärisch kontrollieren. Sie konnten aber auch versuchen, die eroberten Völker „zu Römern zu machen", die römische Lebensweise (↗Zivilisation) in den Provinzen durchzusetzen. Sie gründeten zahlreiche Städte, von denen aus sie das eroberte Land regieren konnten. Diese römischen ↗Kolonien waren nach dem Muster römischer Städte angelegt.

In den neu gegründeten Städten siedelten sie häufig ehemalige Soldaten an. Diese erhielten ein Stück Land und hatten dafür im Notfall das Heer bei der Verteidigung des Umlandes zu unterstützen. Ihr römischer Lebensstil sollte ein Vorbild für die Provinzbevölkerung sein. Für diese bedeutete die römische Herrschaft zunächst ein hartes Los: Sie standen unter strenger militärischer Kontrolle. Gleichzeitig begannen viele Provinzbewohner aber auch, die Römer nachzuahmen. Das Heer trug durch seine Wirtschaftskraft zum raschen Aufblühen der Grenzprovinzen bei.

163.1 Überreste der Thermen aus römischer Zeit in Trier.

■ Leben wie die Römer

„Die Barbaren wurden zur Ordnung der Römer erzogen: Sie gewöhnten sich an ihre Märkte und hatten friedliche Zusammenkünfte." So beschreibt der Historiker Cassius Dio die Folgen der römischen Herrschaft an Rhein und Donau, die fast 500 Jahre dauerte. Das Leben in den Provinzen des Imperium Romanum wurde schließlich so römisch, dass man von einer Romanisierung der Provinzen spricht.

Lange waren die Bewohner der Provinzen gegenüber den Bewohnern Italiens benachteiligt. Die meisten Menschen in den Provinzen waren keine römischen Bürger, hatten weniger Rechte als diese und mussten Abgaben an die Römer zahlen. Im Laufe der Zeit verringerten sich diese Unterschiede, 212 n. Chr. schließlich verlieh Kaiser Caracalla allen freien Bewohnern des Reiches – also nicht den Sklaven – das römische Bürgerrecht.

■ Latein – die Sprache der Römer

Die Römer sprachen Latein. Soldaten aus fremden Völkern, die im römischen Heer dienten, mussten Latein verstehen. Die Beamten, die die Provinzen verwalteten und mit der Bevölkerung verhandelten, sprachen ebenfalls Latein. Wer etwas erreichen wollte, musste ihre Sprache sprechen und schreiben lernen.

Das Lateinische hat sich vor allem in den Westprovinzen durchgesetzt. Gleichzeitig hat es sich, wie alle Sprachen, im Laufe der Jahrhunderte verändert. Als lebende Sprache ist Latein heute verschwunden. An seine Stelle sind die romanischen Sprachen wie das Italienische oder Französische getreten. Selbst in Provinzen wie Britannien und Germanien, in denen sich die Sprache der römischen Eroberer nicht dauerhaft durchsetzte, blieben viele Wörter als Lehnwörter aus dem Lateinischen erhalten.

Die heutigen Sprachen in Nordafrika und Kleinasien sind dort durch spätere Eroberer (Araber und Türken) eingeführt worden.

Auf ganz andere Verhältnisse traf die lateinische Sprache im Osten: Hier hatte sich nach Alexanders Eroberungen im Zeitalter des Hellenismus die griechische Sprache verbreitet. Das Griechische blieb hier auch unter römischer Herrschaft die wichtigste Sprache. So stammen zwar die Schriften des Neuen Testaments aus römischer Zeit, sind aber ursprünglich auf Griechisch verfasst.

163.2 Weintransport. Bald tranken die in den Städten lebenden Germanen außer Bier auch Wein. Relief aus Trier, 3. Jahrhundert n. Chr.

164.1 Links: Römerin in knöchellanger Tunika (Untergewand), fußlanger Stola (Obergewand) und Palla (Übertuch als Mantel). Rechts: Römischer Bürger in Tunika (knielanges Untergewand, etwa wie ein T-Shirt geschnitten) und Toga als Obergewand (ein halbkreisförmiges, um den Körper geschlungenes Tuch).

164.2 Grabstein einer keltischen Familie aus dem römischen Mainz.

■ Die Römer in Germanien

In der Zeit der ersten Eroberungsversuche Germaniens hatten sich die Römer wenig für Südwestdeutschland interessiert. Das Gebiet zwischen Rhein, Main, Neckar und Donau war schwer zugänglich. So bildeten die Flüsse Rhein und Donau im 1. Jahrhundert n. Chr. die Grenze des Römischen Reiches. Ungefähr 70 n. Chr. begannen die Römer aber, auch das Land zwischen Rhein und Donau zu besetzen. Am Ende des 1. Jahrhunderts sicherte Kaiser Domitian die neue Grenze mit einem Grenzwall, dem Limes (→ S. 160–161).

→ *B 162.1*

Römische Städte entstanden – z. B. Aquae Mattiacorum (Wiesbaden), Nida (Frankfurt), Lopodunum (Ladenburg) oder Arae Flaviae (Rottweil). Dort gab es Thermen, Theater, Tempel für die römischen Götter und die Kaiser, Marktplätze und Rathäuser – die Menschen versuchten so zu leben wie in den römischen Städten Italiens. Quer durch den Schwarzwald wurden Römerstraßen gebaut.

■ Leben auf dem Lande

Viele Soldaten erwarben nach ihrem Abschied aus dem Heer Gutshöfe. Dort betrieben sie Ackerbau oder ließen ihre Herden weiden. Archäologen haben herausgefunden, dass in dieser Zeit die keltischen und germanischen Bauernhöfe allmählich verschwanden. Wir wissen nicht genau, worauf das schließen lässt: Die Kelten und Germanen waren vielleicht geflohen oder sie übernahmen die römische Wirtschaftsform und Lebensweise, so dass wir sie nicht mehr von den Römern unterscheiden können.

Neben den wenigen Städten prägten so einige Tausend Gutshöfe (villae rusticae) das römische Leben in den Provinzen. Häufig wurden diese Gehöfte in der Nähe größerer Ansiedlungen errichtet. Die Siedler achteten darauf, dass ein Fluss oder eine Quelle die Wasserversorgung sicherte. Die Bauern hielten Vieh, meist Rinder, Pferde, Schafe und Ziegen, nur wenige Schweine. Da die einheimi-

165.1 Ein germanisches Bauernhaus. Rekonstruktion.

165.3 Römischer Gutshof (villa rustica) bei Hechingen-Stein.

165.2 Gläser, Schalen und Schmuck aus römischen Städten und Gutshöfen in Süddeutschland.

Der Gutshof bei Hechingen-Stein wurde im 1. Jahrhundert n. Chr. gebaut und bis zum 3. Jahrhundert genutzt. Er wurde zum Teil rekonstruiert, damit Besucher einen Eindruck von der Bauweise und dem Leben damals gewinnen können.
Die römischen Gutshöfe ähnelten sich sehr: Innerhalb einer steinernen Umfassungsmauer standen das Wohnhaus des Besitzers, Unterkünfte für die Knechte und Sklaven, Ställe und Scheunen.
Manche Gutshöfe waren mit einer Heizung ausgestattet, hatten Glasfenster und waren mit Wandmalereien und Mosaiken (→ B. 167.1) geschmückt.
Zum Teil gab es kleine Thermen, einige Besitzer errichteten auch kleine Tempel.

schen Rassen ziemlich klein waren, kreuzten sie diese mit größeren Tieren aus den Mittelmeergebieten. Die Römer brachten auch die Hauskatze mit. Auf den Gutshöfen wurde Getreide angebaut (meist Dinkel, kaum der wetterempfindliche Weizen). Roggen, Gerste und Hafer dienten als Tierfutter. Hülsenfrüchte wie Erbsen, Bohnen und Linsen bildeten die Grundlage der Ernährung. In Gärten wurden Obst- und Gemüsesorten angebaut, die die Römer neu einführten (Äpfel, Birnen, Pflaumen, Kirschen, Pfirsiche und Möhren). An sonnigen Berghängen bauten sie Wein an.

Damit veränderte sich auch die Ernährung der Germanen. Diese hatten bisher hauptsächlich Fleisch und Getreidebrei gegessen. Obst und Gemüse (Beeren, Löwenzahn, Brennnesseln und Pilze) hatten sie in der freien Natur gesammelt.

165.4 Eine römische Glasschale mit Früchten. Wandmalerei, 1. Jahrhundert n. Chr.

166.1 Reste des römischen Amphitheaters in Trier. Es wurde 100 n. Chr. erbaut. Hier gab es, wie im Colosseum von Rom (→ Seite 140), Gladiatorenkämpfe und ähnliche Vorstellungen. Das Amphitheater bot bis zu 18 000 Zuschauern Platz.

166.2 Kaufladen, Relief aus Trier, 3. Jahrhundert n. Chr.

M1 Unterworfene und Nachbarn

Ein kühler Herbsttag im Jahre 220 n. Chr. Dietmar und Gerhild, zwei junge Germanen, sind mit frisch gesammelten Pilzen unterwegs, um sie jenseits der Grenze zu verkaufen. Sie kennen sich in der Sprache der Römer so weit aus, dass sie die vielen fremden Dinge dort richtig bezeichnen können. Am Limes müssen sie *tolonium* bezahlen, sonst könnten sie die Grenze, die aus einem *palum* neben dem anderen mit einem mächtigen *vallum* aus gestampftem Lehm besteht, nicht passieren.
Über die *via strata* mit ihrem *plastrum* haben sie trotz des Regens von letzter Nacht die *milia* zur Stadt schnell zurückgelegt. Schon sind sie am Haus des Kaufmanns angelangt. Nebenan wird ein neues Haus gebaut. Das *cellarium* ist bereits fertig, der *murus* wird noch hochgezogen. Vor der Baustelle lagern die *tegulae*, mit denen das Dach gedeckt wird. Und dort steht das Haus, in dem sie Waren verkaufen wollen.
Durch die *porta* treten die beiden ein. Hier lagert ein *saccus* neben dem anderen, gefüllt mit getrockneten *fructus* und Gewürzen. Ein Knecht fährt mit einem *carrus* weitere *cistae* und *corbes* herein.
Während der *caupo* ihnen die *monetae* für ihre Ware gibt, ist seine Frau nebenan in der *coquina* gerade mit dem *coquere* fertig. Sie lädt die beiden Besucher ein, mit ihnen zu essen.

Q2 So lebten die Germanen

↗ Tacitus beschreibt um 100 n. Chr. die Lebensweise der Germanen:

Bei den Germanen gedeiht Getreide; Obst hingegen nicht. Vieh gibt es reichlich, doch zumeist ist es recht klein.
In den Grenzgebieten kennen sie unser Geld und nehmen es gerne; doch im Inneren des Landes herrscht noch einfacher Tauschhandel.
Die Germanen tragen einen Umhang, den eine Spange zusammenhält. Nur die Reichsten haben noch Untergewänder. Man trägt auch Tierfelle.
Zum Hausbau verwenden sie nicht Bruchsteine oder Ziegel, sondern unbehauenes Holz, ohne auf ein gefälliges oder freundliches Aussehen zu achten. In jedem Haus wachsen die Kinder nackt und schmutzig zu dieser von uns bestaunten Größe heran.
Als Getränk dient ein Saft aus Gerste oder Weizen, der durch Gärung eine gewisse Ähnlichkeit mit Wein erhält. Die Kost ist

167.1 Das Speisezimmer (Triklinium) eines Hauses in der römischen Stadt Augusta Rauricorum (heute Kaiseraugst bei Basel am Rhein). Rekonstruktion im dortigen Freilichtmuseum.

einfach: wildes Obst, frisches Wildbret oder geronnene Milch. Ohne feine Zubereitung, ohne Gewürze vertreiben sie den Hunger.

Tacitus, Germania, 5, 16–17, 23, bearbeitet.

Q3 In Britannien

77–78 n. Chr. war Agricola, der Schwiegervater des Tacitus, Statthalter der Provinz Britannia. ↗Tacitus schreibt:

Um die verstreut und primitiv lebenden Menschen, die deshalb leicht zum Kriege neigten, durch Annehmlichkeiten an Ruhe und friedliches Verhalten zu gewöhnen, ermunterte Agricola sie persönlich und unterstützte sie mit öffentlichen Mitteln, Tempel, Foren und Häuser in der Stadt zu bauen. Die Eifrigen lobte, die Säumigen tadelte er; so traten Anerkennung und wetteiferndes Bemühen an die Stelle des Zwanges.
Auch ließ er die Söhne der Vornehmen unterrichten. So kam es, dass Menschen, die eben noch die römische Sprache abgelehnt hatten, nun römische Redekunst lernen wollten. Von da an fand auch unser Äußeres Beifall, und häufig trugen die Britannier die Toga. So etwas hieß bei den Ahnungslosen Lebenskultur, während es doch nur ein Bestandteil der Knechtschaft war.

Tacitus, Agricola 21, 1–2, gekürzt.

1. Die Germanen haben die lateinischen Wörter in M 1 in ihre Sprachen übernommen. Stelle fest, wie diese Lehnwörter heute im Deutschen lauten.

2. Gerhild und Dietmar schildern ihren Gastgebern das Leben in Germanien. Was könnten sie erzählt haben? (Q 2, VT S. 165, B 165.1)

3. a) Betrachte die Abbildungen auf den Seiten 162 bis 167 und lies Q 3: Notiere die Kennzeichen eines Lebens nach römischer Art.
b) Stell dir vor, du bist ein aus der römischen Armee verabschiedeter Germane. Gemeinsam mit deiner Frau überlegst du, ob ihr mit eurem Ersparten in euer germanisch gebliebenes Heimatdorf zurückkehren sollt. Oder wollt ihr euch lieber in der römischen Provinz niederlassen? Begründe eure Entscheidung.

4. Gibt es in der Nähe deiner Heimatgemeinde Spuren aus der Römerzeit? Fertige eine Übersicht an.

12. Christen – von der verfolgten Minderheit zur Mehrheit im Römischen Reich

168.1 Relief aus einem Mithras-Tempel aus Nida bei Frankfurt. Mithras tötet auf Befehl des Sonnengottes einen heiligen Stier und erlöst so die Anhänger des Kultes vom Bösen. Um 200 n. Chr. (rekonstruierte Bemalung).

168.2 Der siebenarmige Leuchter aus dem jüdischen Tempel in Jerusalem wird von römischen Soldaten fortgeschleppt (70 n. Chr.). (Relief am Titusbogen, Rom, Forum).

Viele Religionen im Römischen Reich

Den besiegten Gegnern wurde die römische Religion nicht aufgezwungen, sondern man ließ ihnen in der Regel die Freiheit, ihre alten Gottheiten weiter zu verehren. Denn die Römer glaubten an die Macht der Götter und Göttinnen ihrer Feinde und wollten sie nicht verärgern.

Doch die Offenheit galt nicht für alle Kulte. Nach einem Aufstand der Juden zerstörten römische Soldaten im Jahr 70 n. Chr. den jüdischen Tempel in Jerusalem und raubten die heiligen Gegenstände (→ B 168.2). Der Kaiser verbot den Juden, einen neuen Tempel zu errichten, der wieder zu einem Zentrum des Widerstands hätte werden können. Viele Juden wurden gezwungen, auszuwandern und sich in anderen Gebieten anzusiedeln.

Meist aber waren die Römer offen für fremde Religionen. Besondere Anziehungskraft hatten Götter aus dem Osten des Reiches. Sie versprachen, ihre Anhänger – entweder noch zu Lebzeiten oder nach dem Tod – vom mühseligen Leben des Alltags zu erlösen. Zu diesen Religionen gehörten der Mithras-Kult (→ B 168.1) und das Christentum. Christliche Apostel gründeten auf Missionsreisen die ersten Christengemeinden im Reich. Zu diesen gehörte auch die Gemeinde in Rom. Die Bibel überliefert uns, dass der Apostel Paulus sie 55 n. Chr. besuchte.

Doch anders als die übrigen fremden Kulte konnte das Christentum nicht einfach Teil der römischen Religion werden. Die Christen glaubten nämlich nur an einen Gott und verehrten nur ihn mit seinem Sohn Jesus und dem Heiligen Geist. Sie lehnten es ab, die Schutzgötter des Römischen Reiches und den Kaiser anzubeten. Damit wurden sie zur Gefahr: Die Römer befürchteten, dass sie den Zorn der Götter auf das Reich lenken könnten. Als unter Kaiser Nero (64 n. Chr.) ein Stadtbrand weite Teile Roms verwüstete, gab man den Christen die Schuld an diesem Unglück. In Tierfelle eingenäht, wurden die angeblichen Brandstifter vor den Augen des Kaisers von Hunden zerrissen.

Die Christen werden ausgegrenzt

Christenverfolgungen blieben aber zunächst selten. Die Kaiser des 2. Jahrhunderts, die stark von der griechischen Philosophie und Kultur beeinflusst waren, nahmen gegenüber

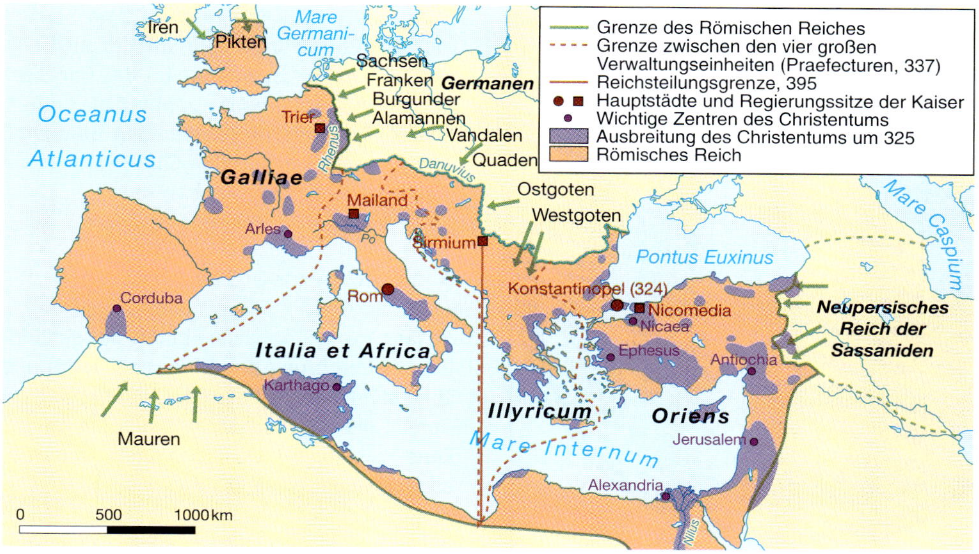

169.1 Das Römische Reich im 4. Jahrhundert: Ausbreitung des Christentums.

dem Christentum eine eher tolerante Haltung ein. So wies Kaiser Trajan (98–117 n. Chr.) seinen Statthalter Plinius in Kleinasien an, Christen nicht gezielt aufzuspüren. Habe man aber Verdächtige als Christen identifiziert, so müsse man sie zwingen, die römischen Götter anzubeten und Christus zu verfluchen. Täten sie dies nicht, so solle man sie hinrichten.

Die Christen waren daher gezwungen, ihre Gottesdienste im Verborgenen zu feiern und sich mit Geheimzeichen zu verständigen. So kam es, dass sich zahlreiche Gerüchte über den christlichen Glauben verbreiteten.

Christen – Sündenböcke für die Krise

Nach der glanzvollen Epoche der ersten beiden Jahrhunderte geriet das Reich ab 235 n. Chr. in eine schwere Krise. Es herrschte wirtschaftliche Not, und fremde Völker bedrohten die Grenzen. Viele römische Bürger beobachteten das Anwachsen der christlichen Gemeinden mit Misstrauen und machten die Christen für die Probleme des Reiches verantwortlich. Sie waren überzeugt, dass die römischen Götter Not und Krieg deshalb vom Römischen Reich nicht mehr abwendeten, weil ein wachsender Teil der Bevölkerung sich weigerte, ihnen zu opfern. „Verehrt allerorten die Götter, wie es unsere Vorfahren taten, und zwingt die anderen Menschen, dies auch zu tun“, forderte z. B. der Senator Cassius Dio in der ersten Hälfte des 3. Jahrhunderts.

Kaiser wie Decius im Jahr 250, Valerian 258 und Diokletian ab 303 verfolgten die Christen systematisch. Decius befahl, dass alle Bürger vor den Behörden erscheinen sollten, um ihre staatstreue Gesinnung durch ein Opfer für den Kaiser zu beweisen. Wer sich dem verweigerte, musste sterben. Tausende erlitten dieses Schicksal. Gläubige, die sich besonders mutig und standhaft verhielten und unter großen Qualen getötet wurden, machte die Kirche später zu Heiligen. Diese Märtyrer, deren Leben und Leiden oftmals mit Legenden ausgeschmückt wurden, sollten ein Vorbild sein.

Märtyrer (griech.): Zeuge; Glaubenszeuge, der seine Treue zum Glauben mit dem Leben bezahlt hat und als Vorbild und Heiliger verehrt wird.

Nicht alle, die man aufforderte, dem Kaiser zu opfern, brachten den Mut auf, für ihren Glauben in den Tod zu gehen. Sie gaben dem Druck nach und wurden damit zu „Gefallenen“. Andere versuchten, die zuständigen Beamten zu bestechen, um die Opferbescheinigung zu erhalten. Kaiser Diokletian verschärfte die Maßnahmen: Er verlangte von seinen Provinzbeamten, alle Kirchen und Versammlungsräume der Christen dem Erdboden gleichzumachen. Diese letzte große Verfolgung forderte – vor allem im Ostteil des Reiches – Zehntausende von Menschenleben.

Die Umschrift lautet: Triumfator gentium barbararum = Sieger über die barbarischen Völker; „Sis“ weist darauf hin, dass die Münze in der kaiserlichen Münzprägeanstalt von Siscia (heute Sisek in Kroatien) geprägt wurde.

170.1 Ein Silbermedaillon aus der Zeit Konstantins. Du siehst einen Feldherrn mit einem römischen Feldzeichen. Statt dem bis dahin üblichen Adler des Jupiter sind auf dem Feldzeichen die griechischen Buchstaben X (= Ch) und P (= R) angebracht, die Anfangsbuchstaben des Wortes Christus.

Bischof (von gr. episkopos = Aufseher): über den Priestern stehender Leiter einer Kirchenprovinz, die zahlreiche Gemeinden umfasst

Papst von gr. /lat. papa = Vater

■ Die „Konstantinische Wende“

Diokletians Nachfolger Konstantin erkannte, dass die Christenverfolgungen ihr Ziel nicht erreicht hatten, denn das erzwungene Bekenntnis der Christen zu den römischen Staatsgöttern blieb ohne dauerhafte Wirkung. Doch bevor er sich der Religionspolitik zuwandte, setzte er seine Oberherrschaft im Reich durch. Im Machtkampf gegen seinen Hauptrivalen Maxentius kam es vor den Toren Roms zur Entscheidungsschlacht. Die Legende berichtet, dass dem Kaiser Konstantin am Abend vor der Schlacht im Traum Jesus Christus erschien. Daraufhin befahl er seinen Soldaten, das Christusmonogramm auf dem Schild anzubringen – und gewann die Schlacht (312 n. Chr.). Wenn die Berichte über diese Erscheinung in den Quellen auch voneinander abweichen, wissen wir doch, dass Konstantin die Politik gegenüber den Christen von Grund auf änderte. Zunächst erließen Konstantin und sein Mitkaiser Licinius im Jahr 313 ein Gesetz, das den Christen die rechtliche Gleichstellung brachte (→ Q 4). In weiteren Gesetzen hob Konstantin die Kreuzigung als Hinrichtungsart auf und machte den Sonntag zum gesetzlichen Feiertag.

Konstantin selbst trat erst auf dem Sterbebett zum Christentum über und ließ sich taufen. Trotz seiner Sympathie für das Christentum blieb er zeitlebens „pontifex maximus“, höchster Würdenträger des alten Glaubens. Auch verlangte er von den Christen, dass sie für das Wohl des Kaisers beteten.

■ Die Römer werden Christen

Im Jahr 391 verbot Kaiser Theodosius schließlich die Verehrung der römischen Götter, die Tempel mussten schließen. Die Olympischen Spiele, die über tausend Jahre zu Ehren des Zeus-Jupiter stattgefunden hatten, mussten im Jahr 394 eingestellt werden.

Schon unter Diokletian hatte Rom seine Stellung als Sitz des Kaisers verloren. Die politischen Machtzentren lagen nun in Mailand und Konstantinopel (→ B 169.1). In religiösen Fragen wurde die „ewige Stadt“ Rom aber immer mehr zum Mittelpunkt. Bischof Leo I. von Rom (440–461) erhob als Erster den Anspruch auf die Vormachtstellung in der Kirche, er nannte sich Papst. Er nahm damit den Titel an, den das Oberhaupt der römisch-katholischen Kirche noch heute trägt. Diesen Anspruch leitete er aus dem Wort ab, das Jesus einst zu Petrus gesagt hatte: „Du bist Simon Petrus und auf diesem Felsen will ich meine Kirche bauen.“ Nach katholischer Tradition war der Apostel Petrus der erste Bischof von Rom.

170.2 Christus als Guter Hirte. Mosaik um 370 n. Chr.

171.1 Die vierzig Märtyrer, Elfenbeinrelief aus Kleinasien, im 4. Jahrhundert n. Chr. angefertigt. Um 300 n. Chr. wurden der Legende nach 40 christliche Soldaten wegen ihres Glaubens zum Tod durch Erfrieren verurteilt. In einer eisigen Winternacht mussten sie nackt auf einem zugefrorenen Teich stehen. Am Ufer stand eine beheizte Badestube für diejenigen, die ihrem Glauben abschwören wollten. Nur ein Soldat gab auf, die übrigen erfroren. Mit solchen Reliefs wurden die für ihren Glauben gestorbenen Christen später verehrt.

171.2 Blick in eine Katakombe in Rom. Die frühen Christen versteckten sich nicht dort, sie bestatteten in den langen unterirdischen Gängen in Wandnischen ihre Verstorbenen.

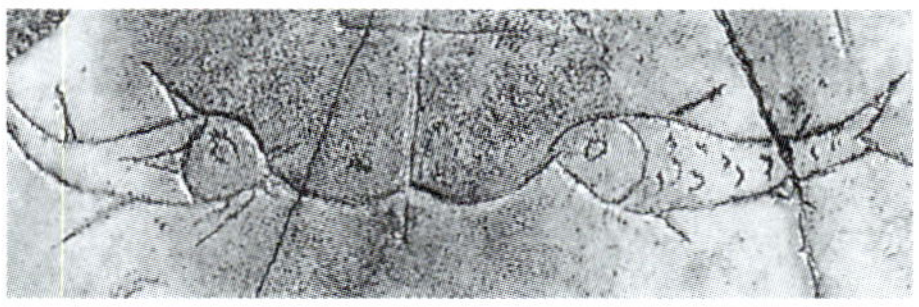

	Ι	Χ	Θ	Υ	Σ
	I	CH	TH	Y	S
	Iesous	Christos	Theou	Yios	Soter
=	Jesus	Christus	Gottes	Sohn	Erlöser

171.3 Der Fisch als geheimes christliches Symbol findet sich in Katakomben. Die Anfangsbuchstaben des griechischen Wortes für Fisch (Ichthys) galten als verschlüsseltes Glaubensbekenntnis.

Bewunderung und Schmähung

a) Der griechische Arzt Galen schrieb um das Jahr 175 n.Chr. über die Christen:

Denn ihre Verachtung gegenüber dem Tode steht uns täglich klar vor Augen. ... Es zählen zu ihnen auch Personen, die in ihrem Verhalten und in ihrer Selbstkontrolle, was Essen und Trinken angeht, und in kühner Einhaltung von Gerechtigkeit einen Punkt erreicht haben, der nicht unter dem der echten Philosophen steht.

Geschichte in Quellen, Band I, S. 712.

b) Aus einer Schmährede des Caecilius gegen die Christen (Anfang 3. Jh.):

Diese Leute sammeln aus der untersten Schicht des Volkes Ungebildete und leichtgläubige Weiber ... und bilden eine gemeine Verschwörerbande. Sie treffen sich in nächtlichen Zusammenkünften, feierlichem Fasten und bei menschenunwürdiger Speise nicht zum Kult, sondern zum Verbrechen, ein duckmäusiges, lichtscheues Gesindel, stumm in der Öffentlichkeit, aber geschwätzig in den Winkeln. Die Tempel verachten sie als Gräber, die Götter bespeien sie, über die heiligen Opfer machen sie sich lustig! ... Vor dem Sterben haben sie keine Angst, weil sie Angst haben, nach dem Tode zu sterben. Es schmeichelt ihnen eine falsche Hoffnung mit dem Trost einer „Auferstehung" und lässt sie die Furcht vergessen. ... So schießen auch die Kultstätten dieser widerlichen, gottlosen Gesellschaft in aller Welt aus der Erde. Ausrotten und verfluchen sollte man die ganze Bande! An geheimen Zeichen und Merkmalen erkennen sie einander und lieben sich schon, fast ehe sie sich kennen.

Minucius Felix, Octavia 8, 4 f., gekürzt.

171.4 Spottchristus. Der Text lautet: „Alexamenos betet seinen Gott an." (Ritzzeichnung. Rom, Palatin, 3. Jh.)

172.1 Brandopfer für den Kaiser. Ein Mann hat in Anwesenheit eines römischen Beamten vor dem Tempel das Opfer vollzogen und erhält eine Opferbescheinigung.

Q2

Bekennen oder leugnen?

Der Bischof und christliche Geschichtsschreiber ↗ Eusebios († 339 n. Chr.) berichtet über die Christenverfolgung unter Kaiser Decius (249–251 n. Chr.):

Kaiser Decius befahl, dass alle dem Kaiser opfern sollten. Alle Christen waren bestürzt. Von den Vornehmeren erschienen viele auf der Stelle vor dem Opferpriester, andere ließen sich von ihren Freunden hinzerren. Namentlich aufgerufen, traten sie zu den unreinen und unheiligen Opfern, allerdings bleich und zitternd, so dass sie von der umherstehenden Menge verspottet wurden. Ihre Feigheit sowohl zum Sterben als zum Opfern trat offen an den Tag.
Andere gingen bereitwilliger zu den Altären und behaupteten verwegen, sie seien früher gar nicht Christen gewesen. ... Andere aber flohen. Wieder andere wurden verhaftet. Von diesen ließen sich einige fesseln und einsperren, einige sogar auf mehrere Tage; dann aber, noch ehe sie vor den Richterstuhl geführt wurden, schworen sie ab. Einige der Gefangenen sagten sich, erst nachdem sie Qualen ertragen hatten, vom Glauben los.
Die besonders Mutigen und Gläubigen dagegen wurden, da Gott sie stärkte, bewundernswerte Zeugen seines Reiches.

Eusebios, Kirchengeschichte 6, 41 f., bearb., gekürzt.

Q3

Soll man Leugner ausstoßen?

↗ Eusebios berichtet in seiner Kirchengeschichte, wie die Kirche mit den „Gefallenen“, also Christen, die ihren Glauben geleugnet hatten, umging:

Novatus, ein Priester der römischen Kirche, hatte sich hochmütig gegen diese Gefallenen, die geleugnet hatten, Christen zu sein, benommen. Er verhielt sich so, als ob für sie gar keine Hoffnung auf Rettung mehr bestünde, selbst dann nicht, wenn sie alles täten, was zu aufrichtiger Bekehrung und ehrlicher Buße notwendig ist.
Daher versammelte sich in Rom eine mächtige Synode (Zusammenkunft) von 60 Bischöfen und einer noch größeren Zahl von Priestern und berieten ... über das, was zu tun wäre.
Sie fassten den Beschluss, Novatus mit denen, ... die seiner lieblosen und ganz unmenschlichen Anschauung zustimmen wollten, aus der Kirche auszuschließen, dagegen die Brüder, die ins Unglück gefallen waren, mit den Arzneimitteln der Buße zu heilen und zu pflegen.

Eusebios, Kirchengeschichte 6, 43, gekürzt.

Q4

Das Ende der Verfolgung

Aus einem Edikt der Kaiser Konstantin und Licinius (313 n.Chr.):

In gesunder und durchaus richtiger Erwägung haben wir so den Beschluss gefasst, dass keinem Menschen die Freiheit versagt werden solle, Brauch und Kult der Christen zu befolgen.
Vielmehr soll jedem die Freiheit gegeben werden, sein Herz jener Religion zuzuwenden, die er selbst für die richtige erachtet, auf dass uns die Gottheit in allem die gewohnte Fürsorge und Huld schenken möge. ...
Bezüglich der Christen bestimmen wir weiterhin: Ihre Kirchen sollen von denen, die sie [nach der Enteignung durch den Staat] käuflich erworben haben, unentgeltlich an die Christen zurückerstattet werden. Auch wer solche Stätten geschenkweise erhalten, soll sie so schnell als möglich denselben Christen zurückgeben. ...

173.1 Silbermedaillon Kaiser Konstantins I., des Großen, mit dem Christusmonogramm (X = Ch, P = R, den Anfangsbuchstaben des Namens „Christus") auf einer Scheibe vorn am Helm (ca. 315 n. Chr.). Umschrift der Münze: Imp(erator) Constantinus P(ius) F(elix) Augustus = Kaiser Konstantin, der fromme und erfolgreiche Augustus.

Damit aber der Inhalt dieses von uns in Hochherzigkeit erlassenen Gesetzes zur Kenntnis aller gelange, ist es notwendig, dass dieses unser Schreiben überall angeschlagen und allen kundgegeben werde, und so niemandem verborgen bleibe.

Eusebios, Kirchengeschichte 10, 5, gekürzt.

173.2 Relief auf dem steinernen Prunksarg (Sarkophag, 359 n. Chr.). Christus auf dem himmlischen Thron übergibt den Aposteln Petrus (l.) und Paulus (r.) zwei Schriftrollen als Zeichen für den neuen Bund zwischen Gott und den Menschen. Seine Füße ruhen auf dem heidnischen Himmelsgott Uranos.

173.3 Die Kirche Santa Sabina in Rom. Die Kirche wurde im 5. Jahrhundert erbaut. Sie gehört zu den ältesten noch erhaltenen Kirchenbauten der Stadt.

1. Galen behauptet von den Christen, sie seien den Philosophen ebenbürtig (Q 1 a). Wie kommt er zu diesem Urteil?

2. Untersuche den Text des Caecilius (Q 1 b) nach Aussagen, die deiner Meinung nach zutreffend sind, und solchen, die auf Vorurteilen beruhen. Überlege, wie derartige Vorurteile entstehen können.

3. Schreibe mit Hilfe von Q 2 einen Dialog als Spielszene, in der ein kaiserlicher Beamter Christen verhört. Beachte auch B 172. 1.

4. Beschreibe das Verhalten der Kirche gegenüber den Menschen, die ihren Glauben geleugnet hatten (Q 3). Versuche dieses Verhalten zu erklären.

5. Gib die Verordnung Q 4 mit eigenen Worten wieder.

6. Untersuche die Abbildungen auf den Seiten 171 bis 173 nacheinander. Welche Veränderungen im Verhältnis des römischen Staates zum Christentum erkennst du?

13. Die Erben des Römischen Reiches

174.1 Völkerwanderung bis zur Mitte des 5. Jahrhunderts.

■ Germanen plündern Rom

Im Frühjahr des Jahres 455 n. Chr. besetzte ein Vandalenheer unter der Führung von König Geiserich die Stadt Rom. Papst Leo I., der vor den Toren mit den Angreifern verhandelt hatte, war es zu verdanken, dass die Bewohner der einst so stolzen Stadt von Brandstiftung, Folter und Mord verschont blieben. Germanen in der Hauptstadt des Römischen Reiches? Was war passiert?

■ Die Grenzen des Reiches werden brüchig

Bereits um das Jahr 260 n. Chr. hatten die Alamannen in Südwestdeutschland den Limes zum ersten Mal gewaltsam durchbrochen. Auch an anderen Orten hielten die Grenzbefestigungen kaum noch stand. Um die Heere versorgen zu können, erhöhten die Kaiser die Steuern und Abgaben. Die wirtschaftliche Kraft des Reiches sank, viele Bürger verarmten. Immer wieder versuchten einzelne Generäle in dieser schwierigen Zeit, den Kaisertitel an sich zu reißen. Bürgerkriege und politische Umstürze waren an der Tagesordnung.

Gleichzeitig hielt die Bedrohung an den Grenzen an. Kaiser Diokletian (284–305 n. Chr.) ernannte daher drei Mitregenten und verlegte den Sitz der Herrscher in Städte, die den bedrohten Grenzen nahe waren. Im Laufe des 4. Jahrhunderts schließlich begannen die Größe und die Probleme des Reiches die Zentralregierung zu überfordern. 395 n. Chr. wurde das Römische Reich unter den beiden Söhnen Theodosius I. (→ S. 170) in ein weströmisches und ein oströmisches Reich geteilt.

■ Die Hunnen – Auslöser der ↗ Völkerwanderung

In dieser schwierigen Zeit verstärkte sich der Ansturm auf die Nordgrenze des Reiches. Begonnen hatte die große Wanderungsbewegung im Jahr 375 n. Chr., als das Reitervolk der Hunnen, aus Zentralasien kommend, in Europa eindrang. Die Goten und andere germanische Stämme wurden von der Wucht dieses Vorstoßes nach Westen gedrückt. Sie drangen in die Kerngebiete des Römischen Reiches ein und gründeten dort eigene Staaten (→ B 175.1).

Unter ihrem König Attila (434–453 n. Chr.) reichte der Einflussbereich der Hunnen von Gallien bis zum Schwarzen Meer. Im Jahr 451 gelang es einem aus Germanen und römischen Galliern bestehenden Heer, die als unbezwingbar geltenden hunnischen Reiter erstmals aufzuhalten und entscheidend zu schwä-

175.1 Germanenreiche auf dem Boden des Römischen Reiches um 526 n. Chr.

chen. Bald nach dieser Schlacht auf den „Katalaunischen Feldern" östlich von Paris starb König Attila, und das Hunnenreich zerfiel.

■ Der Gotenkönig Theoderich

Im Jahr 476 n. Chr. setzte der germanische Feldherr Odoaker in Ravenna den letzten weströmischen Kaiser Romulus Augustulus ab und machte sich zum Herrn Italiens. Aber seine Herrschaft war nur von kurzer Dauer. Der Ostgotenkönig Theoderich griff ihn an und zog im Jahr 493 mit seinem Heer siegreich in Ravenna ein. Unter Theoderichs Herrschaft erlebte Italien noch einmal eine Zeit des Friedens und des allgemeinen Wohlstands. Theoderichs großes Ziel war es, Römer und Ostgoten zu einem neuen Volk zu verschmelzen. Trotz seiner langen Regierungszeit (493 bis 526 n. Chr.) gelang ihm dies aber nicht, zu groß waren die Unterschiede in Sprache und Lebensweise. Nach Theoderichs Tod ging das Ostgotenreich in den Angriffen der oströmischen Armeen unter. Auch die meisten anderen Germanenreiche verschwanden wieder von der Landkarte. Nur das Frankenreich überdauerte. Es wurde im frühen Mittelalter zum Erben Roms in Westeuropa, als dritte große Macht neben dem oströmischen Reich und dem sich von Süden her ausbreitenden Reich der Araber.

■ Das Römische Reich lebt weiter

Das Ende des weströmischen Reiches im Jahr 476 n. Chr. bedeutete nicht das endgültige Ende des Römischen Reiches, denn das durch die Reichsteilung des Jahres 395 n. Chr. entstandene Oströmische Reich verstand sich als rechtmäßiger Nachfolger des alten Imperium Romanum. Die in der Hauptstadt Konstantinopel residierenden Herrscher bezeichneten sich weiterhin als Kaiser der Römer und knüpften an die Tradition des römischen Kaiserreichs an.

Der bedeutendste unter den oströmischen Herrschern war Justinian I. (527–565). Ihm gelang es, durch die Rückeroberung Italiens, Nordafrikas und spanischer Küstengebiete das Römische Reich teilweise in seinen alten Grenzen wiederherzustellen. Nach seinem Tod gingen die westlichen Teile allerdings bald wieder verloren.

Über tausend Jahre hielt das Oströmische Reich den Angriffen der unterschiedlichsten Gegner stand, bis seine Hauptstadt Konstantinopel im Jahr 1453 von den osmanischen Türken erobert wurde. Bald war sie die Hauptstadt des Osmanischen Reiches. Von hier aus lenkten die osmanischen Herrscher den weiteren Vormarsch türkischer Heere, der über den Balkan bis vor die Tore Wiens führte.

Konstantinopel, eine Stadt – drei Namen: Auf dem Boden der 658 v. Chr. gegründeten Griechenstadt Byzantion (Byzanz) gründete Kaiser Konstantin 330 n. Chr. die Stadt Konstantinopel. Erst im Jahre 1930 wurde sie offiziell in Instanbul umbenannt. Nach der Hauptstadt Byzanz hieß das oströmische Reich auch byzantinisches Reich.

176.1 Der Palast König Theoderichs. Darstellung als Mosaik aus der Kirche San Apollinare Nuovo in Ravenna (6. Jahrhundert n. Chr.).

Q1 Wie die Vandalen ihr Reich regieren

Der Geschichtsschreiber Prokop berichtet, wie die Vandalen die Unterworfenen im römischen Nordafrika behandelten:

Wo sich in Afrika ein ansehnliches und reiches Besitztum fand, beschlagnahmte Geiserich das mitsamt dem Grund und Boden und allem Inventar und gab es seinen Söhnen Hunerich und Genzo. …
Den anderen Libyern aber nahm er die Grundstücke, die die größten und besten waren, einfach weg und verteilte sie an das Volk der Vandalen. … Diejenigen aber, die seit alters her diese Grundstücke besessen hatten, verfielen in ärgste Armut; nur die freie Bewegung war ihnen gelassen.
Und alle die Grundstücke, die Geiserich seinen Söhnen und den anderen Vandalen gegeben hatte, blieben auf seinen Befehl vollkommen steuer- und abgabenfrei. Das Land aber, das nicht gut zu sein schien, ließ er seinen früheren Besitzern, legte diesen jedoch eine solch hohe Abgabe davon auf, dass ihnen, die so ihr eigenes Land in Besitz hatten, auch nicht das Geringste übrig blieb. Viele von ihnen flüchteten und wurden getötet.

Prokop, Vandalenkrieg 1, 5, 11.

176.2 Goldmünze mit dem Bildnis Theoderichs. Die Umschrift lautet: THEODERICUS PIUS PRINC(eps) I(nvictus) S(emper) = Theoderich, frommer Fürst, immer unbesiegt.

Q2 Theoderich als Herrscher

Ein namentlich nicht bekannter Geschichtsschreiber charakterisiert Theoderich:

Er war ausgezeichnet und guten Willens in allem. Er regierte 33 Jahre. In seiner Zeit war Italien 30 Jahre lang vom Glück begleitet, derart, dass selbst Reisende Frieden hatten. Denn er tat nichts verkehrt. So regierte er die beiden Völker in einem, die Römer und die Goten. Er gab Zirkusspiele und Amphitheater. …

Den Staatsdienst der Römer ließ er den gleichen sein wie unter den Kaisern. Er gab Spenden und Lebensmittel, und obwohl er den Staatsschatz ganz leer vorgefunden hatte, stellte er ihn mit seiner Arbeit wieder her und machte ihn reich.

Während er ohne Bücherwissen war, besaß er doch solche Weisheit, dass manche seiner Worte jetzt noch beim Volk als Sprüche gelten. …

Er war ein Freund von Bauten und ein Erneuerer der Städte. Er erneuerte die Wasserleitung von Ravenna, die der Kaiser Trajan hergestellt hatte, und leitete nach langer Zeit wieder Wasser herein. Den Palast stellte er in Vollendung her.

Anonymus Valesianus, 12, 65.

177.1 Das Grabmal Theoderichs in Ravenna. Wie die großen römischen Kaiser Augustus und Hadrian ließ Theoderich sich in einem Mausoleum bestatten. In diesem Bauwerk verbinden sich römische Formen (im unteren Teil) mit germanischen Vorstellungen vom Bauen. Die Decke dieses Rundbaus besteht aus einem einzigen Steinblock mit 11 Metern Durchmesser.

1. Untersuche die Karten 174.1 und 175.1: Beschreibe den Weg, den die Stämme der Vandalen und der Goten auf ihrer Wanderung nahmen.

2. Vergleiche die Regierungsweise der beiden Germanenkönige Geiserich (Q 1) und Theoderich (Q 2). Beachte auch B 176.1 bis 177.1.

177.2 Justinian mit Soldaten, hohen Beamten und Bischöfen. Mosaik (San Vitale, Ravenna, um 550 n. Chr.).

14. Der Islam – eine neue Religion entsteht

„Im Namen Gottes, des Erbarmers, des
Barmherzigen!
Lob sei Gott, dem Weltenherrn,
Dem Erbarmer, dem Barmherzigen
Dem König am Tag des Gerichts!
Dir dienen wir und zu Dir rufen um Hilfe wir.
Leite uns den rechten Pfad
Den Pfad derer, denen Du gnädig bist,
Nicht derer, denen Du zürnst, und nicht der
Irrenden."

Islam: Das arabische Wort bedeutet „Ergebung in den Willen Gottes". Der Islam ist nach dem Judentum und dem Christentum die jüngste „Offenbarungsreligion". Ihr Glaube beruht auf heiligen Schriften, die nach dem Verständnis der Gläubigen von Gott offenbart wurden.

Mit diesen Worten beginnt der Koran, das heilige Buch der Muslime. Er ist die Grundlage des Islam, zu dem sich heute weltweit über eine Milliarde Gläubige bekennen. Der Islam entstand im 7. Jahrhundert nach Christus in Arabien und ist bis auf den heutigen Tag von den Lebensformen der arabischen Welt geprägt geblieben.

Mekka – der Geburtsort Mohammeds

Allah: Für den Muslim ist Allah der einzige und wahre Gott, der durch seinen Propheten Mohammed gesprochen hat.

Mit über 3 Mio. km² ist Arabien die größte Halbinsel der Erde. Sie besteht aus Wüstenlandschaften, die im Westen und Süden von hohen Gebirgen umgeben sind. Die spärlichen Niederschläge lassen sesshaftes Leben nur in Oasen zu. Bis ungefähr 600 n. Chr. lebten die meisten Araber in Stämmen, die in Karawanen von Oase zu Oase zogen, um mit ihren Waren zu handeln. Verkauft wurden Datteln, Töpferwaren, Felle und Stoffe, aber auch kostbare Dinge wie Weihrauch, Gewürze und Edelsteine. Nicht selten kam es zu Überfällen und kriegerischen Auseinandersetzungen zwischen den Beduinenstämmen, da eine von allen akzeptierte Staatsmacht fehlte.

178.1 Eine Seite aus dem Koran. – Der Koran besteht aus 113 Kapiteln, den Suren. Die Gestaltung der Koranschrift wurde im Lauf der Jahrhunderte zu einer eigenen Kunstform.

Jeder Stamm hatte seine eigenen Götter. Neben deren Priestern gab es in jedem Stamm Seher, ältere, weise Männer, an die sich Ratsuchende wandten.

Ein wichtiger Ort für den arabischen Handel war das nahe der Westküste gelegene Mekka. In dieser von Bergen umgebenen Oasenstadt kreuzten sich mehrere Handelswege. Außerdem befand sich mit der Kaaba (arabisch: Würfel) dort ein Heiligtum, das von Anhängern verschiedener Stammesreligionen verehrt wurde. Dort wurde um 570 n. Chr. Mohammed geboren.

Mohammed wird zum Propheten

Über Mohammed wissen wir nur wenig Genaues. Berichte über sein Leben wurden erst über 100 Jahre nach seinem Tod von arabischen Gelehrten niedergeschrieben. Sie schmückten sie mit zum Teil widersprüchlichen Erzählungen aus, so dass für den modernen Historiker Wahrheit und Legende oft nur schwer zu trennen sind. Sicher ist, dass Mohammed in eine arme Familie geboren wurde und früh seine Eltern verlor. Als junger Mann fand er eine Stelle bei der reichen Kaufmannswitwe Chadidscha, für die er weite Handelsreisen unternahm. Im Alter von etwa 25 Jahren heiratete er Chadidscha und wurde damit zu einem vermögenden Mann. Dies ermöglichte ihm das Studium gelehrter Schriften, mit denen er sein Wissen in Fragen der Religion erweiterte.

Mohammed war im altarabischen Glauben aufgewachsen, kannte aber aus Mekka ebenso wie von seinen Reisen auch die christliche und die jüdische Religion. Er setzte sich intensiv mit diesen Glaubenslehren auseinander und kam dabei zu der Überzeugung, dass der Vielgötterglaube seines Volkes falsch sei. Als er ungefähr 40 Jahre alt war, also um das Jahr 610, zog er sich immer wieder in eine Berghöhle in der Nähe Mekkas zurück, um dort zu beten und Allah näher zu sein. Später erzählte er, dass ihm hier der Erzengel Gabriel erschienen sei und ihm göttliche Aufträge und Botschaften überbracht habe. Er trat nun als Prediger auf und versuchte über die Verkündigung der göttlichen Offenbarungen Anhänger für seine Sache zu gewinnen. Die Einwohner Mekkas fanden aber nur wenig Gefallen an der Lehre Mohammeds. Er erkannte, dass er mit seiner Absicht, andere von seinem Glauben zu überzeugen, vorerst gescheitert war.

179.1 Mohammed und Jesus. – Die Muslime erkennen Jesus als Propheten, nicht aber als Sohn Gottes an. Das Bild zeigt Mohammed auf einem Kamel und Jesus auf einem Esel reitend. Persische Buchmalerei, 14. Jahrhundert.

In dieser Situation entschloss sich Mohammed zur Auswanderung. Mit seiner Frau und einer Anzahl von Freunden verließ er im Jahr 622 seine Heimatstadt und zog nach Jathrib (dem heutigen Medina), das einige hundert Kilometer nordöstlich von Mekka lag. Mohammeds Übersiedlung nach Medina, die „Hedschra“, wurde später auf den 16. Juli 622 festgesetzt. Mit diesem Datum beginnt die islamische Zeitrechnung.

Die Rückkehr nach Mekka

In Medina gelang es Mohammed nach kurzer Zeit, eine große Gemeinde für seinen Glauben zu gewinnen. Im Jahr 630 zog er an der Spitze eines großen Heeres gegen seine Heimatstadt und nahm sie ein. Er zerstörte die alten Götterbilder an der Kaaba und erklärte Allah zum alleinigen Gott seines Volkes und die Kaaba zum „heiligen Tempel des Islam“. Dabei soll er sie der Überlieferung nach siebenmal umrundet haben, und nach seinem Vorbild tun es die muslimischen Pilger noch heute so. Dieser Feldzug Mohammeds wurde als ↗Dschihad bezeichnet und war das Vorbild für Kriege muslimischer Herrscher gegen Völker, die nicht dem Islam angehörten. Im Namen Allahs eroberten sie so in wenigen Jahrzehnten ein großes Reich (→B 181.1).

Die fünf Säulen des Islam

Im Jahr 632, kurz nach der Rückkehr in seine Heimat, starb Mohammed. Sein Privatsekretär ging daran, die von ihm verkündeten Glaubenssätze schriftlich niederzulegen. Diese Aufzeichnungen wurden durch mündliche Überlieferung ergänzt. Um das Jahr 650 erhielt der Koran (d. h. „was man laut vorlesen muss“) seine endgültige Fassung, wobei Teile des Alten und Neuen Testaments verwendet wurden.

Für die Gemeinschaft der Gläubigen (arabisch: umma) hat der Text nur im arabischen Original seine Gültigkeit. Der Islam kennt fünf grundlegende Pflichten, die der gläubige Muslim einzuhalten hat:

- das Bekenntnis, dass es keinen Gott gibt außer Allah und dass Mohammed sein Prophet ist,
- das Gebet, bei dem sich der Gläubige fünfmal am Tag in Richtung Mekka vor seinem Schöpfer verneigt,
- die Pilgerfahrt nach Mekka (= Hadsch), die die Gläubigen einmal in ihrem Leben unternehmen sollen,
- das Einhalten der Fastengebote im Monat Ramadan,
- das Zahlen von Almosen oder einer Armensteuer für die Bedürftigen.

Das arabische Wort „dschihad“ bedeutet eigentlich „Anstrengung“, wird aber häufig als „Heiliger Krieg“ übersetzt. Da der Islam keine Missionierung im christlichen Sinn kennt, galt die Ausbreitung des Glaubens mit dem Schwert als Dienst an Gott. Heute ist der „dschihad“ nach islamischem Verständnis nur zur Verteidigung erlaubt.

180.1 Die Kaaba in Mekka. Die Kaaba ist ein 15 m hohes Bauwerk aus Stein, in das ein scharzer Meteorit eingemauert ist. Im Pilgermonat, wenn über zwei Millionen Muslime das Heiligtum besuchen, umrunden die Gläubigen es.

Das Vordringen des Islam

Als Mohammed starb, war die neue Religion bereits auf der gesamten arabischen Halbinsel verbreitet. Seine Nachfolger dehnten die islamische Herrschaft rasch über Vorderasien und Nordafrika aus. Im achten Jahrhundert reichten die Grenzen dieses Reiches vom Norden Indiens bis nach Spanien, wo die Araber, nachdem sie bei Gibraltar übergesetzt hatten, das Reich der Westgoten zerstörten. Im Osten wurde der arabische Vormarsch im Jahr 718 vor Konstantinopel gestoppt. Im Westen ging der Siegeszug im Jahr 732 zu Ende, als der fränkische Feldherr Karl Martell, der Großvater Karls des Großen, ein arabisches Heer zwischen Tours und Poitiers besiegte und zurückwarf.

Gibraltar: Diese Felseninsel im Süden Spaniens hat ihren Namen vom arabischen Wort „Dschebel-al-Tarik“ = Hügel des Tarik. Der arabische Feldherr Tarik hatte diesen Ort im Jahr 711 eingenommen.

Die Frage nach den Gründen für die schnelle und weiträumige Ausdehnung des islamischen Machtbereichs ist von den Historikern ganz unterschiedlich beantwortet worden. Als wichtige Gesichtspunkte wurden dabei genannt:

- die politische Schwäche der Gegner;
- die Beweglichkeit der arabischen Krieger, die zumeist als Kamelreiter in kleineren Stammeseinheiten organisiert waren;
- die Bedeutung des „Heiligen Krieges“ als Auftrag und Ansporn für die Gläubigen;
- das großzügige Verhalten der islamischen Eroberer, die den Besiegten, sofern sie Juden oder Christen waren, den Islam in der Regel nicht aufzwangen.

Im Süden des Mittelmeerraumes entstand mit dem Islam eine politische und kulturelle Macht, die mit dem christlichen Europa in den folgenden Jahrhunderten immer wieder in blutige Konflikte geriet, aber andererseits auch einen regen kulturellen Austausch pflegte.

Unterworfen, aber nicht unterdrückt?

Die christliche Überlieferung hat die arabischen Eroberer häufig als Gewaltherrscher dargestellt. Die Wirklichkeit sah anders aus: In den eroberten Gebieten konnten Juden und Christen ihren Glauben weiter ausüben. Viele sahen in der Regierung durch die neuen Herren sogar eine Erleichterung, wie etwa eine Reihe vom Papst unabhängiger christlicher Gemeinden in Nordafrika, die vorher von der römischen Kirche als „Ketzer“ verfolgt worden waren. Doch anders als Muslime mussten Juden und Christen eine Kopfsteuer zahlen und an ihrer Kleidung erkennbar sein. Von Staatsämtern waren sie ausgeschlossen, wollten sie Karriere machen, mussten sie Muslime werden. Den Christen verbot man die öffentlichen Prozessionen, ebenso das Läuten der Kirchenglocken.

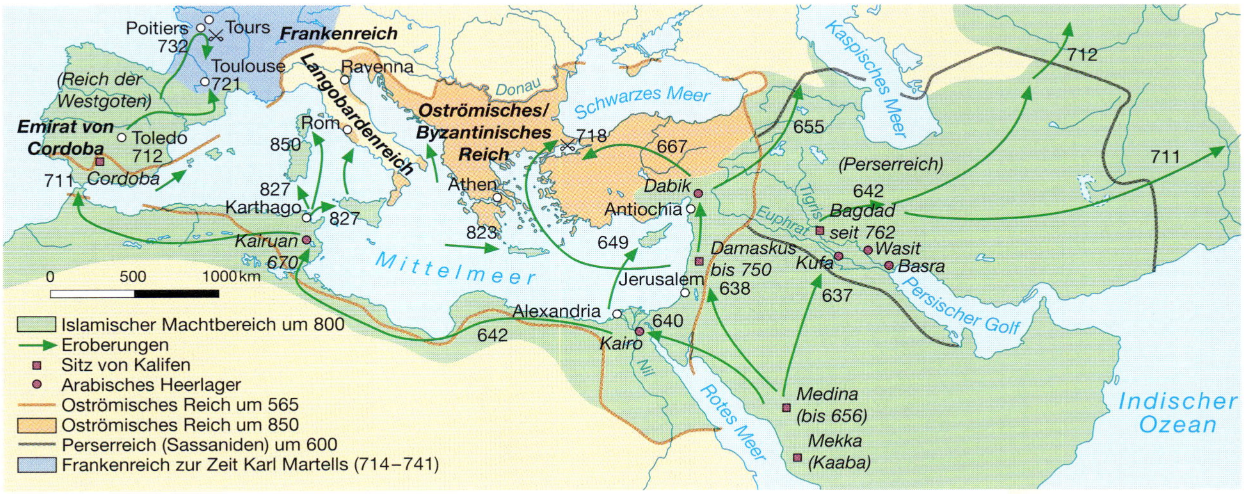

181.1 Die Mittelmeerwelt um das Jahr 800 n. Chr.

Im Wirtschaftsleben spielten Juden und Christen eine wichtige Rolle, vor allem im Handels- und Finanzwesen, aber auch in handwerklichen oder verachteten Berufen, so als Fleischer und Gerber.

Trotz der Duldung durch die arabischen Herrscher entschieden sich im Laufe der Zeit immer mehr Nichtmuslime für den Islam, so dass im Mittelalter die Zahl der Juden und Christen in der islamischen Welt stark abnahm.

Begegnung mit dem Islam bei uns

Der Islam ist heute keine ferne Welt mehr. Er stellt neben dem katholischen und evangelischen Glauben die drittgrößte Religionsgemeinschaft in Deutschland dar. Ihr gehören vor allem türkische Familien an, deren Väter und Großväter vor Jahrzehnten als so genannte Gastarbeiter angeworben wurden.

Mit ihren Lebensgewohnheiten und ihrem Glauben veränderten sie das Gesicht der Gesellschaft. In vielen Städten entstanden Viertel, in denen zahlreiche muslimische Familien leben. Gebetsräume wurden eingerichtet, in einigen Städten sogar Moscheen gebaut, was an manchen Orten zu heftigen Auseinandersetzungen führte. Im Mittelpunkt stand dabei meist der Streit um den Begriff der Toleranz, die eine der wichtigsten Voraussetzungen für das Funktionieren einer Demokratie darstellt. Schwierigkeiten ergeben sich aus dieser Situation für Kinder und Jugendliche aus muslimischen Familien. Sie erleben das Nebeneinander der unterschiedlichen Kulturen oft als Gegensatz, denn auf der einen Seite steht die vielfach noch traditionelle Lebensweise der Familie und auf der anderen ein „moderner" Lebensstil, den sie vom öffentlichen Leben und aus der Schule kennen. Dies kann dazu führen, dass sie sich keiner der beiden Seiten wirklich zugehörig fühlen.

181.2 Die Moschee von Pforzheim. In den letzten Jahren sind in Deutschland neben den vielen Gebetsräumen eine Reihe von Moscheen entstanden. Stelle fest, wo sich in deiner Nähe eine Moschee oder ein Gebetsraum befindet.

182.1 Der Erzengel Gabriel und Mohammed im Paradies. – Die bildlichen Darstellungen Mohammeds stammen meist aus dem späten Mittelalter. Diese Abbildung aus einer türkischen Handschrift des 15. Jahrhunderts zeigt den Erzengel Gabriel und Mohammed auf seinem Wunderpferd Burak im Paradies.

Q1

Erwartungen an den Propheten

Über das Verhältnis zwischen Mohammed und den Menschen, zu denen er von seinen Offenbarungen sprach, berichtet der Koran Folgendes:

Wir haben den Menschen in diesem Koran alle möglichen Beweise in Bildern und Gleichnissen aufgestellt, die meisten aber weigern sich, aus Ungläubigkeit, ihn anzunehmen. Sie sprechen: „Nicht eher wollen wir dir, Mohammed, glauben, als bis du uns eine Wasserquelle aus der Erde strömen lässt oder einen Garten hervorbringst mit Palmbäumen und Weinstöcken, dessen Mitte Wasserbäche reichlich durchströmen, oder bis, wie du gedroht hast, der Himmel in Stücken auf uns herabstürzt oder bis du Allah und die Engel uns sichtbar zu Zeugen bringst oder du ein Haus von Gold besitzt oder mit einer Leiter in den Himmel steigst." ... Antworte: „Lob und Preis sei meinem Herrn! Bin ich denn etwa mehr als ein Mensch, der nur zum Gesandten bestimmt ist?"

Sure 17, 90–94 in der Übersetzung von Ludwig Ullmann, München 1959.

Q2 Das Paradies

Über das Leben nach dem Tod heißt es im Koran:

In diesem fließen Ströme von Wasser, das nie verdirbt; Ströme von Milch, deren Geschmack sich nie ändert; Ströme von Wein, lieblich für den Trinkenden; auch Ströme von gereinigtem Honig. Dort werden sie alle Arten von Früchten und Vergebung von ihrem Herrn erhalten.
Goldene Schüsseln und Becher werden die Runde machen, und ihr werdet dort finden, was eure Seele nur wünschen und euer Auge ergötzen kann, und ewig sollt ihr dort bleiben. Dies ist das Paradies, welches ihr zum Erbteil bekommt für das, was ihr getan habt. Dort sollt ihr Früchte im Überfluss haben, von welchen ihr genießen mögt. Die Übeltäter aber sollen auf ewig der Höllenstrafe verfallen sein.

Sure 47, 16 bzw. 43, 72–75 (vgl. Q 1).

183.1 Mohammed und Gabriel bei den Verdammten. – Wie im Christentum gibt es auch im Islam die Vorstellung von der Hölle als Ort der Verdammung nach dem Tod.

Q3 Über den Umgang mit Ungläubigen

Über den Umgang mit Heiden heißt es im Koran:

Sind aber die heiligen Monate verflossen, so erschlaget die Götzendiener, wo ihr sie findet, und packet sie und belagert sie und lauert ihnen in jedem Hinterhalt auf. So sie jedoch bereuen und das Gebet verrichten und die Armensteuer zahlen, so lasst sie ihres Weges ziehen. Siehe, Gott ist verzeihend und barmherzig.

Sure 9, Vers 5 (vgl. Q 1).

Q4 Die Folgen der Bekehrung zum Islam

In einem Bericht an den Kalifen Omar (634–644 n.Chr.) stellt ein Beamter aus Ägypten Folgendes fest:

Der Übertritt der Unterworfenen zum Islam hat die Höhe der Steuern so vermindert, dass ich 20000 Dinar als Kredit aufnehmen musste."

Brief eines ägyptischen Beamten an den Kalifen Omar.

1. Versuche anhand von Q 1 zu erklären, warum Mohammed als Prophet am Anfang in Mekka nur wenig Erfolg hatte.
2. Stelle einen Zusammenhang zwischen den Vorstellungen des Korans vom Paradies (Q 2, B 182.1) und den Lebensbedingungen auf der arabischen Halbinsel her.
3. Vergleiche das Verhalten der islamischen Herrscher gegenüber Juden und Christen mit dem gegenüber Angehörigen anderer Religionen (Q 2, 3).
4. Frage deine Mitschülerinnen und Mitschüler islamischen Glaubens nach ihren Lebensgewohnheiten, vor allem solchen, die in der islamischen Religion begründet liegen.
5. Diskutiert in der Klasse über die Bedeutung des Begriffs „Toleranz" damals und heute im Zusammenhang mit der Rolle des Islam.

Antike Spuren

Antike im Comic: Die beiden Gallier Asterix und Obelix leben im von Caesar (fast ganz) eroberten Gallien. Vergleiche mit Seite 114.

1788 erbaute der Architekt Karl Gotthard Langhans das Brandenburger Tor in Berlin. Vorbild waren für ihn die Propyläen der Akropolis (→ S. 91).

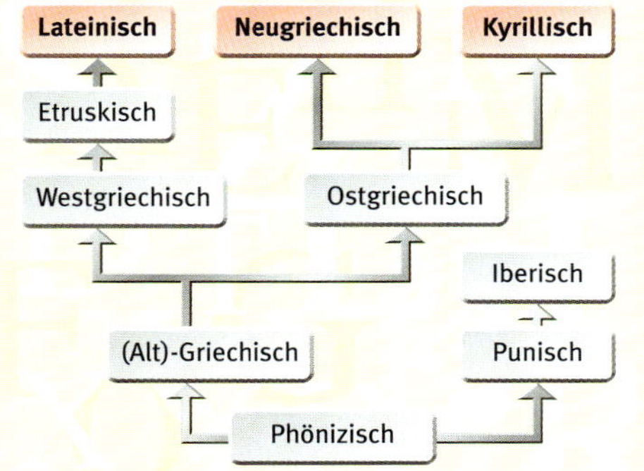

Die rot unterlegten Schriften werden heute noch geschrieben.

Name des Buchstabens	Griechisches Alphabet	Aussprache	Lateinisches Alphabet
Alpha	Α	a	A
Beta	Β	b	B
Gamma	Γ	g	C (Aussprache: k)
Delta	Δ	d	D
Epsilon	Ε	e	E
(Digamma)	F	w	F
Zeta	Ζ	z	Z
–	–	–	G
Eta	Η	langes e	H
Theta	Θ	t	–
Iota	Ι	i	I
Kappa	Κ	k	K
Lambda	Λ	l	L
My	Μ	m	M
Ny	Ν	n	N
Xi	Ξ	x	X
Omikron	Ο	o	O
Pi	Π	p	P
–	–	–	Q
Rho	Ρ	r	R
Sigma	Σ	s	S
Tau	Τ	t	T
Ypsilon	Υ	y, u	Y, V (Aussprache: u)
Fi	Φ	f	–
Chi	Χ	ch	–
Psi	Ψ	ps	–
Omega	Ω	langes o	–

Das griechische Alphabet und seine Folgen: Die Völker West- und Mitteleuropas und Amerikas verwenden die gleiche „lateinische" Schrift. Dies ist ein Indiz für die gemeinsame Wurzel dieser Kulturen. Blickst Du nach Asien, so stellst Du fest, dass dort ganz unterschiedliche Schriften verwendet werden.

Schüler im Museum.

1. Die Antike und wir

186.1 Die neue Wache in Berlin. Bau von Friedrich Schinkel, 1817/1818.

186.2 Ein Jugendbuch über den trojanischen Krieg.

Hast du schon Filme gesehen oder Bücher gelesen, die in der Antike spielten? Oder hast du antike Ausgrabungen besichtigt? Selbst wenn wir uns nicht für die Antike interessieren, können wir uns ihr nicht entziehen. Immer wieder treffen wir in unserem Alltag auf Antikes, auch dort, wo wir es gar nicht erwarten. Häufig haben wir vergessen, dass es antike Spuren sind, die uns umgeben.

Verborgene Spuren der Antike in unserem Alltag

In manchen Berufen ist die Fachsprache lateinisch geprägt. So sprechen die Juristen von „Prozessen" und „Mandanten". Eine direkte Verbindungslinie zum Römischen Reich gibt es in der katholischen Kirche, deren Mittelpunkt die Stadt Rom, der Amtssitz des Papstes, geblieben ist.

Wir benutzen auch heute noch den römischen Kalender und die römischen Monatsnamen (→ S. 188). Gaius Julius Caesar – der ehrgeizige Politiker und Eroberer von Gallien (→ S. 131 bis 133) – hat 45 v. Chr. eine Reform durchgeführt, die mit kleinen Verbesserungen bis heute Bestand hat: Er hat den römischen Kalender vom Mondjahr auf das Sonnenjahr umgestellt. In den Jahren davor lief der Kalender, der nach den Mondphasen (je 29,5 Tage) berechnet wurde, mehrere Monate vor dem durch die Sonne bestimmten Rhythmus der Jahreszeiten her: Offiziell schrieb man den November, aber in Wirklichkeit herrschte Hochsommer. Um den Abstand aufzuholen, ließ Caesar 90 Schalttage einschieben. Dann berechnete er mit Hilfe eines griechischen Astronomen das Jahr neu: Es hatte nun 365 ¼ Tage, 12 Monate mit 30 oder 31 Tagen, nur der Februar hatte 28 Tage. Alle 4 Jahre sollte an den Februar ein Schalttag angehängt werden.

Erst um 1582 n. Chr. wurde dieser „Julianische Kalender" ein wenig korrigiert: Seitdem fallen die Schalttage in den Jahren, die durch 100 teilbar sind, aus – es sei denn, sie sind durch 400 teilbar (also: 1900 war keine Schaltjahr, 2000 war ein Schaltjahr).

Anknüpfen an antike Traditionen

Bewusst knüpfte Pierre de Coubertin an die Antike an, als er 1896 die ersten Olympischen Spiele der Neuzeit veranstaltete (→ S. 76). Er übernahm den Namen und den Rhythmus für die modernen Spiele von den Griechen, die die Spiele auch alle vier Jahre gefeiert hatten. Die Verbindung zur Religion, die ja der ursprüngliche Anlass der Spiele gewesen war, wurde in der modernen Welt allerdings nicht wieder aufgenommen.

Auch in der Kunst und Architektur gab es immer wieder Epochen, in denen sich die Maler, Bildhauer oder Baumeister den Überresten aus der Antike zuwandten und sich von ihnen zu eigenen Werken anregen ließen (→ B 186.1). Bildhauer und Maler begannen, wie die Griechen und Römer, in ihren Werkstätten Statuen und Bilder nach lebenden Modellen zu gestalten. Architekten vermaßen antike Ruinen und studierten die Schriften antiker Architekten, um Gebäude nach den Maßverhältnissen römischer und griechischer Hallen und Tempel zu errichten.

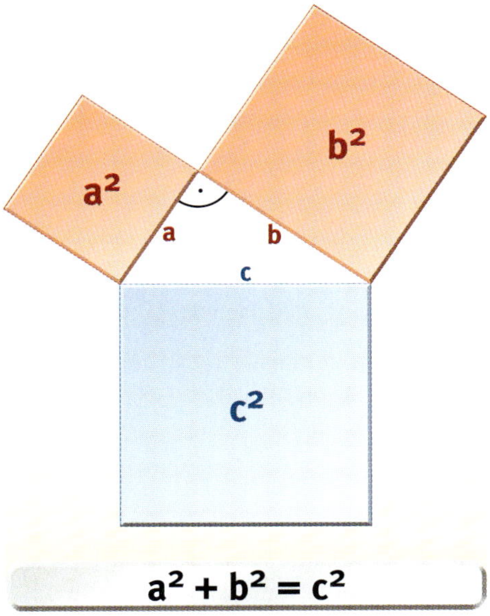

187.1 *Satz des Pythagoras (570–480 v. Chr.): Im rechtwinkligen Dreieck ist die Summe der Quadrate über den Katheten (Seiten a und b) gleich dem Quadrat über der Hypotenuse (Seite c).*

187.2 *Der Mathematiker und Physiker Archimedes (287–212 v. Chr.) entwickelte ein Schneckengewinde, das in einer Röhre Wasser heben konnte. Diese Erfindung konnte zur Bewässerung oder Entwässerung genutzt werden.*

Griechische Wurzeln unserer Naturwissenschaft

„Gibt es ein erstes Element? Ist es das Wasser, das Feuer oder sind es etwa unsichtbar kleine, unteilbare Urteilchen, die Atome?" Die ersten Naturwissenschaftler unseres Kulturkreises, die solche Fragen stellten, waren die Griechen. Neugierig begannen sie im 6. Jahrhundert v. Chr. die Naturgesetze zu erforschen. Die Priester galten dort nicht – wie anderswo in der antiken Welt, etwa in Babylon – als unumstrittene Hüter der Weisheit, auch andere Menschen konnten sich mit Fragen nach der Wahrheit befassen. Dieser Wissensdurst, der angeblich sichere Erkenntnisse immer wieder hinterfragt, ist auch die Quelle der modernen Naturwissenschaften.

Als Begründer der griechischen Wissenschaft gilt Thales aus Milet (624–546 v. Chr.). Er war Kaufmann und interessierte sich für Mathematik und Himmelskunde, wobei er auf seinen Reisen nach Babylon und Ägypten viel lernen konnte. Er berechnete die Höhe einer Pyramide, ohne diese zu besteigen. Dazu steckte er einen Stab neben der Pyramide in die Erde und maß die Schattenlängen. Dann maß er den Stab. Ihm war klar, dass das Verhältnis der Schattenlänge des Stabes (s) zur Schattenlänge der Pyramide (p) dem Verhältnis von Stablänge (S) zur Pyramidenhöhe (P) entsprechen musste. So errechnete er die Höhe der Pyramide:

$$\frac{P}{S} = \frac{p}{s}\text{, also } P = \frac{p \cdot S}{s}$$

300 Jahre später wurde Alexandria, die Neugründung Alexanders des Großen am Nildelta (→ S. 112), zum Zentrum der modernen Wissenschaften. Von hier aus gingen Impulse in die ganze hellenistische Welt. Aristarch beispielsweise wertete die Bahnbewegungen der Himmelskörper aus. Er erkannte, dass diese Bewegungen nur dann zu erklären waren, wenn die Erde und die anderen Planeten um die Sonne kreisen.

Die modernen Wissenschaften knüpften bewusst an diese antiken Traditionen an und gaben ihren Fächern griechische Namen: Physik (= Naturkunde), Geometrie (= Erdvermessung), Astronomie (= Sternkunde) oder Biologie (= Wissen vom Leben). Sie nutzten die Erkenntnisse der antiken Wissenschaftler als Grundlage für ihre weiteren Forschungen; heute noch lernen wir im Mathematikunterricht Grundregeln, die damals entdeckt wurden (→ B 187.1).

187.3 *Thales von Milet.*

Latein	dies Lunae	dies Martis	dies Mercurii	dies Iovis	dies Veneris	dies Saturnii	dies Solis
abgeleitet von	Mondgöttin Luna	Kriegsgott Mars	Handelsgott Merkur	höchster Gott Jupiter	Liebesgöttin Venus	Gott der Aussaat Saturn	Sonnengott Sol
Italienisch	lunedi						
Deutsch	Montag						
Englisch	Monday						
abgeleitet von	Mond	Ziu, germanischer Gott des Rechts	Wotan, …	Donar/ Thor …	Freya, …	vom jüdischen Sabbat	…

188.1 Oben: ein römisches Relief mit den Wochentagsgöttern. Die Woche beginnt hier mit dem Dies Saturnii, dem Samstag. Aus der Gegend von Wiesbaden, um 230 n. Chr.

M1 Unser Kalender – ein Erbe der Römerzeit

a) Unsere Monate tragen römische Namen:

Januar leitet sich vom doppelgesichtigen Gott Janus ab, der sowohl in die Vergangenheit als auch in die Zukunft schauen konnte.
Februar bedeutet Monat der Reinigung und der Reue.
März kommt von Mars, dem römischen Gott des Krieges.
Die Bedeutung von **April** ist unbekannt.
Mai stammt wahrscheinlich von Maia, einer Göttin des Wachstums.
Juni steht für den Monat der Göttin Juno, der Frau des Jupiter.
Der Monat **Juli** wurde im Jahr 44 v. Chr. nach Gaius Julius Caesar benannt (er hieß davor Quintilis).
Der Monat **August** wurde im Jahr 8 n. Chr. nach dem Kaiser Augustus benannt (er hieß davor Sextilis).
Die restlichen Monatsnamen sind von lateinischen Zahlwörtern abgeleitet. Aus ihnen können wir erkennen, dass das römische Jahr ursprünglich im März begann:
September von septem = 7, heute 9. Monat.
Oktober von octo = 8, heute 10. Monat.
November von novem = 9, heute 11. Monat.
Dezember von decem = 10, heute 12. Monat.

b) Die Wochentage

Ursprünglich hatte die römische Woche 8 Tage. Unter jüdischem oder christlichem Einfluss setzte sich aber ab dem 3. Jahrhundert n. Chr. allmählich die 7-Tage-Woche durch. In den europäischen Sprachen lassen sich die Wochentagsnamen auf römische oder auf germanische Götter zurückführen. (→ B 188.1)

Ein Tipp für Aufgabe 2: Der italienische Name des Sonntags geht auf das lateinische Wort dominus (= Herr) zurück und hat eine christliche Bedeutung.

1. Ermittelt mit Hilfe von Wörterbüchern, wie die Monate in anderen west-, süd- und osteuropäischen Sprachen heißen. In Gruppenarbeit könnt ihr eine Tabelle anfertigen.

2. Übertrage die Tabelle B 188.1 in dein Heft und vervollständige sie mit Hilfe von Lexika und Wörterbüchern. Entdeckst du Zusammenhänge?

Demokratie heute – Beispiel Schule

189.1 Sitzung einer Schülervertretung.

Einer der zentralen Begriffe unserer politischen Kultur ist das Wort „Demokratie". Das Wort kommt aus dem Griechischen und bedeutet Volksherrschaft. Wir bezeichnen damit unsere Staatsform und stellen uns in die Tradition der Demokratie in Athen (→ S. 85–90).

Unsere modernen Staaten sind aber viel unübersichtlicher als die athenische Polis es war. Volksversammlungen, in denen alle Bürger die politischen Fragen öffentlich diskutieren und über alle wichtigen Entscheidungen direkt selbst abstimmen, wären heute kaum durchzuführen. Allenfalls auf Gemeindeebene (und manchmal auf Landesebene) ist eine direkte Demokratie in bestimmten Fällen möglich. Die einzelnen politischen Entscheidungen treffen sonst meist Abgeordnete, die wir für eine begrenzte Zeit wählen.

Die Schülervertretung

Nicht nur das politische Leben ist demokratisch organisiert. Die Schulgesetze sehen vor, dass die Schülerinnen und Schüler selbstständig das Schulleben mitgestalten können. Diese übersichtliche Gemeinschaft lässt eine direkte Beteiligung viel eher zu.

In Klassenversammlungen wählen die Schülerinnen und Schüler ihre Klassensprecher, die die Interessen der Mitschüler gegenüber den Lehrern und Schulleitern vertreten. Dabei müssen Grundsätze, die für demokratische Wahlen gelten, eingehalten werden. In den Klassenversammlungen werden auch alle wichtigen Angelegenheiten besprochen, die die Klasse betreffen: Ziele für Ausflüge, Klassenfeste oder Projektwochen, aber auch Probleme, die bei der Arbeit in der Klasse auftreten.

In eigenen Versammlungen wählen die Klassensprecher der Schule die oder den Schülersprecher/in. Ihre oder seine Aufgabe ist es, die Interessen aller Schüler der Schule zu vertreten.

1. Stelle zusammen, welche die demokratischen Grundsätze sind, nach denen in eurer Klasse und eurer Schule Vertreter gewählt werden.

2. Informiere dich bei deinem Klassensprecher, deinem Schulsprecher oder im Internet, wie im Schulgesetz deines Bundeslandes die Schülervertretung genau geregelt ist. Gestalte ein Schaubild „Aufbau der Schülervertretung". Vergleiche es mit der Verfassung von Athen (→ S. 86, M 1 b).

Zusammenfassungen

Menschen in vor- und frühgeschichtlicher Zeit

Mehrere hundert Millionen Jahre lebten nur Pflanzen und Tiere auf der Erde. Erst vor etwa 2,5 Millionen Jahren begann die **Geschichte des Menschen**.

Die ältesten Funde von Frühmenschen und Menschen stammen aus Afrika. Der Jetztmensch, der **Homo sapiens sapiens** wanderte vor 40 000 Jahren in Europa ein.

Um uns über die Vor- und Frühgeschichte zu informieren, müssen wir die **archäologischen Überreste** dieser Zeit befragen. Schriftliche Zeugnisse gibt es nicht, da die Menschen damals nicht schrieben.

Die Zeitabschnitte der Ur- und Frühgeschichte nennen wir nach den Materialien, aus denen die Menschen ihre Werkzeuge herstellten, **Steinzeit, Bronzezeit und Eisenzeit**.

Die Menschen waren viel stärker als heute **von der Natur abhängig**.

In der **Altsteinzeit** lebten die Menschen in Horden. Sie waren Sammler und Jäger und folgten Tierherden. Sie suchten Schutz unter Felsüberhängen, in Höhleneingängen und Zelten. Felszeichnungen in Höhlen und einfache Figuren bezeugen religiöse und magische Vorstellungen.

Jungsteinzeit (lateinisch: Neolitikum): In Kleinasien hörten die Menschen um 10 000 v. Chr. auf umherzuwandern und begannen sesshaft zu werden. In Mitteleuropa wurden um 6 000 v. Chr. aus den Jägern und Sammlern Bauern. Sie entwickelten neue Techniken: Ackerbau, Töpfern, Weben, Werkzeugbau, Hausbau. Sie errichteten auch erste Heiligtümer für Götter, anfangs vor allem Fruchtbarkeitsgöttinnen. Diese zahlreichen Veränderungen bezeichnen wir mit dem Begriff **„Neolithische Revolution“**.

Hochkulturen entstehen

Während im Mitteleuropa die Menschen noch als Bauern der Jungsteinzeit und Bronzezeit ohne Schrift, Städte oder Staaten lebten, entstanden um 3000 v. Chr. in einigen Regionen der Erde bereits neue Lebensformen.

Um 3 000 v. Chr. entwickelte sich in Nordafrika, am Nil die **ägyptische Hochkultur**. Eine andere Hochkultur entstand in Mesopotamien, dem Zweistromland zwischen Euphrat und Tigris.

Die meisten Hochkulturen haben **gemeinsame Kennzeichen**: Es gab Städte und einen Staat mit Verwaltung und Gesetzgebung. Die Menschen benutzten die Schrift und setzten einen Kalender ein, um das Jahr zu gliedern. Das Handwerk war hoch entwickelt.

In Ägypten regierte der **Pharao**. Er wurde als Gottkönig verehrt. In einer durchorganisierten **Verwaltung** setzten Beamte die Befehle des Pharaos im ganzen Reich durch. Als Schrift benutzten sie **Hieroglyphen.**

Die **Pyramiden** dienten als Grabstätten der Pharaonen und wurden weithin sichtbar als Haus für die Ewigkeit gebaut.

Sie glaubten an eine Vielzahl von Göttern, die für spezielle Bereiche des Lebens zuständig waren. Dies nennt man **Polytheismus** (aus dem Griechischen: polys = viel/theos = Gott).

■ Die Welt der Griechen

Anders als in Ägypten entwickelten sich in der zerklüfteten griechischen Landschaft kein einheitliches Reich sondern viele **Stadtstaaten (Polis; Mehrzahl: Poleis)**.

Im Zeitalter der **Kolonisation** (ca. 750 v. Chr. bis 550 v. Chr.) gründeten Griechen Städte an vielen Küsten des Mittelmeeres.

Dennoch einte die Griechen der Glaube an die **gemeinsamen Götter**, ihre Götter- und Heldenmythen, die **Sprache** und **Schrift**. Alle 4 Jahre fanden in Olympia die gemeinsamen **Olympischen Spiele** zu Ehren des obersten Gottes Zeus statt.

Die wichtigsten griechischen Poleis waren **Athen** und **Sparta**. Die Bedeutung Athens erreichte im **5. Jahrhundert v. Chr. ihren Höhepunkt**: Athen war reich und mächtig, es beherrschte viele Inseln der Ägäis. In der Stadt entstanden prächtige Bauten wie der Neubau der Akropolis. Handwerker produzierten kunstvolle Vasen, Dichter schrieben Theaterstücke, die noch heute gespielt werden.

Damals war die Staatsform in Athen die **Demokratie** = Volksherrschaft. Allerdings durften nur die Vollbürger Athens die Stadt mitregieren. Frauen und Kinder hatten kein Stimmrecht, ebenso wenig die Nichtbürger: Zuwanderer und Sklaven.

■ Rom – die Stadt, die Bürger, das Weltreich

Im 9. Jahrhundert v. Chr. gründeten Latiner auf **sieben Hügeln über dem Tiber** die Stadt Rom. Etruskische Könige beherrschten die Stadt. Um 500 v. Chr. verjagten die Römer die Könige und gründeten eine **Republik** (lateinisch res publica = öffentliche Sache). Politisches und wirtschaftliches Zentrum Roms war das **Forum Romanum**.

Die römischen Adligen (Patrizier) regierten die Stadt. In den **Ständekämpfen** erkämpfte das Volk, die Plebejer, sich das Recht, den Staat mitzugestalten.

Die Römer eroberten in vielen Kriegen ein großes Reich. Durch die Kriegszüge verarmten aber die Kleinbauern. Die erfolgreichen Feldherren dagegen erwarben immer größeren Einfluss auf den Staat. Es kam zu **Bürgerkriegen**.

Zunächst setzte der erfolgreiche Feldherr **Caesar** sich durch. Er nahm den Titel **Diktator** an. Nach seiner Ermordung (44 v. Chr.) erkämpfte **Augustus** sich die Macht. In seiner **Regierungszeit 31 v. Chr. bis 14 n. Chr.** wurde aus der Republik wurde ein **Kaiserreich**.

Im 1. Jahrhundert n. Chr. begannen römische Feldherren mit der **Eroberung im Gebiet des heutigen Südwestdeutschland**. In den neuen Provinzen errichteten sie Straßen, Feldlager, römische Städte und Bauernhöfe (Villa Rustica). Viele Menschen nahmen die römische Lebensweise an. Der Limes sicherte das Land.

Seit der Mitte des ersten Jahrhunderts n. Chr. begann sich das **Christentum** im Reich zu verbreiten. Zunächst wurden jedoch die Christen als staatsschädigend verfolgt. Kaiser Konstantin gewährte ihnen 313 n. Chr. das Recht, ihre Religion frei auszuüben. **391 n. Chr. verbot Kaiser Theodosius schließlich die Verehrung der bisherigen, heidnischen Götter.**

260 n. Chr, durchbrachen Alamannenstämme den Limes. Der Zug der Hunnen nach Mitteleuropa löste die **Völkerwanderung** aus. In ihrer Folge siedelten sich germanische Stämme im westlichen Teil des Römerreichs an und gründeten eigene Reiche.

Lexikon

■ **Ackerbauern und Viehzüchter:** Vor 10 000 Jahren begannen Menschen im Nahen Osten, planmäßig Pflanzen anzubauen und ihre Nahrung zu produzieren, statt sie der Natur als Sammler/innen zu entnehmen. Sie begannen, Häuser zu bauen und Siedlungen auf Dauer anzulegen, sie wurden sesshaft. Bald danach fingen sie auch an, Tiere zu domestizieren (zu Haustieren zu machen) und zu halten, d. h. Viehzüchter zu werden. Mit diesem grundlegenden Wandel der Wirtschafts- und Lebensweise begann die → **Jungsteinzeit**, das Neolithikum (von griechisch „neos" = neu, „lithos" = Stein). Der Übergang zur bäuerlich-sesshaften Lebensweise wird auch als „neolithische Revolution" bezeichnet.

■ **Adel** → **Aristokratie,** → **Nobilität,** → **Patrizier**

■ **Altertum:** Bezeichnung für den ersten großen Zeitabschnitt der Geschichte nach der schriftlosen → **Vor- und Frühgeschichte**. Das Altertum umfasst die Zeit vom Beginn der frühen Hochkulturen um 3 000 v. Chr. bis zum Ende des weströmischen Reiches um 500 n. Chr. Gleichbedeutend wird das Wort Antike (von lateinisch „antiquus" = alt) verwendet. „Antike" wird aber auch enger gefasst und meint „klassisches Altertum", d. h. die Geschichte der Griechen und Römer von ca. 1 000 v. Chr. bis etwa 500 n. Chr.

■ **Altsteinzeit:** So wird der längste Zeitabschnitt der Geschichte der Menschen – ca. 2,3 Mio. Jahre – genannt. Stein war in dieser Zeit das wichtigste und dauerhafteste Material für die Werkzeugherstellung. Schon die Vormenschen benutzten steinerne Geräte. Die letzte Phase dieses Zeitabschnittes (die Menschen fertigten damals besonders vielfältige Kleingeräte aus Stein und benutzten Pfeil und Bogen) wird auch als jüngere Altsteinzeit bezeichnet. Sie endete etwa 10 000 Jahre vor heute. In der Altsteinzeit lebten die Menschen als → **Sammler/innen und Jäger.**

■ **Antike** → **Altertum**

■ **Aristokratie** (von griechisch „aristoi" = die Besten und „kratein" = herrschen): Herrschaft des Adels, Regierung weniger Familien, die durch vornehme Herkunft und großen Besitz als Adel aus der übrigen Bevölkerung herausragten. Als Staatsform existierte die Aristokratie vor allem in den griechischen Stadtstaaten des 8. bis 6. Jahrhunderts v. Chr. Die römische Republik wurde weitgehend durch die Senatoren regiert, die einigen wenigen Adelsfamilien angehörten (→ **Patrizier**). Neben dem erblichen Adel gab es in Rom den Amtsadel (→ **Nobilität**). Auch im Mittelalter und in der Neuzeit hatten Adlige politische Herrschaftsrechte, doch nahm deren Bedeutung in der neuesten Zeit immer mehr ab. Heute bezeichnen wir mit dem Wort „Aristokratie" den Adel als soziale Gruppe ohne eigene politische Rechte.

■ **Demokratie** (von griechisch „demos" = Volk und „kratein" = herrschen): Das Volk entscheidet in dieser → **Staatsform** darüber, wer es regieren soll und welche Gesetze gelten. Wir unterscheiden zwischen einer direkten Form der Demokratie, bei der die Bürger selbst die Beschlüsse fassen, und einer indirekten Form, bei der sie durch Wahl dafür Vertreter bestimmen. Die bekannteste Demokratie der Antike ist die der attischen Polis. Aber auch dort konnte nur eine Minderheit der Bevölkerung, die Bürger, mitbestimmen. In heutigen Demokratien übt die tatsächliche Mehrheit der Bevölkerung meist durch die Wahl von Volksvertretern politischen Einfluss aus. Seit dem Beginn des zwanzigsten Jahrhunderts breitet sich die demokratische Staatsform immer weiter aus.

■ **Diktatur** (von lateinisch „dictare" = diktieren, befehlen): Die römische Verfassung sah vor, dass in Zeiten großer äußerer Not alle Gewalt in die Hände eines Diktators gelegt wurde, dessen Amt spätestens nach sechs Monaten endete oder früher, wenn die Gefahr beseitigt war. Sulla stellte als Diktator im Auftrag des Senats die Ordnung im Inneren wieder her. Unter Caesar, der sich zum Diktator auf Lebenszeit ernennen ließ, wurde das Wort gleichbedeutend mit Monarch, Alleinherrscher. Heute bezeichnet Diktatur die unrechtmäßige und willkürliche Herrschaft eines meist durch gelenkte Wahlen bestimmten Alleinherrschers oder einer Partei, die mit Hilfe des Geheimdienstes, der Polizei und des Militärs regieren.

■ **Dschihad:** Wörtlich bedeutet Dschihad „Kampf" oder „Anstrengung". Angeblich hat Mohammed die Bedeutung dieser Anstrengung erklärt: Der „große Dschihad" ist der Kampf gegen das Böse, an dem sich alle Muslime ihr Leben lang beteiligen. Der „kleine Dschihad" ist ein Krieg, der von einem der Nachfolger Mohammeds als rechtmäßig erklärt werden muss. Die Feinde müssen Ungläubige sein, deren Hoheitsgebiet an islamisches Gebiet grenzt. Vor Beginn des Krieges müssen sie aufgefordert werden, sich kampflos zum Islam zu bekehren. Tun sie dies nicht und werden sie im folgenden Krieg besiegt, müssen sie zum Islam übertreten. Allerdings dürfen Juden und Christen bei Zahlung einer Kopfsteuer ihre Religion weiterhin ausüben, weil ihre Religionen auf Heiligen Schriften (der Thora bzw. der Bibel) beruhen.

■ **Eisenzeit:** Seit etwa der Mitte des 3. Jahrtausends v. Chr. begannen die Menschen mehr und mehr Werkzeuge und Waffen aus Metall statt aus Stein herzustellen. Sie verwendeten anfangs Kupfer, später Bronze (eine Legierung aus Kupfer und Zinn), seit etwa 800 v. Chr. Eisen. Die Metallgewinnung und -verarbeitung erforderte Spezialkenntnisse; neue Berufe wie der des Schmiedes entstanden. Die Kelten waren als Eisenschmiede berühmt.

■ **Eiszeit:** Das Klima auf der Erde war keineswegs beständig, sondern hat äußerst stark geschwankt. Es gab langfristige Schwankungen von warmen und kalten Zeiten, die Hunderttausende von Jahren gedauert haben. Die kalten Perioden werden als Eiszeiten bezeichnet. Aber auch innerhalb der Eiszeitalter gab es einen Wechsel von Kalt- und Warmzeiten, in denen sich die Pflanzen- und Tierwelt änderte. Die sammelnden und jagenden Menschen mussten ihre Lebensweise jeweils anpassen. In Kaltzeiten waren Gebirge wie die Alpen und große Teile Nordeuropas von Gletschern bedeckt. Die letzte Eiszeit endete vor 12 000 Jahren.

■ **Entwicklung:** Entwicklungen beschreiben Veränderungen in der Zeit. Veränderungen (z. B. von technischen Geräten, Wirtschaftsformen, Aufstieg oder Abstieg von Gruppen innerhalb einer Gesellschaft, Konflikte zwischen Staaten, Umgang der Menschen mit der Umwelt, Verhältnis der Rollen von Frauen, Männern und Kindern) können langfristig oder für kürzere Zeiträume untersucht werden. Das hängt von den Fragen ab, die wir stellen, aber auch vom Gegenstand. Verschiedene Entwicklungen können einander beeinflussen (z. B. technische und wirtschaftliche Veränderungen) und können auf Zusammenhänge untersucht werden. Die Verhältnisse, unter denen heutige Menschen handeln, sind oft durch Entwicklungen bestimmt, die vor sehr langer Zeit stattfanden und bis heute wirken.

■ **Expansion** (lateinisch: Ausdehnung): Eine Politik der Expansion hat das Ziel, den eigenen Macht- und Einflussbereich, meist auf Kosten anderer Staaten, zu erweitern. In diesem Band gibt es mehrere Beispiele für eine solche Expansionspolitik: So eroberten beispielsweise die Perser, die Makedonen unter Alexander oder die Römer immer mehr Länder und dehnten so ihre Herrschaft aus. Das Wort ist bis heute üblich.

■ **Gesetzesaufzeichnung:** Regeln und Gesetze, die eine Gesellschaft ordnen und gliedern, wurden anfangs häufig nur mündlich überliefert. Ein wichtiger Schritt war es, wenn sie schriftlich festgehalten wurden: Solche Gesetzesaufzeichnungen erlauben es allen Mitgliedern der Gesellschaft, die Gesetze nachzulesen, und sie können sich in Streitfällen auf den geschriebenen Text berufen. Beispiele für Gesetzesaufzeichnungen sind die Säule des Hammurabi in Babylon (um 1700 v. Chr.) oder die auf zwölf Tafeln festgehaltenen Gesetze der Römer (Mitte 5. Jahrhundert v. Chr.).

■ **Hellenismus** (abgeleitet vom Wort „Hellas“ für Griechenland): Mit diesem Begriff bezeichnet man die Ausbreitung der griechischen Kultur im Mittelmeerraum. Gleichzeitig wird so auch die Epoche genannt, in der diese Ausbreitung stattfand (ungefähr 325–150 v. Chr.). Alexander der Große hatte mit seiner Begeisterung für die griechische Kultur die Grundlage dafür gelegt. Die griechische Sprache vermittelte als Weltsprache die Erkenntnisse der Griechen in Kunst und Wissenschaft, in Politik, Philosophie und Religion vor allem über das kulturelle Zentrum Alexandria von Spanien bis zur indischen Grenze. Ohne den Hellenismus wären die Kenntnisse über das klassische griechische Zeitalter nicht an uns überliefert worden.

■ **Heloten:** In wörtlicher Übersetzung heißt dieses griechische Wort „Unterworfene“. Damit wurden die Ureinwohner des spartanischen Landes und die Messenier bezeichnet, die von den eingewanderten →**Spartiaten** besiegt und zu Staatssklaven gemacht worden waren. Sie schufen durch ihre wirtschaftlichen Leistungen und hohen Abgaben die Grundlage für die Macht der Herrenschicht. In mehreren Aufständen versuchten sie im 5. Jahrhundert v. Chr. ihre Freiheit wiederzugewinnen. Die Spartiaten ihrerseits erklärten ihnen jährlich den Krieg und waren immer gegen sie gewappnet.

■ **Herrschaft:** Wenn in einer Gesellschaft einzelne Personen oder Gruppen Macht über die anderen ausüben, spricht man von Herrschaft. In der Regel haben solche Personen ein bestimmtes Amt inne, das ihnen die Machtausübung auf der Grundlage von Regeln oder Gesetzen erlaubt. Gleichzeitig begrenzt dieses Amt aber auch die Machtausübung.

■ **Hieroglyphen** (= heilige Zeichen, von griechisch „hieros“ = heilig und „glyphein“ = eingravieren, einzeichnen): Schrift der altägyptischen Kultur, die Verwaltung und Herrschaftsausübung, aber auch in vielen Bereichen Arbeitsteilung erst möglich machte. Es war zunächst eine Bilderschrift, die einfache, festgelegte Zeichnungen (Zeichen) für leicht darstellbare Gegenstände (z. B. Haus) verwendete. Diese Zeichen wurden dann auch für ähnlich lautende Wörter, die sich mit Zeichnungen nicht darstellen ließen, benutzt. Wörter, für die es kein zeichenbares, ähnlich klingendes Wort gab, wurden in einzelne Lauteinheiten zerlegt, „buchstabiert“.

■ **Hochkultur:** Eine Reihe von Gesellschaften verschiedener Epochen in unterschiedlichen Teilen der Erde werden als Hochkulturen bezeichnet. Ihre gemeinsamen Kennzeichen sind: Die Menschen dieser Hochkulturen haben technische Hilfsmittel enwickelt, mit denen sie versuchen, die Natur zu nutzen und zu beherrschen; ihre Gesellschaft und ihr politisches System sind kompliziert gegliedert; in der Baukunst, in der Malerei und Bildhauerei, in der Musik und Literatur schaffen sie Kunstwerke.

■ **Hoplit** (von griechisch „hoplon" = Waffe): Schwer bewaffneter Fußkämpfer in den griechischen Heeren, der im Gegensatz zum adligen Einzelkämpfer in einer geschlossenen und geordneten Schlachtreihe → **Phalanx** in die Schlacht zog. In den griechischen Poleis mussten die Bürger ihre Waffen selbst finanzieren, so waren in Athen nur die reichen Bürger in der Lage, sich die schwere militärische Ausrüstung der Hopliten (Lanze, Schwert, Schild, Helm und Brustpanzer) anzuschaffen. Ärmere Bürger kämpften als Leichtbewaffnete oder Ruderknechte.

■ **Imperium** (von lateinisch „imperare" = befehlen): Bei den Römern ursprünglich die Bezeichnung für die unumschränkte Amtsgewalt über das Heer; dann Bezeichnung für das Gebiet, über das die Römer herrschten (Imperium Romanum = Römisches Reich).

■ **Jungsteinzeit:** In diesem letzten Abschnitt der Steinzeit lebten die Menschen als sesshafte → **Ackerbauern und Viehzüchter,** aber sie verfügten noch nicht über eine Schrift. Die Jungsteinzeit begann im Nahen Osten vor 10 000 Jahren und endete, als die Hochkulturen in Mesopotamien und Ägypten entstanden.

■ **Kaiser** (von lateinisch „Caesar", gesprochen: Kaisar): Der Name Gaius Iulius Caesars – so hieß auch Caesars Adoptivsohn Augustus – wurde in der römischen Kaiserzeit zum Herrschertitel. „Kaiser" war der Titel der Herrscher des „Heiligen Römischen Reiches" im Mittelalter und der Neuzeit sowie der Herrscher des Deutschen Reiches (1871–1918). Auch der Titel „Zar" ist von „Caesar" abgeleitet.

■ **Kolonie, Kolonisation** (von lateinisch „colere" = Land bebauen): Mit dem Begriff Kolonisation meint man, dass sich Auswanderer in fremden Ländern ansiedelten.
Griechische Auswanderer gründeten ab dem 8. Jahrhundert v. Chr. an fremden Küsten des Mittelmeeres Städte und betrieben dort Landwirtschaft. Mit den „Mutterstädten" in der griechischen Heimat hielten die „Tochterstädte", die Kolonien, meist engere Verbindung. Sie behielten ihre Sprache, Religion, Sitten und Staatsform bei und trieben regen Handel mit ihr. Die Kolonien waren ebenso selbstständige Poleis wie die Poleis in Griechenland, ihre Bewohner fühlten sich weiterhin als Griechen und nahmen beispielsweise an den Olympischen Spielen teil. Zu den bekanntesten Kolonien zählen das von Korinthern gegründete Syrakus auf Sizilien, das von Spartanern gegründete Tarent in Unteritalien und das von Phokäern gegründete Massilia (heute Marseille in Südfrankreich).
Bei den **Römern** waren Kolonien Städte, in denen römische oder latinische Militärsiedler lebten, die die Herrschaft Roms in eroberten Gebieten sichern sollten.

■ **Monarchie** (von griechisch „monos" = allein und „archein" = herrschen): Alleinherrschaft, die durch einen König oder eine Königin ausgeübt wird, die durch Erbrecht in diese Machtstellung gelangt sind und ihre Herrschaft zumeist auf göttlichen Willen zurückführen. In der Antike hatten Könige auch besondere Aufgaben bei religiösen Zeremonien. Die Monarchie war bis ins zwanzigste Jahrhundert die häufigste Staatsform und existiert auch heute noch in einigen Ländern. Allerdings hat der Monarch heute meist nur noch geringe politische Rechte.

■ **Mythos:** Mit dem Begriff ist die Gesamtheit aller griechischen Sagen um die Götter und Helden gemeint. Diese Geschichten wurden immer weitererzählt, ausgebaut und vervollständigt. Die meisten Griechen hielten die mythologischen Erzählungen für wahre Geschichten aus der griechischen Frühzeit. Sie boten in der Tat auch viele Erklärungsmöglichkeiten für Dinge, die den Menschen ohne wissenschaftliche Einsicht unerklärlich schienen. Die griechischen Tragödiendichter verwendeten für ihre Stücke fast nur Stoffe aus dem Mythos. So verfestigte sich der Mythos im Bewusstsein der Zuschauer.

■ **Nobilität:** (von lateinisch „nobilis" = bekannt, vornehm, adlig): Die Nobilität umfasste nach dem Abschluss der Ständekämpfe in Rom den patrizischen Geburtsadel und den plebejischen Amtsadel. Die Nobilität war die Führungsschicht in der Römischen Republik. → **Aristokratie, Patrizier, Plebejer**

■ **Optimaten:** (von lateinisch „optimus" = der Beste): So wurden in der Zeit der späten römischen Republik Politiker genannt, die sich für die alte Ordnung einsetzten (oder dies vorgaben) und ihre politischen Ziele meist mit Hilfe des Senats durchzusetzen versuchten. → **Popularen**

■ **Patrizier** (von lateinisch „pater" = Vater): Die Angehörigen des römischen Geburtsadels, die bis zum Ende der Ständekämpfe die politischen Ämter besetzten, im → **Senat** saßen und die römische Republik beherrschten, hießen Patrizier. → **Aristokratie, Nobilität**

■ **Perikles, Zeitalter des Perikles** (um 495–429 v. Chr.): Perikles gilt als der bedeutendste Staatsmann im antiken Athen. Er entstammte einer sehr einflussreichen Familie. Als ausgezeichneter Redner und durch eine geschickte Politik (er teilte Getreidespenden aus und sorgte für die Zahlung von Tagesgehältern für politische Betätigung) verstand er es, viele Bürger für sich zu gewinnen. Mit dem Wiederaufbau der Akropolis veranlasste er ein umfangreiches Arbeitsbeschaffungsprogramm. Damals verfügte Athen über den größten Einfluss in Griechenland. Die Künstler Athens schufen Werke, die lange vorbildhaft blieben. Perikles starb zu Beginn des Peloponnesischen Krieges im Jahr 429 v. Chr. an der Pest.

■ **Periöken** (griechisch: Umwohner): Die Spartaner nannten so die Bewohner in den Berg- und Küstengebieten um die Polis Sparta herum. Sie waren vor allem Landwirte, Handwerker und Händler und im Gegensatz zu den → **Heloten** persönlich frei. Allerdings durften sie in der spartanischen Volksversammlung nicht mitbestimmen, mussten aber Kontingente für das Heer stellen. Man schätzt ihre Zahl auf etwa 50000.

■ **Phalanx** (griechisch: die Walze; Mehrzahl: Phalangen): Geschlossene Schlachtordnung schwer bewaffneter Fußsoldaten (→**Hopliten**). In tief gestaffelten Reihen, eng nebeneinander aufgestellt, konnten die Soldaten einer Phalanx mit über drei Meter langen Lanzen einer Reitertruppe standhalten. Sollte ein Kämpfer fallen, trat sofort der hinter ihm stehende an dessen Stelle. Mehrere Phalangen operierten nebeneinander und konnten so eine breite geschlossene Front bilden.

■ **Plebejer** (von lateinisch „plebs“ = die Menge, das einfache Volk): Als Plebejer wurden alle römischen Bürger bezeichnet, die nicht dem Geburtsadel angehörten. Sie erhielten erst durch die Ständekämpfe das Recht, politische Ämter zu erlangen und Senatoren zu werden. Diejenigen Plebejer, denen eine politische Karriere gelang, zählten als Amtsadel zur → **Nobilität.**

■ **Polis** (griechisch: Stadt; Mehrzahl: Poleis): Eine selbstständige Polis war eine griechische Stadt, die wie unsere heutigen Staaten ihre Angelegenheiten (ihre „Politik“) selbst regeln konnte. In Griechenland und in den von Griechen besiedelten Gebieten um das Mittelmeer gab es mehrere Hundert Poleis von ganz unterschiedlicher Größe. Athen war die bevölkerungsmäßig größte und bedeutendste Polis. Aber auch Sparta, Theben, Korinth und viele andere waren mächtig. Die Poleis führten auch gegeneinander Kriege oder gingen Städtebünde ein. Zu der Polis gehörte immer das sie umgebende, meist landwirtschaftlich genutzte Umland. In den Städten gab es in der Regel eine höher gelegene befestigte Burg (Akropolis) als Zufluchtsort und einen Marktplatz, die Agora, als politisches Zentrum.

■ **Popularen** (von lateinisch „popularis“ = zum Volk gehörig, volksparteilich): So hießen die Politiker der späten römischen Republik, die ihre politischen Ziele vor allem mit Hilfe der Volksversammlung durchzusetzen versuchten und Politik für das Volk machten oder dies vorgaben. → **Optimaten**

■ **Proletarier** (von lateinisch „proles“ = Nachkommen, Kinder): Die unterste soziale Schicht römischer Bürger wurde so genannt, weil sie weder über Arbeit noch über Vermögen verfügten, sondern nur Kinder ihr Eigen nannten. Sie wurden in Rom vom Staat mit Getreide versorgt und mit Spielen unterhalten („panem et circenses“ = Brot und Spiele). In der Neuzeit wurden lohnabhängige, sozial und politisch benachteiligte Fabrikarbeiter als Proletarier bezeichnet.

■ **Provinz:** (lateinisch „provincia“): So bezeichneten die Römer ursprünglich den Amtsbereich eines römischen Beamten. Als die Römer Gebiete außerhalb Italiens eroberten, nannten die Römer die einzelnen von römischen Statthaltern verwalteten Bezirke Provinzen. In vielen Ländern wird das Wort noch heute als Bezeichnung für einen Verwaltungsbezirk verwendet.

■ **Quellen:** Alle Überreste und Überlieferungen, aus denen wir etwas über die Vergangenheit erfahren können, wenn wir sie sammeln, erschließen, Fragen an sie stellen, sie untersuchen, vergleichen und deuten, nennen wir Quellen. Wir unterscheiden schriftliche und nichtschriftliche Quellen. In diesem Buch sind schriftliche Quellen durch ein „Q“ gekennzeichnet, nichtschriftliche Quellen und Rekonstruktionen als Abbildungen wiedergegeben.

■ **Religion:** Der Glaube an die Macht und Wirkung von vielen Göttern oder nur einem Gott im menschlichen Leben. Die Religion erklärte für die Gläubigen viele Bereiche der Natur und ihres täglichen Lebens. Häufig lieferte die Religion auch eine Begründung von Herrschaft: Danach waren die Herrscher von den Göttern auserwählt worden, ihre Vertreter auf Erden zu sein. Opfer und Gebete, Zeremonien und der Bau von Tempeln für die Götter machten einen wesentlichen Bestandteil der antiken Kulturen aus. Wenn Menschen an eine Vielzahl von Göttern glauben (z.B. im alten Ägypten), spricht man von Polytheismus; glauben Menschen nur an einen einzigen Gott (wie in der jüdischen, christlichen und islamischen Religion), spricht man von Monotheismus.

■ **Republik** (von lateinisch „res publica" = öffentliche Angelegenheit): So nannten die Römer ihren Staat nach dem Ende der etruskischen Königsherrschaft. „Republik" wurde später eine allgemeine Bezeichnung für Staaten, die keinen König an ihrer Spitze hatten.

■ **Romanisierung:** Der Vorgang, durch den römische Sitten, Gesetze und Technik, aber auch die lateinische Sprache sich zunehmend in den eroberten Gebieten durchsetzten. Dabei passten sich die eroberten Völker, wie z. B. die Kelten, den Eroberern mehr oder weniger freiwillig an. So entstanden auch die romanischen Sprachen.

■ **Sammler/innen und Jäger:** In der → **Altsteinzeit** ernährten sich die Menschen, indem sie ihre Nahrung sammelten und Tiere jagten. Sie mussten sich dabei nach der Jahreszeit und dem Verhalten des Jagdwildes richten und sich dorthin begeben, wo die Natur Nahrung bot.

■ **Senat** (von lateinisch „senex" = alter Mann, Greis): Bei den Römern saßen im Senat, dem Rat der „Alten", die ehemaligen hohen Wahlbeamten zusammen. Der Senat entschied in allen wichtigen politischen Grundsatzfragen.

■ **Sklavinnen/Sklaven:** Bei den Griechen, Römern und anderen Völkern des Altertums gab es die Rechtsauffassung, dass Kriegsgefangene, auch die Frauen und Kinder eroberter Städte, Eigentum der Sieger wurden und verkauft werden konnten.

■ **Solon, (solonische Verfassung)** (um 640–560 v. Chr.): Solon reformierte die Verfassung Athens, befreite die Bauern aus der Schuldknechtschaft und schränkte die Macht des Adels ein. Dadurch sicherte er das friedliche Zusammenleben der Bevölkerung. Die nach ihm benannte Verfassung war der erste Schritt hin zur attischen Demokratie.

■ **Spartiaten:** Die Vollbürger Spartas, die anders als die → **Heloten** und → **Perioken** über alle politischen Rechte in Sparta verfügten, werden Spartiaten genannt. Sie mussten von Spartiaten abstammen, über Grundbesitz verfügen sowie die spartanische, harte militärische Erziehung durchlaufen.

■ **Staat:** Der Staat ist eine besondere Organisation menschlicher Gesellschaften. Im Staat bilden die Menschen eine politische Einheit, in der sie eine oberste Gewalt (Herrschaft) anerkennen, die ihr Zusammenleben durch verbindliche Regeln ordnet.

■ **Staatsform:** Mit diesem Begriff bezeichnen wir die Art und Weise, wie ein Staat regiert wird. Wir gebrauchen das Wort in zweifacher Bedeutung. So unterscheiden wir zum einen Staaten danach, wie Gesetze erlassen werden, wer die politischen Entscheidungen trifft, welche öffentlichen Ämter es gibt und wie lange man regieren darf. Die bekanntesten Staatsformen sind Monarchie, Aristokratie und Demokratie. Zum anderen charakterisieren wir Staaten danach, wer an der Spitze des Staates steht. In der Monarchie gibt es einen durch Erbfolge bestimmten König oder eine Königin, in der Republik dagegen gibt es meist ein auf Zeit gewähltes Staatsoberhaupt.

■ **Steinzeit → Altsteinzeit, Jungsteinzeit**

■ **Tradition** (von lateinisch „tradere" = übergeben, überliefern): Als Tradition bezeichnet man die Weitergabe von Kenntnissen, Anschauungen und Fertigkeiten durch mündliche oder schriftliche Überlieferung an die folgende(n) Generation(en). Traditionen dienen dem Aufbau eines Wir-Bewusstseins und Zusammengehörigkeitsgefühls zwischen Menschen.

■ **Tyrannis:** Herrschaft eines Einzelnen, der im Gegensatz zur Monarchie aber dazu nicht durch Geburt oder Wahl berechtigt ist. Die Tyrannis war in vielen griechischen Stadtstaaten des 7. und 6. Jahrhunderts v. Chr. verbreitet. Die negative Bedeutung des Wortes Tyrannei im Sinne gewaltsamer Unterdrückung der Bevölkerung erhielt der Begriff erst im 5. Jahrhundert v. Chr. während der griechischen Demokratie.

■ **Völkerwanderung:** Völkerwanderungen hat es in der Geschichte immer wieder aus unterschiedlichsten Gründen gegeben (Landnot, Klimaänderungen, Umweltkatastrophen, Vertreibung, Eroberungswille, Beutegier, ...). „Völkerwanderung" ist jedoch auch die Bezeichnung eines Zeitabschnitts, der mit 375 n. Chr. (Zerstörung des Ostgotenreiches durch die Hunnen) beginnt und 568 n. Chr. (Einfall der Langobarden in Italien) endet.

■ **Vor- und Frühgeschichte:** Die Unterscheidung von „Geschichte" – der Zeit vom Entstehen der Hochkulturen bis heute – und „Vor- und Frühgeschichte" – der Zeit vor 3000 v. Chr. im Nahen Osten – beruht auf der Art der Quellen, über die wir verfügen können. Aus der Zeit der Vor- und Frühgeschichte haben wir nur von Archäologen ausgegrabene gegenständliche Überreste, an die wir als Quellen Fragen stellen können. Seit der Entstehung der → **Hochkulturen** sind schriftliche Quellen überliefert, die wir auswerten können.

■ **Zivilisation** (von lateinisch „civis" = der Bürger): Mit diesem Wort wird die Lebensart einer Gesellschaft bezeichnet.

Stichworte zu wichtigen Autoren zitierter Quellen

Cassius Dio Cocceianus (um 150–229 n. Chr.): Cassius Dio stammte aus Kleinasien. Er wurde im kaiserzeitlichen Rom zweimal Konsul, war Senator und verwaltete mehrere Provinzen. Er verfasste unter Benutzung vieler älterer Quellen eine umfassende Geschichte Roms von den Anfängen bis zu seinem eigenen zweiten Konsulat 229 n. Chr., die uns vor allem über das Ende der Republik und die Kaiserzeit ausführlich informiert.

Cicero (Marcus Tullius Cicero, 106–43 v. Chr.): Cicero kam aus derselben italienischen Kleinstadt nach Rom wie der Politiker Marius. Er stieg aus dem Ritterstand bis zum Konsul auf. Als Anwalt und politischer Redner nahm er ebenso Einfluss auf seine Zeit wie durch seine philosophischen Schriften und seine zahlreichen Briefe. Als Anhänger der Optimaten wurde er im Bürgerkrieg nach Caesars Tod ermordet.

Eusebios von Caesarea (etwa 265– 340 n. Chr.): Eusebios überlebte die Christenverfolgungen und wurde zum Bischof von Caesarea in Palästina gewählt. Er nahm am Konzil von Nicaea (325) teil und bemühte sich wie Kaiser Konstantin der Große um die Einheit der Kirche. Von Eusebios ist eine sehr große Zahl an Werken erhalten. Dazu zählen eine Geschichte der Kirche und eine Lebensbeschreibung Kaiser Konstantins, in der dessen christliche Tugenden gelobt werden.

Herodot (um 484–um 430 v. Chr.): Herodot wurde in Kleinasien, in Halikarnassos geboren und starb wahrscheinlich in Unteritalien in Thurioi, einer Stadt, die er als Kolonie mit gegründet hat. Weite Reisen ins Schwarzmeergebiet, nach Ägypten, Vorderasien und auf dem griechischen Festland führten ihn aus seiner Heimat hinaus. Viele Jahre lebte er in Athen, wo er mit Perikles Freundschaft schloss. Herodot gilt als „Vater der Geschichtsschreibung“: Als Erster suchte er in seinen „Historien“ (= wörtlich „Erkundigungen“) nach der geschichtlichen Wahrheit und bemühte sich, die Ereignisse in einem Zusammenhang darzustellen. Er berichtet ausführlich über das Perserreich und die Perserkriege; die Frage nach den Gegensätzen zwischen den Griechen und Barbaren bzw. Europa und Asien hat ihn sehr beschäftigt. Er schreibt, dass es sein Ziel sei, die großen Leistungen der Menschen und die Ursachen ihrer Kriege vor der Vergessenheit zu bewahren.

Homer (8. Jahrhundert v. Chr.): Wir wissen wenig Genaues über das Leben des ältesten griechischen Dichters, der als Verfasser zweier großer Versepen bekannt geworden ist. Die „Illias“ erzählt einen Teil der zehnjährigen Belagerung und Eroberung der Stadt Troja (= Ilion) in Kleinasien. Die „Odyssee“ schildert die zehnjährige Irrfahrt des griechischen Helden Odysseus von Troja aus zu seiner Heimatinsel Ithaka. Er hat in der 2. Hälfte des 8. Jahrhunderts v. Chr. als Sänger gelebt und an den Fürstenhöfen Griechenlands seine Verserzählungen auswendig vorgetragen. In seinem Werk wird die Welt der Götter und Helden verherrlicht und die Tüchtigkeit als beispielhaft für das Handeln der Menschen herausgestellt. Erst ungefähr zweihundert Jahre später, unter Peisistratos, wurden seine Werke aufgeschrieben.

Juvenal (Iuvenalis, ca. 60–nach 130 n. Chr.): Über Juvenals Lebensumstände ist fast nichts bekannt. Er war Zeitgenosse des → **Tacitus** und des → **Plinius.** In seinen 15 satirischen Gedichten, die erhalten geblieben sind, kritisierte und verspottete er das Stadt- und Gesellschaftsleben in der Kaiserzeit, besonders das Verhalten der oberen Schichten.

Pausanias (um 115–um 180 n. Chr.): Pausanias stammte aus Kleinasien und bereiste lange Griechenland. In 10 Büchern berichtete er von diesen Reisen und beschrieb die Landschaften Zentralgriechenlands. Er schilderte die Städte, Bauten, Kunstdenkmäler und Gemälde, die er gesehen hatte; er erzählte aber auch in Exkursen über landschaftliche, historische und mythologische Besonderheiten. Sein Werk ist unter anderem ein wichtiges Zeugnis für verlorene und zerstörte Kunstwerke der Antike. Deutlich wird in seinen Ausführungen seine Bewunderung für die große griechische Kultur.

Plinius der Jüngere (Gaius Plinius Caecilius Secundus, 61/62 – nach 111 n. Chr.): Plinius wuchs bei seinem gleichnamigen Onkel, einem Offizier und wissenschaftlichen Schriftsteller, auf, der 79 n. Chr. beim Vesuvausbruch ums Leben kam. Plinius war Konsul und Provinzverwalter in Kleinasien unter Kaiser Trajan. Er hat eine große Sammlung seiner Briefe hinterlassen. Darunter befinden sich seine Briefe an → **Tacitus** über den Tod seines Onkels und seine Korrespondenz mit Trajan, in der es unter anderem um die Behandlung der Christen geht.

Plutarch (um 46–um 120 n. Chr.): Plutarch stammte aus einer angesehenen Familie in Chaironeia (Böotien) und studierte in Athen. In seiner Heimatstadt bekleidete er mehrere politische Ämter, im Alter von 50 wurde er Priester des Apollons in Delphi. Auf seinen Reisen in Griechenland, nach Kleinasien, Ägypten und Italien lernte er viele berühmte und einflussreiche Persönlichkeiten seiner Zeit kennen, so auch die Kaiser Trajan und Hadrian. Sein berühmtestes Werk sind die 23 Lebensbeschreibungen bedeutender Staatsmänner, in denen er jeweils einen berühmten Griechen mit einem bedeutenden Römer verglich, so z. B. Alexander den Großen und Gaius Julius Cäsar. Er verarbeitete dazu älteres Quellenmaterial und suchte mit vielen Details und Anekdoten die Charaktere, Taten und Leistungen seiner Helden zu würdigen.

Sallust (Gaius Sallustius Crispus, 86–34 v. Chr.): Sallust stammte aus einer italienischen Stadt und gehörte dem Ritterstand in Rom an. Sallust war Gegner der Optimaten, besonders → **Ciceros.** Als Anhänger der Popularen schloss er sich Caesar an. Nach dem Tod Caesars zog er sich aus der Politik zurück und verfasste mehrere zeitgeschichtliche Werke, die für uns wichtige Quellen zur Geschichte der innenpolitischen Auseinandersetzungen in der römischen Republik seit der Zeit der Gracchen sind.

Seneca (Lucius Annaeus Seneca der Jüngere, etwa 4 v. Chr – 65 n. Chr.): Seneca gehörte einer Familie an, die aus Corduba (heute: Cordoba, Spanien) stammte. Er war in Rom als Rechtsanwalt und Senator tätig, später als Erzieher des Kaisers Nero. Nero zwang ihn als angeblichen Mitwisser einer Verschwörung zum Selbstmord. Als Dichter und Philosoph befasste er sich mit dem richtigen Verhalten und Handeln der Menschen.

Sueton (Gaius Suetonius Tranquillus, ca. 70– nach 121 n. Chr.): Sueton, aus Hippo Regius (Africa) stammend, machte durch die Hilfe seines Freundes und Gönners → **Plinius** Karriere am Hofe des Kaisers Trajan. Er verfasste Biographien der Kaiser von Caesar bis Domitian (gest. 96 n. Chr.), faktenreiche Lebensbeschreibungen, die zur Unterhaltung auch in späterer Zeit viel gelesen wurden, wie Hunderte von Handschriften aus dem Mittelalter zeigen.

Tacitus (Publius Cornelius Tacitus, um 55– nach 115 n. Chr.): Tacitus stammte aus der römischen Provinz Narbonensis oder aus Norditalien, das bis Caesar römische Provinz gewesen war. Sein Vater gehörte dem Ritterstand an, er selber stieg in den Senatorenstand auf und wurde sogar Konsul. Am Ende seiner politischen Laufbahn unter mehreren römischen Kaisern war er Statthalter in der Provinz Asia. Er hat mehrere Werke zur römischen Geschichte verfasst: Eine Biographie seines Schwiegervaters Agricola, der Statthalter in Britannien war; ein Buch über Germanien und seine Bewohner („Germania“); zwei mehrbändige Geschichtswerke zur römischen Geschichte zwischen 14 n. Chr. und 96 n. Chr.: die „Annalen“ (14–68 n. Chr.) und die „Historien“ (69–96 n. Chr.). In seinen Werken spielen bedeutende römisch-republikanische Werte wie „virtus“ (die bedeutende Leistung des Einzelnen) und „libertas“ (die Freiheit) eine wichtige Rolle. Gleichzeitig war ihm aber bewusst, dass in der Kaiserzeit ein politisches Handeln nach solchen Maßstäben zu Problemen führen konnte.

Thukydides (um 460–396 v. Chr.): Thukydides stammte aus einer vornehmen athenischen Familie. Er beschrieb in seiner „Geschichte des Peloponnesischen Krieges“ die Auseinandersetzung zwischen Athen und Sparta. Am Krieg selbst hatte er als (erfolgloser) Stratege teilgenommen und musste Athen verlassen. Trotzdem versuchte Thukydides unparteilich die Ereignisse genau so zu beschreiben, „wie sie gewesen sind“, und fragte nach tieferen Ursachen, äußeren Anlässen und langfristigen Folgen historischer Ereignisse.

Xenophon (um 430–354 v. Chr.): Er stammte aus einer wohlhabenden athenischen Familie. Er war Schüler des Sokrates, kämpfte mehrere Jahre als Offizier. Wegen seiner freundlichen Haltung zu Sparta musste er seine Heimatstadt Athen verlassen und ließ sich auf einem Landgut auf der Peloponnes nieder. Er führte das Werk des Thukydides über den Peloponnesischen Krieg fort, schrieb Erinnerungen an Sokrates und mehrere Lehrbücher, z. B. über die Hauswirtschaft, über die Staatsfinanzen oder über die Jagd.

Lesehinweise und Tipps

Menschen in vor- und frühgeschichtlicher Zeit:

Museumshinweise:

- Keltenmuseum Hochdorf, 71735 Eberdingen-Hochdorf, Tel.: 0 70 42 / 7 89 11.
  Am Fundort des Keltengrabes von Hochdorf entstand ein Museum zur Alltags- und Siedlungsgeschichte der Kelten.
  Nähere Informationen im Internet unter: http://www.bawue.de/wmwerner/hochdorf

- Neanderthal-Museum, Talstraße 300, 48822 Mettmann, Tel: 0 21 04 / 97 97 15.
  Die Dauerausstellung zeigt den Weg der Menschheit bis in die Gegenwart hinein. Sie will verdeutlichen, dass wir Menschen Ergebnis eines langen biologischen Prozesses sind, in den wir in zunehmendem Maße eingreifen.
  Nähere Informationen im Internet unter: http://www.neanderthal.de

- Die Gemeinde Glauburg bietet von Anfang März bis Ende September Führungen im Archäologischen Park Glauberg an. Die Führungen beinhalten den rekonstruierten keltischen Fürstengrabhügel aus dem 5. Jh. v. Chr. und die keltischen Grabreste. Die Veranstaltung beginnt jeweils um 15.00 Uhr und dauert ca. 2 Stunden. Auskunft Gemeinde Glauburg Tel. 0 60 41 / 82 68-0.

Leseempfehlungen:

- Gabriele Beyerlein, Der goldene Kegel, dtv junior, ab 12.
  Eine Erzählung aus der späten Bronzezeit.

- Carl Josef Grund, Die Stadt der Pferdegöttin, Loewe Verlag, ab 12.
  Eine spannende Erzählung aus dem Leben in der Keltenburg des Fürsten Baran.

- Wolfgang Kuhn, Mit Jeans in die Steinzeit, dtv junior, ab 12.
  Mit Hinweisen für den Einsatz im Unterricht.

- Gabriele Beyerlein erzählt vom Gletschermann, Verlag Friedrich Oetinger, Hamburg 1993.

- Erich Ballinger, Der Gletschermann. Ein Krimi aus der Steinzeit. Verlag Carl Ueberreuter, Wien 1992.

- Der Mann aus der Steinzeit: Ötzi. Wer er war, wie er lebte, wie er starb. GEO Nr. 10, Oktober 1996, S. 68 ff.

Hochkulturen entstehen:

Museumshinweise:

- Roemer- und Pelizäus-Museum, Am Steine 1–3, 31134 Hildesheim.
  Ägyptisches Museum und Papyrussammlung.

- Ägyptisches Museum Berlin, Schloss-Straße 70, Berlin-Charlottenburg, Tel.: 0 30 / 20 90 55 55.

Leseempfehlungen:

- Alfred C. Baumgärtner, Sinuhe – der Mann aus der Wüste, Echter Verlag, ab 13.
  Sinuhe, ein ägyptischer Hofbeamter, flieht zu den Beduinen in die Wüste. Die Handlung geht auf einen ägyptischen Text aus der Zeit um 1960 v. Chr. zurück.

- Hans Hagen, Das Löwenamulett, Arena Verlag, ab 12. *Ein Abenteuerroman aus der Zeit der Sumerer.*

- Christian Jacq, Die Pharaonen, Hanser Verlag, ab 12.
  Susanne und Isidor begleiten den Autor nach Ägypten. Dort breitet Jacq vor den beiden Schülern ein Panorama des einstigen Ägypten aus.

- Hans Kneifel, Weihrauch für den Pharao, Thienemann Verlag, ab 12.
  Der 12-jährige Sklave Karidon kommt zu einem neuen Herrn, mit dem er eine gefährliche Seereise nach Punt unternimmt.

- James Putnam, Meine Schatztruhe: Das alte Ägypten, Verlag Coppenrath, ab 7.
  Ein Spiel- und Lesepaket rund um das Leben im alten Ägypten, mit einem Buch, einem Spiel, Landkarten, Hieroglyphenstempeln, echtem Papyrus u. v. m.

- Pyramiden (Reihe: Sehen – Staunen – Wissen), Gerstenberg Verlag, ab 12.
  Von den ägyptischen Königsgräbern bis zu den Tempelpyramiden des alten Mexiko.

- Emilio Salgari, Pharaonentöchter, Arena Verlag, ab 12.
  Der junge Ägypter Mirinri erfährt, dass er in Wirklichkeit Sohn eines Pharaos ist. Nun soll er den seinem Vater einst geraubten Herrscherthron zurückerobern.

- Arnulf Zitelmann, Mose, der Mann aus der Wüste, Verlag Beltz & Gelberg, ab 12.
  Zitelmann schildert Moses Weg von der Geburt beim Sklavenvolk der Ibrim (Israeliten) über seine Karriere im ägyp-

tischen Hochadel – unter den Fittichen seiner Adoptivmutter Tachait – bis zur Führung seines Volkes durch die Sinaiwüste aus Ägypten heraus.

Die Welt der Griechen:

Museumshinweise:

- Pergamon Museum,
  Staatliche Museen zu Berlin/
  Preußischer Kulturbesitz,
  Bodestraße 1–3, 10178 Berlin,
  Tel.: 030/20905555

Leseempfehlungen:

- Das alte Griechenland
  (Reihe: Sehen – Staunen – Wissen),
  Gerstenberg Verlag, ab 11.
  Der Bild-Text-Band behandelt vor allem Kultur- und Alltagsleben der Griechen.

- Die attische Demokratie (Reihe: Geschichte erleben – Gerstenberg visuell), Gerstenberg Verlag, ab 10.
  Leicht verständlicher, reich bebilderter und anschaulicher Einstieg in die Geschichte der attischen Demokratie.

- Sieben Weltwunder (Reihe: Was ist was?),
  Tessloff Verlag, ab 10.
  Sachbuch mit vielen Bildern.

- Tonny Vos-Dahmen von Buchholz,
  Der Komet von Samos,
  Urachhaus-Verlag, ab 11.
  Ein einfacher Fischer erzählt aus seiner Perspektive das abenteuerliche Leben des Pythagoras.

- Hans Baumann, Flügel für Ikaros,
  dtv junior, ab 13.
  Lebendige Erzählung des Mythos vom fliegenden Ikaros.

- Hans Baumann, Der große Alexanderzug,
  dtv junior, ab 13.
  In Episoden wird die Geschichte des Eroberungszuges von Alexander dem Großen erzählt.

- Hans Baumann, Löwentor und Labyrinth,
  dtv junior, ab 10.
  Archäologisch orientierte Schilderung der großen Ausgrabungsaktion von Troja, Mykene und Knossos.

- Isolde Heyne, Imandra,
  Ravensburger Verlag, ab 11.
  Imandra lebt bei ihrer Tante in Delphi, die Priesterin beim Orakel ist. Die geheimnisvolle Atmosphäre wird für Imandra zunehmend bedrohlich.

- Rosemary Sutcliff und Alan Lee,
  Schwarze Schiffe vor Troja,
  Verlag Freies Geistesleben, ab 11.
  Mit monumentalen, dramatischen Bildern von Lee ausgestattet, erzählt Sutcliff spannend und mitreißend die Ilias nach.

- Rosemary Sutcliff und Alan Lee,
  Die Rückkehr des Odysseus,
  Verlag Freies Geistesleben, ab 11.
  Mit monumentalen, dramatischen Bildern von Lee ausgestattet, erzählt Sutcliff spannend und mitreißend die Odyssee nach.

Filmtipps:

- Die athenische Demokratie, Dokumentarfilm BRD 1991, 16 mm, ab Klasse 5/6.
  Entstehung und Entwicklung der athenischen Demokratie. Geographische und wirtschaftliche Aspekte werden berücksichtigt und Unterschiede zur modernen Demokratie aufgezeigt. Bei den Stadt-, Kreis- und Landesbildstellen verfügbar.

- Sklavenalltag in Athen. Dokumentar- und Spielfilm, DDR 1983 / BRD 1990, Video, ab Klasse 5/6.
  Spielszenen verdeutlichen das Alltagsleben der Sklaven. Ihre Herkunft, ihre unterschiedlichen Lebens- und Arbeitsbedingungen und ihr unterschiedliches Verhältnis zu ihren Herren werden behandelt.

Rom – die Stadt, die Bürger, das Weltreich:

Museumshinweise:

- Archäologischer Park Xanten
  Ein etwas anderes Museum: Ein Teil der alten Römerstadt ist rekonstruiert worden (z. B. Stadtmauer, Amphitheater), man kann bei Ausgrabungen zusehen, gleichzeitig ist Platz genug für „römische“ und heutige Spiele. Ideal für einen Ausflug.
  Nähere Informationen im Internet unter:
  http://www.xanten.de

- Rheinisches Landesmuseum Bonn
  Viele originale Fundstücke aus dem gesamten Rheinland.

- Römisch-Germanisches Museum Köln
  Umfassende Ausstellung sämtlicher Lebensbereiche im römischen Germanien.

- Das Römertal. Naturpark Altmühltal.
  Die „Deutsche Limesstraße“ verbindet verschiedene Originale und Rekonstruktionen entlang der ehemaligen römischen Grenze.

- Westfälisches Römermuseum Haltern, Weseler Straße 100, 45721 Haltern, Tel.: 023 64 / 93 7 60.
  Im Westfälischen Römermuseum Haltern werden alte und neue Funde aus den Römerlagern an der Lippe gezeigt. Schwerpunkt ist das Leben der römischen Legionäre.
  http://www.lwl.org/wmfa

- Website zu Kalkriese, wo vermutlich die Varus-Schlacht 9 n. Chr. stattfand:
  http://www.geschichte.uni-osnabrueck.de

- Limesmuseum Aalen
  Schwerpunkt: Römer im heutigen Baden-Württemberg, Limes, Leben der Legionäre
  http://aalen.de/aalen/inhalt/kultur/m_lim3.htm

- Römerstadt Augusta Raurica, Augst (Schweiz)
  http://www.basel-landschaft.ch/doos/kultur/augustaraurica/saele.htm

Leseempfehlungen:

- Hans Baumann, Ich zog mit Hannibal, dtv junior, ab 13.
  Roman, der den Zweiten Punischen Krieg aus der Perspektive eines Jungen, der in Hannibals Heer mitzieht, erzählt; illustriert. Mit Hinweisen für den Einsatz im Unterricht.

- Carl Josef Grund, Asche auf Pompeji, Loewe Verlag, ab 11.

- Eilis Dillon, Im Schatten des Vesuv, dtv junior, ab 13.
  Timon erlebt die letzten Tage von Pompeji.

- David Macauly, Eine Stadt wie Rom, Artemis Verlag, ab 10.
  Bebildertes Lesebuch zum Kennenlernen der Bauten und Bautechnik in Rom.

- Hans Dieter Stöver, Die Akte Varus, dtv junior, ab 12.
  Fünfzig Jahre nach der Schlacht im Teutoburger Wald versucht der Historiker Plinius die Hintergründe dieser Niederlage aufzuklären: Wie konnte Varus in diesen Hinterhalt geraten?

- Rosemary Sutcliff, Der Adler der Neunten Legion, dtv junior, ab 12.
  Der römische Hauptmann Marcus zieht als Soldat in das erst kürzlich zur Provinz gewordene Britannien.

- Rosemary Sutcliff, Der silberne Zweig, dtv junior, ab 12.
  Eine Erzählung aus der Endzeit der römischen Besatzung Britanniens.

- Shelley Tanaka und Greg Ruhl, Pompeji. Die begrabene Stadt, Carlsen Verlag, ab 11.
  Spannend und anschaulich berichtet Shelley Tanaka in diesem Buch von Ausgrabungen und Restaurierungen: Der Besuch der Ruinen von Pompeji wird zu einer Reise in eine versunkene Stadt.

- Hedwig van de Velde, Aufstand gegen Rom, Urachhaus-Verlag.
  Geschichte eines jungen Mannes, der beim Aufeinandertreffen der römischen und germanischen Kultur zwischen die Fronten gerät.

- Arnulf Zitelmann, Hypatia, Beltz & Gelberg, ab 12.
  Geschichte einer bedeutenden Frau, die um 400 n. Chr. in Ägypten lebte. Als Anhängerin der griechischen Philosophie gerät sie mit Christen in Konflikt und findet ein tragisches Ende.

Archäologische und historische Ausstellungen
Die Zeitschrift „damals“ (DVA) enthält einen monatlich fortgeschriebenen Kalender aktueller Ausstellungen:
Internet: http://www.damals.de/
(Enthält links zu den Ausstellungsstätten.)

Textquellenverzeichnis

GiQ 1: Geschichte in Quellen, Bd. 1: Altertum, bearb. von Walter Arend, Bayerischer Schulbuchverlag, München 1965. S. 38, Q 1 a: Nacherzählung des Schroedel-Autors; S. 38, Q 1 b und c: Übersetzung des Schroedel-Autors; S. 46, Q 1: Jan Assmann (Hrsg.) , Ägyptische Hymnen und Gebete, Unionsverlag, Zürich 1999, 2. Aufl., S. 200 ff., gek. , vereinf.; S. 47, Q 2: Friedrich Wilhelm Freiherr von Bissing (Hrsg.), Altägyptische Lebensweisheit, Unionsverlag, Zürich 1955, S. 67 ff., gek., vereinf.; S. 50, Q 1 a: Gottfried Guggen-bühl (Hrsg.), Quellen zur Geschichte des Altertums, Schulthess, Zürich 1964, S. 16, gek. Und vereinf.; S. 50, Q 1 b: Gerd Prause, Zu jeder Mahlzeit tranken die Ägypter Bier, in: DIE ZEIT, Nr. 10, 1980, S. 76.; S. 50/51, Q 2: Wolfgang Lautemann und Manfred Schlenke (Hrsg.), Geschichte in Quellen, Bd. 1: Altertum, bearb. von Walter Arend, Bayerischer Schulbuchverlag, München 1965 [in der Folge zitiert als GiQ 1], S. 34–36, gek. und vereinf.; S. 56, Q 1: Christian Delacampagne und Erich Lessing, Geheimnisvolles Ägypten, Übers. Sven Becker, Weltbildverlag/Bechtermünz, Augsburg 1991, S. 46 gek.; S. 56, Q 2: Christian Delacampagne und Erich Lessing, Geheimnisvolles Ägypten, Übers. Sven Becker, Weltbildverlag/ Bechtermünz, Augsburg 1991, S. 102, vereinf. und gek.; S. 56, Q 3: Arne Eggebrecht (Hrsg.), Das alte Ägypten, 3000 Jahre Geschichte und Kultur des Pharaonenreiches, Bertelsmann, München 1997, 4. Aufl., S. 291.; S. 59, Q 2: Rainer Stadelmann, Die ägyptischen Pyramiden, Philipp von Zabern Verlag, Mainz 1985, S. 82–83, vereinf.; S. 63, Q 1: GiQ 1, S. 64–65, gek.; S. 63, Q 2: GiQ 1, S. 63, gek.; S. 65, Q 1 und Q 2: Die Bibel, nach der Übersetzung Martin Luthers, Deutsche Bibelgesellschaft Stuttgart, Stuttgart 1991, gek.; S. 69: Nacherzählung des Schroedel-Autors; S. 72, Q 1: Herodot, Historien, Deutsche Gesamtausgabe, Übers. A. Horneffer, Hrsg. H. W. Haussig, Alfred Körner Verlag, Stuttgart 1955, S. 305 ff., gek. und vereinf.; S. 73, Q 2: Übersetzung des Schroedel-Autors; S. 79, Q 1: Isokrates, Panegyrikos, 43–44; Übers. Nadja Schäfer (Schroedel Verlag); S. 79, Q 2: Pausanias, Reisen in Griechenland. Gesamtausgabe in drei Bänden auf Grund der kommentierten Übersetzung von Ernst Meyer. Hrsg. Felix Eckstein. Bd. II, Olympia. Artemis Verlag, München und Zürich, 1987 (3. Aufl.), S. 56–58; gekürzt und vereinf.; S. 79, Q 2: Pausanias, Reisen in Griechenland. Gesamtausgabe in drei Bänden auf Grund der kommentierten Übersetzung von Ernst Meyer. Hrsg. Felix Eckstein. Bd. II, Olympia. Artemis Verlag, München und Zürich, 1987 (3. Aufl.), S. 43–44; gekürzt und vereinf.; S. 80, Q 3: Pausanias, Reisen in Griechenland. Gesamtausgabe in drei Bänden auf Grund der kommentierten Übersetzung von Ernst Meyer. Hrsg. Felix Eckstein. Bd. II, Olympia. Artemis Verlag, München und Zürich, 1987 (3. Aufl.), S. 18–19; gekürzt und vereinf.; S. 83, Q 1: GiQ 1, S. 143 – 144, gek., Übers. Konrat Ziegler; S. 87, Q 2: GiQ 1, S. 165, gek., Übers. Konrat Ziegler; S. 89, Q 1: Herodot, Historien 5, 78; Übers. Nadja Schäfer (Schroedel Verlag); S. 92, Q 1: GiQ 1, S. 188–189, gek., Übers. W. Ax; S. 95, Q 1: Xenophon, Die sokratischen Schriften, Hrsg. und Übers. Ernst Bux, Reclam Verlag, Stuttgart 1956, S. 63 f., vereinfacht.; S. 95, Q 2: Aristophanes, Thesmophoriazusai 446 ff., Übers. Eberhard Heupel (Schroedel-Autor); S. 96 Mitte: Aischylos, Orestie, 2, 751–761, Übers. Nadja Schäfer (Schroedel Verlag), vereinfacht; S. 96, unten: Aristophanes, Die Wolken, Übers. Otto Seel, Reclam Verlag, Stuttgart 1963, v 966–971, gekürzt.; S. 97: Plautus, Bacchides 3, 405–415, Übers. Nadja Schäfer (Schroedel Verlag), vereinfacht; S. 100, Q 1 a: GiQ 1, S. 290, Übers. W. Arend, vereinfacht.; S. 100, Q 1 b: Alison Burford, Künstler und Handwerker in Griechenland und Rom, Verlag Philipp von Zabern, Mainz 1985, S. 88, vereinfacht.; S. 100/101, Q 1 c: Michel Austin, Pierre Vidal-Naquet, Gesellschaft und Wirtschaft im alten Griechenland, Übers. Andreas Wittenburg, C. H. Beck Verlag, München 1984, S. 155, vereinf.; S. 101, Q 1 d: Robert J. Hopper, Handel und Industrie im klassischen Griechenland, C. H. Beck, München 1982, S. 176.; S. 101, Q 2: Aristoteles, Politik und Staat der Athener, Übers. Olof Gigon, Artemis, Zürich 1955, vereinf.; S. 107, Q 1 a: GiQ 1, S. 216, Übers. A. Horneffer.; S, 107, Q 1 b: GiQ 1, S. 193 f., Übers. W. Ax.; S. 107, Q 2: GiQ 1, S. 230, Übers. W. Weinstock; S. 109, Q 1: Xenophon, Die sokratischen Schriften, Übers. Ernst Bux, Reclam verlag, Stuttgart 1956, S. 258 f.; S. 112/113: Q 1 a/b, Q 2: Plutarch, Alexander und Caesar, Übers. Marion Giebel, Reclam Verlag, Stuttgart 1987, bearb.; S. 113, Q 3: GiQ 1, S. 350.; S. 120, Q 1 a und b, Q 2: Übers. des Schroedel-Autors; S. 120; S. 121, M 3: Horst Blank, Einführung in das Privatleben der Griechen und Römer, Wiss. Buchgesellschaft, Darmstadt 1976, S. 103 f.; S. 121, Q 4: GiQ 1, S. 407, Übers. K. Ziegler; S. 124, Q 1: Übers. des Schroedel-Autors; S. 124, Q 2: GiQ 1, S. 396, Übers. R. Düll; S. 127, Q 1: GiQ 1, S. 394, Übers. K. Latte; S. 127, Q 2: Übers. des Schroedel-Autors; S. 127, Q 3: GiQ 1, S. 432, Übers. W. Arend; S. 128, Q 4 a: GiQ 1, S. 505 f., Übers. W. Arend; S. 128, Q 4 b: Übers. des Schroedel-Autors; S. 132, Q 1: GiQ 1, S. 472, Übers. K. Ziegler; S. 132, Q 2: GiQ 1, S. 527, Übers. W. Ax; S. 132, Q 3: GiQ 1, S. 535, Übers. W. Arend; S. 132/133, Q 4 a: GiQ 1, S. 546, Übers. M. Heinemann; S. 133, Q 4 b: Übers. des Schroedel-Autors; S. 136, Q 1: Übers. des Schroedel-Autors; S. 136, Q 2: Tacitus, Annalen, Übers. Walter Sontheimer, Reclam Verlag, Stuttgart 1969, S. 16.; S. 137, Q 3: Übers. des Schroedel-Autors; S. 139, Q 1: Übers. des Schroedel-Autors; S. 143, Q 1: Übers. des Schroedel-Autors; S. 143, Q 2: Filippo Coarelli, Rom (Übers. Erika Schindel), Ebeling Verlag, Wiesbaden 1974, S. 135 f.; S. 147, Q 1 a: Vereinf. Übers. von Nadja Schäfer (Schroedel Verlag); S. 147, Q 1b: Seneca, Moralische Briefe an Lucilius 47 (= V 6), 10.; S. 147, Q 2: Karl-Wilhelm Weeber, Alltag im Alten Rom, Ein Lexikon, Artemis Verlag, Zürich 1995, S. 160; S. 147, Q 3: Vereinf. Übers. von Nadja Schäfer (Schroedel Verlag); S. 148, Q 4 a: Tacitus, Annalen, Übers. Walter Sontheimer, Reclam Verlag, Stuttgart 1969, S. 92.; S. 148, Q 4 b: Juvenal, 3. Satire, übers. und bearb. von Michael Tocha, in: Bernhard Müller u. a., Historia 1, Schöningh Verlag, Paderborn 1995, S. 154.; S. 150, Q 1: Übers. des Schroedel-Autors; S. 150, Q 2: Übers. des Schroedel-Autors; S. 150, Q 3: Übers. des Schroedel-Autors; S. 158, Q 1 a bis c: Vereinf. Übers. des Schroedel-Autors ; S 159, Q 2: Übers. von Nadja Schäfer (Schroedel Verlag); S. 159, M 3: Monika Weiner, Der Ort der Schlacht. In: P. M. History 5, 1999, S. 44 vereinfacht.; S. 166, M 1: Text des Schroedel-Autors Raimund Kurscheid; S. 166, Q 2: Vereinf. Übers des Schroedel-Autors; S. 167, Q 3: Kai Brodersen, Das römische Britannien. Spuren seiner Geschichte, Wissenschaftliche Buchgesellschaft, Darmstadt 1998, S. 132 f. gekürzt; S. 171, Q 1 a : GiQ 1, S. 712; S. 171, Q 1 b: Martin Widmann, Geschichte der Alten Kirche im Unterricht, Verlag Mohn, Gütersloh 1970, S. 91; S. 172, Q 2: GiQ 1, S. 722, Übers. Ph. Haeuser; S. 172, Q 3: GiQ 1, S. 722, Übers. Ph. Haeuser; S. 172/173, Q 4: GiQ 1, S. 741, Übers. Ph. Haeuser; S. 176, Q 1: GiQ 1, S. 793, Übers. W. Capelle; S. 176/177, Q 2: GiQ 1, S. 829, Übers. Friedrich Klingner; S. 182/183, Q 1 bis Q 3: Der Koran. Das heilige Buch des Islam, Übers. Ludwig Ullmann und L. W. Winter, Wilhelm Goldmann Verlag, München 1959.

Bildquellenverzeichnis

Umschlag unter Verwendung einer Vorlage von Lotos-Film, Kaufbeuren. Agentur Albert René, Paris: 184 oben; AKG, Berlin: 15.1, 25.3, 30.4 links, 31.2, 31.4, 37.2 Mitte, 37.3, 40 groß, 45.2, 47 rechts, 48.2, 54.1 c, 54.1 e, 54.1 g, 58.2, 58.3, 62.2, 63.2, 70.2 (Foto: John Hios), 75 D (Archives CDA/St.-Genès), 75 G (Foto: Nimatallah), 78.1, 78.2, 79.2, 87.1 links, 87.1 rechts, 90.2 (Foto Erich Lessing), 93.2, 107.2, 114 unten, 115 oben, 122.1, 127.2, 132.1, 133.4, 134.1, 135.1, 140.1 (Foto Erich Lessing), 142.2, 143.2, 154.3, 157.1, 161.2 (Foto: Michael Teller), 163.1, 168.2, 170.2, 173.2, 177.1, 177.2, 18.2, 182.1, 186.1; Araldo de Luca/Corbis/Picture Press: 52.2 b; Archäologischer Museumspark Osnabrücker Land GmbH: 11.3, 159.1, 159.3; Archäologisches Institut der Universität Heidelberg: 43.1, 84.1 rechts; Archäologisches Museum Frankfurt/Main: 168.1; Archiv Gerstenberg, Wietze: 145.2; Norbert Autenrieth, Cadolzburg: 165.1; Bibliothèque Nationale, Paris: 72.2, 183.1; Bildagentur Mauritius: 34.1 (Foto: Rosing), 34.2 (Foto: Dr. Pott); Bildarchiv Steffens, Mainz: 19.2 (Bridgeman Art Library), 30.3 (Bridgeman Art Library), 47.1 links, 52.1, 53.1, 55.1 (Bridgeman Art Library), 56.1 (Bridgeman Art Library), 66 groß, 69.2 (Bridgeman Art Library), 73.1 (Bridgeman Art Library), 74 B (Bridgeman Art Library), 76.1 (Bridgeman Art Library), 83.1 (Bridgeman Art Library), 85.1 (Louvre Paris/Bridgeman Art Library/Foto: Peter Willi), 100.1, 103.1, 105.1, 111.2 (Foto: Zimmermann), 126.2, 128.1, 133.3, 137.2, 139.1, 142.1 (Bridgeman Art Library), 154.1, 171.2, 176.1, 178.1; bpk, Berlin: 15.2, 16.3, 47.1 Mitte, 54.1 a, 54.1 d, 55.3, 67 links (Antikensammlung, Foto: J. Liepe), 67 rechts, 69.1, 72.1, 73.2, 75 E, 77.1, 78.3, 78.4, 82.1 links, 82.1 rechts (Antikensammlung, Foto: J. Liepe), 88.2, 92.1, 97.1, 97.2, 100.3, 101.2, 171.1 (Foto: J. Liepe), 187.3; Bridgeman Art Library: 52.1, 52.2 c; The British Museum, London: 50.1, 93.1, 96.1; Bulthaup GmbH & Co, Aich: 17.2; John Coates, Bath: 89.2 oben, 89.2 unten; Colorphoto Hans Hinz, Allschwil-Basel: 18.1; Deutsches Archäologisches Institut, Rom: 150.1; DHM, Berlin: 11.1; dpa, Frankfurt am Main: 7.1, 7.2, 64.1, 65.1, 115 unten, 180.1, 184 unten (Bernd Setnik Zentralbild); J. Feist, Pliezhausen: 25.2; Fabian, Hannover: 17.1; Ordaka Fischer-Orloff, Köln: 185 unten; Germanisches Nationalmuseum, Nürnberg: 31.3; Hasenohr, W.: 189.1; Haußner, Christoph, München: 158.1; Heuneburg-Museum, Herbertingen, Hundertsingen: 37.1 klein; A. A. M. van der Heyden, Naarden: 44.1; Inter-Topics, Hamburg: 8.1; Susanne Jurgan, Wiesbaden: 13.1 groß, 13.1 Mitte, 13.1 Rand; Kunsthistorisches Museum Wien: 75 F; Landesamt für Denkmalpflege Hessen (Frank Bodis): 11.2; Landesmuseum Mainz: 158.2, 164.2; Patrik Landmann, Romeny-sur Marne: 9.1 groß; Landschaftsverband Rheinland, Rheinisches Landesmuseum Bonn: 147.1 (Foto: Nickenich); Jürgen Liepe, Berlin: 41 u., 52.2 d, 53.2; Lotos Film, Kaufbeuren: 37.2 oben, 46.1 oberer Teil, 46.2 unterer Teil, 48.3, 51.2, 51.3, 54.1 f, 60.1, 60.2 links, 62.1, 66 klein, 98.1, 110.1, 118.1, 121.1, 129.1; Luftbild A. Brugger, Stuttgart: 37.1 groß (freigeg. vom Regerieungspräsidium Stuttgart Nr. 2/50681), 165.3 (freigeg. v. Reg.präs. Stuttgart Nr. 2/60768 C); Martin von Wagner Museum, Würzburg: 75C; Lars Menz, Hannover: 41 oben links, 58.1; Musée royal de Mariemont, Morlanwelz/Belgien: 145.3; Musées royaux d'Art et d'Histoire, Brüssel: 96.2; Museum für Kunst und Gewerbe, Hamburg: 85.2; Museum Wiesbaden: 188.1 (Foto: Ed. Restle); Olaf Mussmann, Hannover: 70.1; National Museums of Scotland, Edinburgh: 88.1; Neanderthal-Museum, Mettmann: 22.2; Niedersächsisches Landesamt für Denkmalpflege, Hannover: 6.1; Okapia: 48.1; F. Rapp, Rottweil: 155.2; Rheinisches Landesmuseum, Trier: 163.2, 166.2; Rheinsches Landesmuseum, Trier: 166.1; Rijksmuseum van Oudheden: 100.2; Dieter Rixe, Braunschweig: 31.6; Römermuseum Augst: 167.1 (Foto Ursi Schild), 170.1 (Foto Humbert und Vogt); Roemer-Pelizäus-Museum, Hildesheim: 48.4; Römisches Freilichtmuseum, Hechingen-Stein: 165.2; Saalburg Museum, Bad Homburg: 155.3; Scala, Florenz: 30.4 rechts, 61.1, 67 unten, 74 A, 79.1, 80.1, 84.1 links, 120.1, 123.2, 130.1, 136.1, 138.1, 141.2, 145.1, 146.1, 148.1, 151.3, 173.3; Norbert Schröer, Essen: 12.1; Staatliche Antikensammlung und Glyptothek, München: 81, 99.1, 107.1; Staatliche Münzsammlung, München: 122.2, 127.1, 133.1, 173.1; Staatliche Museen zu Berlin – Preußischer Kulturbesitz, Berlin, Antikensammlung: 80.2 links, 80.2 rechts, 82.1 Mitte (Foto: Ingrid Geske); Staatliche Museen zu Berlin – Preußischer Kulturbesitz, Münzkabinett: 124.1 ; Stern/Picture Press, Hamburg: 8.3 (Foto: Smetek), 9.1 klein (Foto: Wolfgang Neeb); Süddeutscher Verlag: 15.3, 16.1; Hermann Thiersch, Der Pharos, Antike, Islam und Occident. Ein Beitrag zur Architekturgeschichte, Teubner, Leipzig/Berlin 1909: 112.1; Überseemuseum Bremen: 35.2; Ullstein-Bild, Berlin: 17.1; Universität Tübingen, Institut für Ur- und Frühgeschichte, Abt. für Ältere Urgeschichte und Quartärökologie: 21.1, 21.2, 30.1 oben; Württembergisches Landesmuseum, Stuttgart: 30.1 unten, 36.1, 39.2 Mitte, 39.2 oben, 39.2 unten; Zinser Textilmaschinen GmbH, Ebersbach/Fils: 31.5.

Register

Zu den **halbfett** gesetzten Stichpunkten findet ihr im Lexikon Seite 190 bis 197 kurze Erklärungen. Die Abkürzung „f." bedeutet „folgende Seite", die Abkürzung „ff." „folgende Seiten". Damit ist gemeint, dass ihre diese Stichwörter nicht nur auf der genannten Seite, sondern auch auf der nächsten (f.) oder sogar den nächsten (ff.) Seiten findet.